ICCP国際認定CAATs技術者

1冊で学べる!
ICCP
試験対策テキスト

基礎確認問題、試験対策問題付
本書で使用するサンプルデータは
下記よりダウンロードできます。

公認会計士
弓場 啓司 監修
公認会計士
上野 哲司 監修

弓場 多恵子 著

はじめに

私が監査法人に入社した 1992 年当時は、徒弟制度が色濃く残っており、監査チームのパートナーとそのお弟子さんである先輩会計士に叱咤激励されながら一人前の会計士になっていくという時代でした。私を指導してくださった先輩会計士は、パソコンを個人で購入し、会社からデータをもらったり、月次で入手した試算表を自分で表計算に入力したりするなどして、データを監査に活用するチャレンジを積極的に行っておられました。私もその先輩と理解あるパートナーのご指導の下で、データを監査に利用することに自然と取り組むようになりました。その当時は合計チェックやデータ抽出など、簡単なデータ分析がほとんどでしたが、手では出来ないことができるという充実感がありました。

それから 30 年近く経った現在では、監査法人では一人一台のパソコンが貸与され、パソコンを使って監査業務を行う状況になっていますが、メールや情報共有などのコミュニケーションツールとしての用途が多くの割合を占めており、データ分析を十分に監査に利用している人はそれほど多くないのではないでしょうか。これは、監査実務に有用なデータ分析に関するナレッジが社会にまだまだ不足しているということが要因だと考えています。

そのために、私は 2017 年に一般社団法人 国際コンピュータ利用監査教育協会（International Computer Auditing Education Association of Japan, ICAEA JAPAN）を立ち上げ、データ分析に係る体系的な教育を行うとともに、データを監査に利用できる技能を見える化するために、国際認定 CAATs 技術者（International Certified CAATs Practitioner, ICCP）を日本に導入しました。ICCP は、CAATs を実務で活用できる専門家を認定する日本で唯一の資格になっています。

一方、海外では既に台湾で、大手メーカーの内部監査部門の募集ページに ICCP が必須資格と記載されており、日本でも近い将来、そういう状況になっていくものと期待しています。

CAATs（Computer Assisted Audit Techniques）は、監査人がコンピュータとデータ（IT）を利用して監査手続を実施する技法と定義され、主に過去・現在のデータに焦点を当て、データの背後にある不正・誤謬等の経済事象を把握することを目的としたデータ分析手法の一つです。

CAATs は、偏差値や相関係数などの基本的な統計指標を用いることはありますが、必ずしも高度な統計手法は必要とされていないため、CAATs を習得するハードルはそれほど高くはありません。また、CAATs は監査技法ではありますが、『データの背後にある経済事象を把握する』という特徴を考えると、決して監査人だけのデータ分析手法ではなく、経理や人事、総務の仕事をしている方にも有用なデータ分析手法といえるでしょう。

したがって、監査人に限らず、経理、人事、総務などの管理部門で仕事をされるビジネスパーソンも CAATs を身に着けていただくことで、仕事の幅が広がり、キャリアアップにつながると考えています。

これまでは、ICCP 試験は ICAEA JAPAN の「ICCP 試験対策講座」を受講された方のみが受験できる仕組みとなっていましたが、より多くの方にデータ分析の素養を身に着けていただきたいという思いから、本書を出版し、本書で学習していただいた方にも ICCP 試験を受験できる機会をご用意しました。

本書を手に取った方には、ぜひ、ICCP の資格を取得していただき、ご自身のキャリアアップにつなげていただきたいと強く祈念しております。

監修者 弓場 啓司

皆さんは、監査現場において、目の前にあるデータを活用して有用な情報を引き出せていますか？

長年監査に携わっている監査人の多くは、高品質な監査を実施するためのリスクシナリオや分析シナリオを立案する能力が身についていると思います。しかし、この高品質なリスクシナリオや分析シナリオは、複数のデータ間の関係性を検討するような手続になることが多く、当該監査手続を具現化するためには、IT を利用した監査技法（＝CAATs）が欠かせません。

特に、監査においてデータを最大限に活用するためには、CAATs 専用に開発されたソフトウェア（CAATs ツール）の活用が有効ですが、この CAATs ツールを十分に活用できていないために、目の前にあるデータから有用な情報を引き出せずにいるのではないでしょうか。

CAATs ツールを十分に活用できていない背景としては、

・CAATs ツールの操作が理解できておらず、かえって時間がかかってしまう

・CAATs ツールの操作説明を検索エンジンで検索しても、なかなか見つからない

・CAATs ツールに詳しい人が作ったとしても、自分が詳しくなければその後のメンテナンスできない

などを感じています。

有用なデータが目の前にあっても、そこから有用な情報を引き出すスキルがなければ、データを活用できているとは言えず、現在の監査人には、このデータ活用スキルが強く求められていると思います。

本書を通じて、CAATs を実務で活用できる多くの専門家が誕生してくれることを願っています。

監修者　上野　哲司

「ICCP」という名前を初めて聞く方もいらっしゃることでしょう。データアナリティクス時代を生きるビジネスパーソンにとって、有用な資格となる「ICCP」をより多くの方に知っていただきたいと思い、本書を執筆しました。

本書の内容は、一般社団法人 国際コンピュータ利用監査教育協会が主催する「ICCP 試験対策講座」を基に構成されています。CAATs ツールの基礎知識と技能をお持ちの方はもちろん、これから学び始める方でも、本書を読んで学習すれば ICCP 試験に合格できるよう、できるだけ詳細な解説を心がけました。また、実践問題として、「基礎確認問題」と「試験対策問題」を用意しました。解説を読めば操作の復習ができるようになっていますので、「基礎確認問題」で基礎の定着を図り、「試験対策問題」は、実際の試験形式に慣れるための模擬問題として活用してください。

本書が皆様の学習の一助となり、ICCP 試験の合格に導けることを願っております。

著者　弓場　多恵子

ICCP 試験および研修の詳細につきましては、ICAEA JAPAN のホームページをご覧ください。

ICAEA JAPAN ホームページ「研修」ページの URL

https://www.icaeajp.or.jp/learning/courses/

目次

本書の記載内容について

＊本書に記載されている会社名、製品名などは、各社の登録商標または商標です。

＊本文中では TM や®は省略しています。

＊ACL Analytics™（以下、ACL）に関する著作権は ACL Services Ltd. dba Galvanize.に帰属し、本書で使用しているスクリーンショットは ACL Services Ltd. dba Galvanize. の許可を得て使用しています。

＊本書に掲載されているサンプルデータで使用している個人名、会社名、商品名などはすべて架空のものであり、実在するものとは一切関係ありません。

＊本書の内容の転載、複製、改変などは禁止されています。

本書で学習を進める前に

＊本書では、ACL の使用を前提として説明します。

＊編集にあたっては、次のソフトウェアを使用しました。

- CAATs ツール：ACL Version 14 日本語版
- OS：Microsoft Windows 10 Pro
- Microsoft Excel for Microsoft 365

＊本書で使用する ACL（評価版）の入手方法について

本書で使用している ACL の評価版を本書による学習を目的にご利用いただけます。

評価版のお申し込みは、下記のリンクから ACL Services Ltd. dba Galvanize.のお問合せフォームに必要事項を記入してお申し込みください。その際、［お問合せ内容*］をクリックして「トレーニング/教育」を選択したうえで、［コメントまたは質問］欄に「**ICCP 試験対策テキストで使用**」とご記入ください。

https://jp.wegalvanize.com/contact/

＊本書で使用するサンプルデータの入手方法について

下記のサイトにアクセスして、サンプルデータ（SampleData.zip）をダウンロードしてください。

https://www.icaeajp.or.jp/files/data_for_iccp_textbook_202012/dwl_page.htm

QR コード

サンプルデータには以下のファイルが保存されています。

フォルダ名	ファイル名
在庫検証	商品マスター.xlsx、固定長データ.txt、在庫マスター.xlsx、売上データ.txt、売上データ_上期.txt、売上データ_下期.txt
ケーススタディ 1	EMPLOYEE.csv、Vendor.xlsx、AP_TRANS.txt
ケーススタディ 2	Invoice.xlsx
ケーススタディ 3	Inventory.csv、Voucher.xlsx

＊本書の中で使用する記号には次のような意味があります。

重要なポイント

補足説明

スズローくん　　フクメちゃん

第 1 章
ICCP とは

この章では、
ICCP の概要を学びます。

1．ICCP 資格概要
2．ICCP 試験概要

1．ICCP 資格概要

ICCPとはInternational Certified CAATs Practitionerの略で、日本語名は、国際認定CAATs技術者と言います。この資格は、ICAEA（International Computer Auditing Education Association）の認定資格です。ICAEAは、内部監査や不正調査において、CAATs（Computer Assisted Audit Techniques：コンピュータ利用監査技法）の活用を推進する国際的な専門機関です。2020年12月現在、ICAEAは18か国が加盟しており、日本ではICAEA JAPANが、国内唯一の支部としてICCP試験を実施しています。

ICCPとしての人材には、次のような適性が求められます。

CAATs

- CAATsの基本を理解している
- プロフェッショナルとしての職業倫理を有する
- データを安全に入手保存できる
- CAATsツールを利用して手続を実施できる
- 手続の結果を一次評価できる

1-1．CAATsとは

CAATsとは、Computer Assisted Audit Techniquesの略であり、監査人がコンピュータとデータ（IT）を利用して監査手続を実施する技法を言います。また、CAATsは、データの背後にある経済事象を把握することを目的としており、主に過去・現在のデータに焦点を当てているデータ分析手法と言えます。

CAATsは、データ分析手法の一種であることから、単にACLなどのCAATsツールが操作できるからといって、CAATsを実務に活用できるとは限りません。CAATsを実務に活用するためには、下記のCAATs Flow（※）に沿って進める必要があり、CAATsを実践する専門家はすべてのプロセスに精通している必要があります。

※CAATs Flowは、CAATsを活用した監査業務のプロセスであり、ICAEA JAPANの独自の定義です。

CAATs Flow

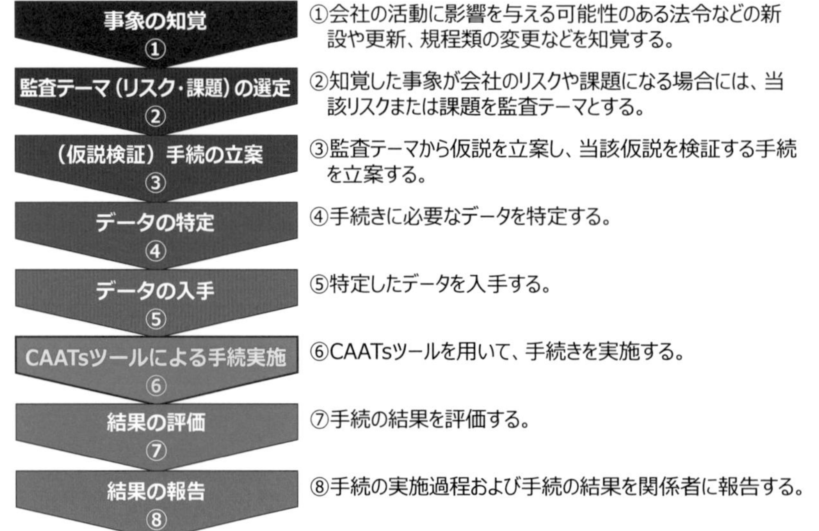

事象の知覚 ①
①会社の活動に影響を与える可能性のある法令などの新設や更新、規程類の変更などを知覚する。
監査テーマ（リスク・課題）の選定 ②
②知覚した事象が会社のリスクや課題になる場合には、当該リスクまたは課題を監査テーマとする。
（仮説検証）手続の立案 ③
③監査テーマから仮説を立案し、当該仮説を検証する手続を立案する。
データの特定 ④
④手続きに必要なデータを特定する。
データの入手 ⑤
⑤特定したデータを入手する。
CAATsツールによる手続実施 ⑥
⑥CAATsツールを用いて、手続きを実施する。
結果の評価 ⑦
⑦手続の結果を評価する。
結果の報告 ⑧
⑧手続の実施過程および手続の結果を関係者に報告する。

1-2. 内部監査や不正調査におけるCAATsの必要性

2020年の幕開けとともに、新型コロナウイルスの感染拡大により、私たちの生活環境は大きく変化しました。経済活動においては、新しいビジネスのあり方が求められ、オンラインビジネスが次々に誕生し、様々な分野で、テレワークやリモートワークと呼ばれる新しい働き方が取り入れられています。

監査実務の世界に照らして考えてみると、「withコロナ」、「アフターコロナ」の状況下ではますます、経済活動のデジタル化が進み、データを使用しない経済活動は存在し得ず、ITを利用した監査の必要性が更に強まっていくことが容易に想像できます。ビジネスを取り巻くデータ量が増大すると、原始証憑と呼ばれる取引の証拠となる資料は電子化され、取引の実態が見えにくくなります。その結果、不正や誤謬が後を絶たず、それらを未然に防ぐにはCAATsツールを使用したデータ処理やデータ分析が必要となります。

CAATsを利用した監査の必要性は1990年代から認識されていましたが、CAATsを十分に理解し、有効に活用している監査人は決して多いとは言えないのが実情です。その理由としては、ITに苦手意識を持つ監査人が多いことやデータの特定方法・入手方法・処理方法等のノウハウが社会に広まっていないということが考えられます。更には、大量データを簡単に処理・分析できるCAATsツールの普及が進んでいないという理由も挙げられるでしょう。

広義には、Microsoft EXCELなどの表計算ソフトやMicrosoft ACCESSなどの汎用的なデータベースソフトもCAATsツールと位置付けることができますが、大量データを簡単かつ迅速に処理・分析するには、CAATsツールの中でも特に、CAATs専用ツールを利用することが有効です。これ以降、CAATs専用ツールのことをCAATsツールと呼ぶことにします。一般的には、CAATsツールは習得が難しいと思われていますが、高度なプログラミング知識がなくても、簡単に作業の自動化ができる便利なデータ処理・分析ツールです。ACLやIDEAなどに代表されるCAATsツールには、監査に特化したコマンドが実装されています。また、操作履歴を自動的に保存する機能があり、この機能を利用すると、簡易的なプログラムをプログラミングの知識がなくても、簡単に作成することができます。つまり、監査においては、CAATsツールが最適なツールと言えるのです。

今後、わたしたちの身の回りの各種サービスは、情報技術を活用してますます多様化し、同時に生活環境の変化に合わせたデータを活用した新しいビジネスモデルの誕生が想定されます。海外ではいち早く、監査基準でCAATsの有用性が認められ、ICCP資格の保有を入社条件としている企業もあります。これからの監査人には、多種多様化したビジネスモデルに対応した監査を実施することが強く求められるようになるでしょう。

2．ICCP 試験概要

◇試験範囲

CAATs の概要
職業倫理
内部統制の基礎知識
データベースの知識
ファイル形式の知識
データインポートの知識と技能
データ信頼性の検証の知識と技能
CAATs ツールの操作

◇出題形式

科目	問題数	出題形式
Part1 知識の確認	30 問	多肢選択
Part2 ケーススタディ	2 題（各 10 問）	穴埋め形式 、短答形式

※Part2 では、CAATs ツール（ACL）を使用して問題を解きます。

◇試験日、会場、受験手続きなど

詳細につきましては ICAEA JAPAN のホームページの**「認定資格」**ページをご覧ください。

◇試験方法

CBT 試験（CAATs ツールを使用する実技試験を含む）で実施します。

◇試験時間

120 分

Part1 と Part2 の間に休憩時間は挟みません。

◇受験料

40,000 円（税抜）

◇合格基準

70%以上の得点

◇試験結果の通知

6 週間以内に、ICAEA よりメールで通知されます。

◇資格の維持

合格者は、ICAEA JAPAN の正会員の登録が必要となります。

ICCP の資格を維持するには、当協会の CPE 規定に基づく CPE 単位の取得および正会員であることが必要となります。

◇CPE　（継続的専門研修）制度

ICCP は、知識・技能の維持、向上のため、継続して研修を受講することが ICAEA により義務付けられています。

合格の翌年 1 月から年間 12 単位の CPE の取得義務が発生します。

上記は 2021 年 1 月 31 日時点での情報のため、最新の情報は、ICAEA JAPAN のホームページの**「認定資格」**、**「入会案内-会員について」**のページをご覧ください。

ICAEA JAPAN ホームページ URL

https://www.icaeajp.or.jp/

それでは、ACL の基礎について学習していきましょう！

第 2 章
ICCP 試験に必要な ACL の基礎

この章では、
ICCP 試験で使用する
ACL の基礎について学びます。

1．ACL による手続の流れ
2．ACL の構成要素
3．事前準備
4．データ信頼性の検証および手続の実施

1．ACL による手続の流れ

この章では、ICCP 試験で使用する ACL の基礎を学びます。
CAATs を活用した監査手続は、「CAATs Flow」に沿って実施します。
「CAATs Flow」のうち、ACL は、データ分析を伴う『CAATs ツールによる手続実施』のステップで利用します。

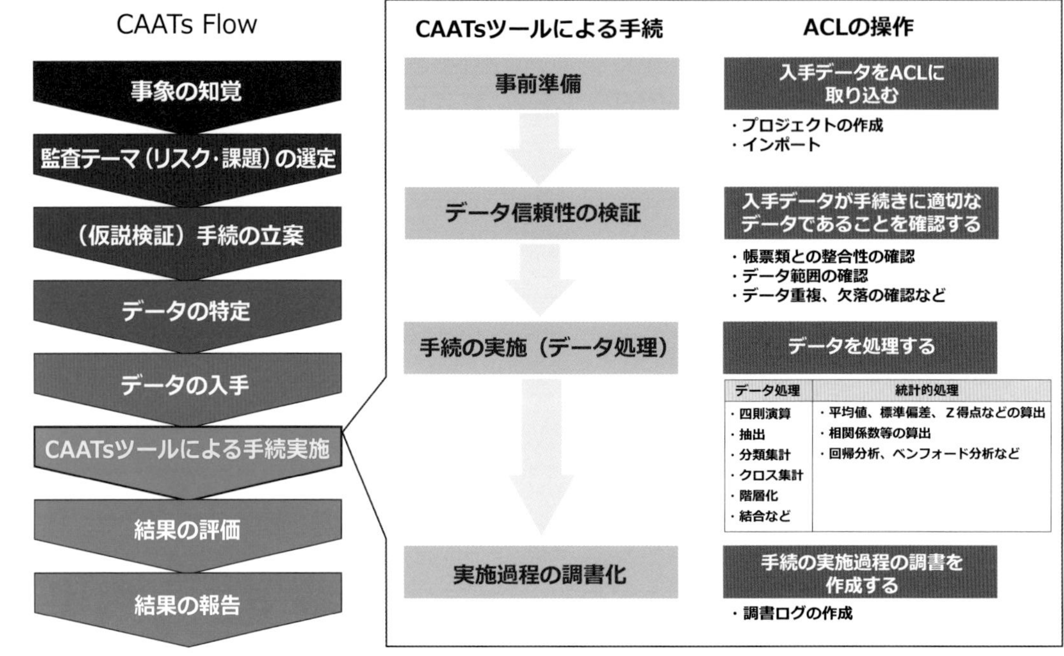

2．ACL の構成要素

2-1．ACL のファイル構成

ACL を使用するにあたっては、ACL で作成されるファイルや入手ファイルとの関係を理解することが必要です。

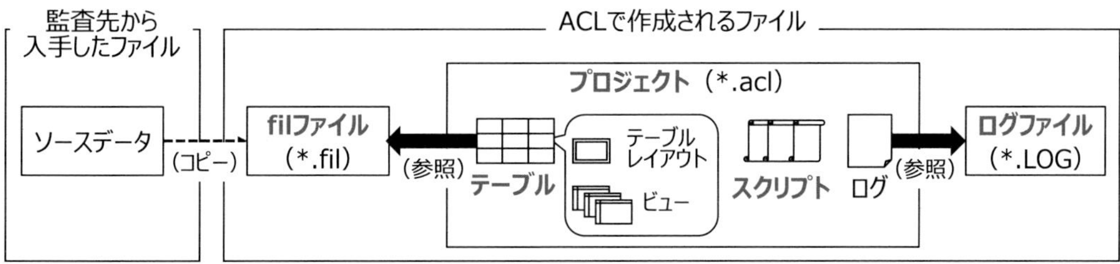

ファイル	説明
ソースデータ	分析の対象となるデータファイルで、監査先などから入手したデータがソースデータにあたります。
filファイル	テーブル作成時に作成されるファイルで、データファイルをACLの形式に変換したファイルです。拡張子が「fil」のため、「フィルファイル」と呼ばれます。
プロジェクト	テーブルやスクリプト等の要素を管理するACLのファイルです。「acl」という拡張子が付きます。 ● テーブル・・・filファイルの内容を表示する表です。テーブルには、「テーブルレイアウト」（テーブルの定義情報）、「ビュー」（テーブルの表示形式）が保存されています。 ● スクリプト・・・ACLのコマンドを自動実行するために使用する簡易プログラムのことです。 ● ログ・・・ログファイルの内容を表示するビューです。
ログファイル	プロジェクトで行った操作の記録（ログ）が保存されるファイルです（一部記録されない操作もあります）。「LOG」という拡張子が付きます。

上記の図からわかるように、ACL のプロジェクトファイル自体には、データそのものは保存されません。通常、ACL にソースデータをインポートすると、fil ファイルと同時にテーブルが作成されます。fil ファイルはソースデータの内容をコピーして作成され、プロジェクトからはテーブルを介してデータを参照しています。

作業中は、プロジェクト（*.acl）、fil ファイル（*.fil）、ログファイル（*.LOG）、ソースデータをセットで保存してください。
プロジェクトのみを保存していてもデータやログを見ることができません。また、プロジェクトを削除してしまうと、fil ファイル、ログファイルは、保存されていても開くことができません！

2-2.ACL のテーブル構成

◆テーブルの構成要素

ACL のテーブルは、fil ファイルを参照してデータを表示しています。テーブルにはテーブルレイアウト（テーブルの定義情報）と、ビューと呼ばれるテーブルレイアウトのデータ内容を表示するものが含まれます。

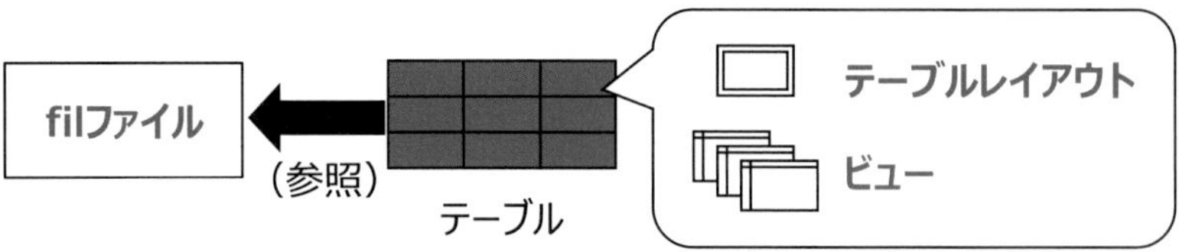

ビューは複数作成可能です。テーブル作成時に自動作成されるビューは「デフォルトビュー」と呼びます。

◆テーブルの構造

テーブルは下図のように、「行」と「列」の格子状の構造をしています。「行」を「レコード」、「列」を「フィールド」と言います。

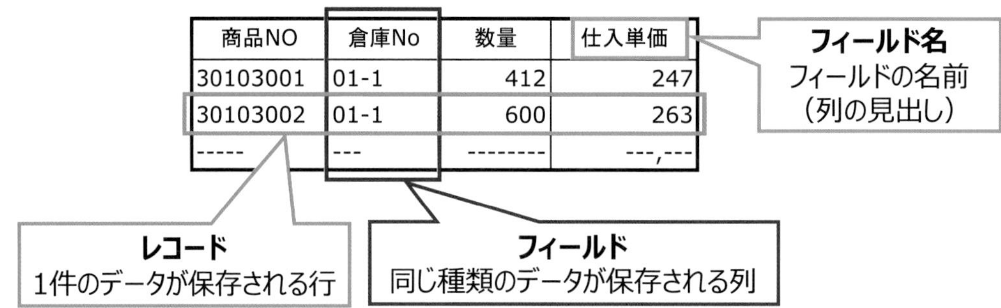

2-3.ACL の画面構成

ACL にソースデータをインポートして作成されたテーブルは、画面左側のナビゲーター上に表示されます。
テーブル名をダブルクリックすると、テーブルのデータ内容が画面右側に表示されます。

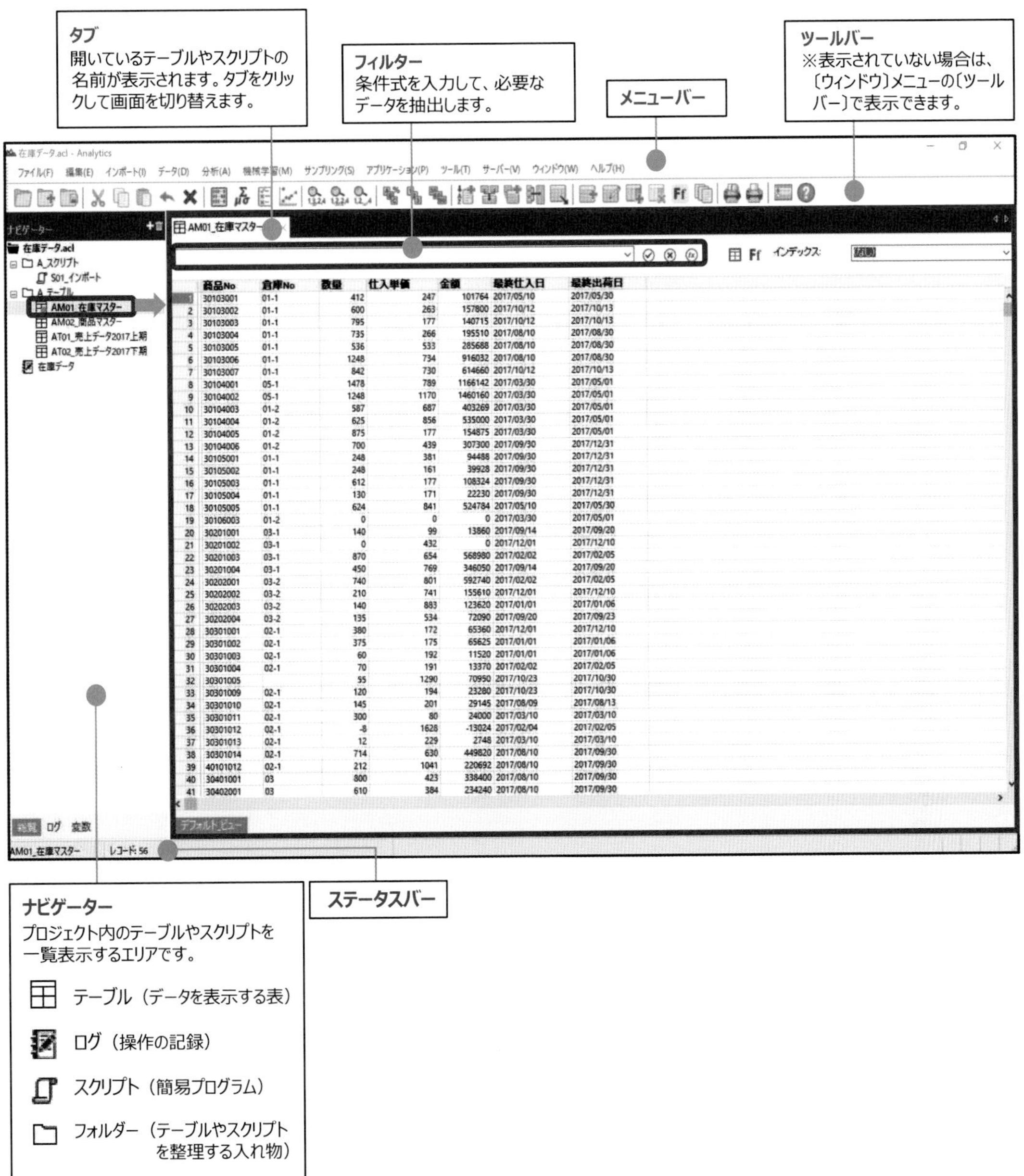
タブ
開いているテーブルやスクリプトの名前が表示されます。タブをクリックして画面を切り替えます。
フィルター
条件式を入力して、必要なデータを抽出します。
メニューバー
ツールバー
※表示されていない場合は、〔ウィンドウ〕メニューの〔ツールバー〕で表示できます。
ナビゲーター
プロジェクト内のテーブルやスクリプトを一覧表示するエリアです。
テーブル（データを表示する表）
ログ（操作の記録）
スクリプト（簡易プログラム）
フォルダー（テーブルやスクリプトを整理する入れ物）
ステータスバー

2-4.ACL のデータ型

ACL は、各フィールドに入力できるデータの型が決められています。

項目 ＼ データ型		テキスト型	数値型	日付時刻型
定　義		1 つまたは複数の文字です。	数値型の値には、0 ～ 9 の数字のほか、負号や小数点があります。	日付、日付時刻、または時刻の値です。
例	フィールド名	「勘定科目コード」	「金額」	「計上日」
	データ	20201102	20201102	20201102
	意味	20201102 (コード番号)	2,0201,102円	2020年11月02日

〈ACL で選択できる数値型〉

- ・PC Binary
- **・Numeric（Formatted）　→通常はこのタイプを選択する**
- ・Packed Numeric
- ・Binary Numeric
- **・Zoned** Numeric　**→数値型であっても、前のゼロが表示される（例　21→0021）**

ACL では様々な数値型を選択することができます。

2-5.ACL のログとスクリプト

ログとは、プロジェクトで行った操作の記録のことを言います。ACL は、ログを利用して、手作業で行った操作を自動実行する簡易プログラムを作成することができます。この簡易プログラムのことをスクリプトと言います。

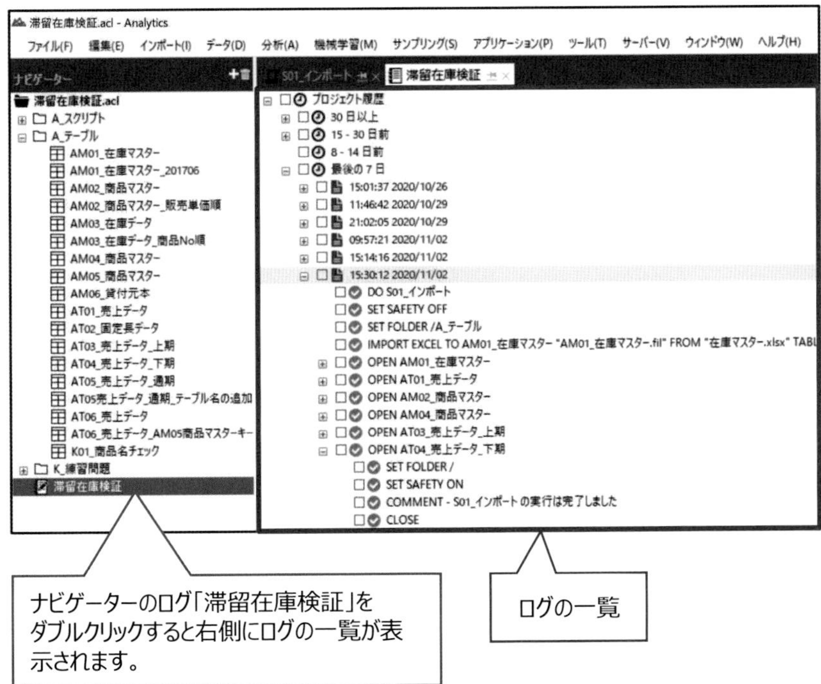

ログの一覧が開いている状態で、「IMPORT EXCEL TO ・・・」のログをダブルクリックします。

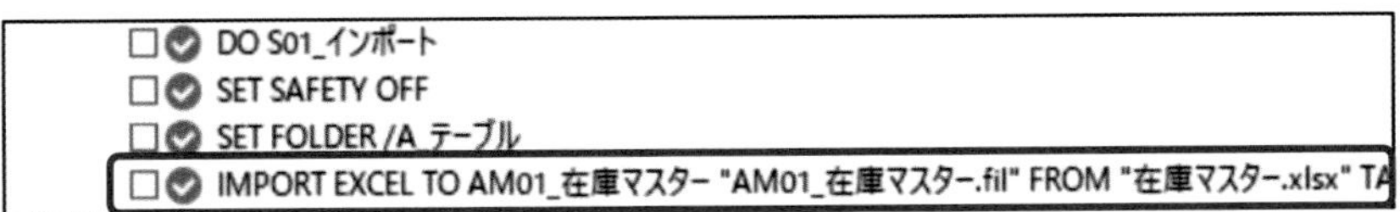

下のようなログの内容の画面が表示されます。

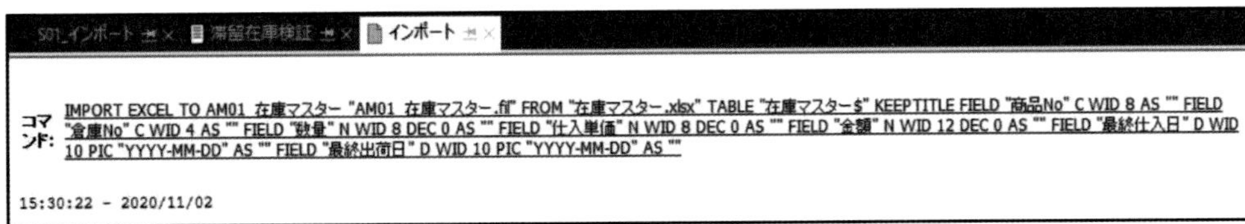

「コマンド」欄に、実行した操作の内容がスクリプトの形式で記録されています。

3．事前準備

3-1.新規プロジェクトの作成

（1）ACL を起動して、スタート画面から新規プロジェクトを作成する

以下の手順で ACL を起動して、新規プロジェクトを作成してみましょう。

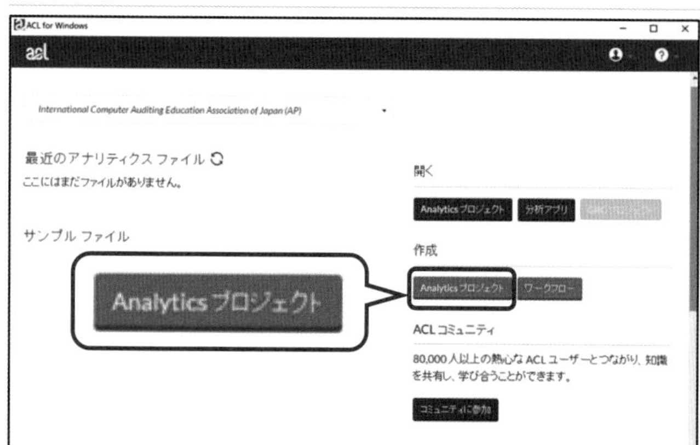

①ACL を起動し、「作成」の《Analytics プロジェクト》をクリックします。

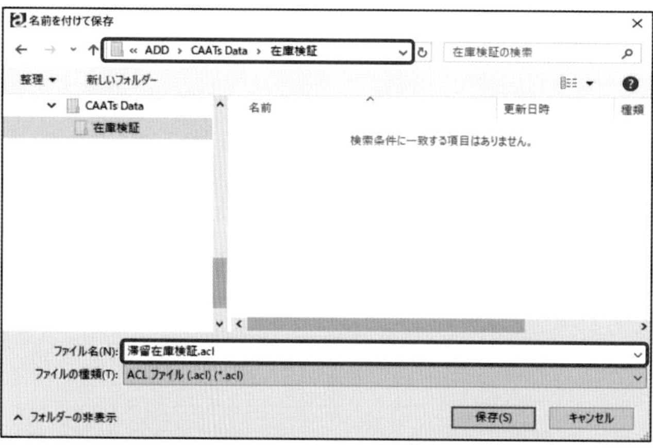

②ファイルの保存先を決めます。左の例では、「C:¥ADD¥CAATsData¥在庫検証」フォルダーに保存します。

③ファイル名を入力します。例では、ファイル名を「滞留在庫検証」としています。

④ナビゲーター上に作成されたプロジェクトが表示されていることを確認します。

「在庫検証」フォルダーには以下のファイルが作成されています。

- 滞留在庫検証.acl （プロジェクトファイル）
- 滞留在庫検証.LOG （ログファイル）
- 滞留在庫検証.AC （作業中のファイル） ※プロジェクトを閉じると削除されます。
- 滞留在庫検証.LIX （ログインデックスファイル）

ACL が異常終了した場合

ACL が異常終了したときに使用していたプロジェクトを開く際に、下図のようなメッセージが表示されます。

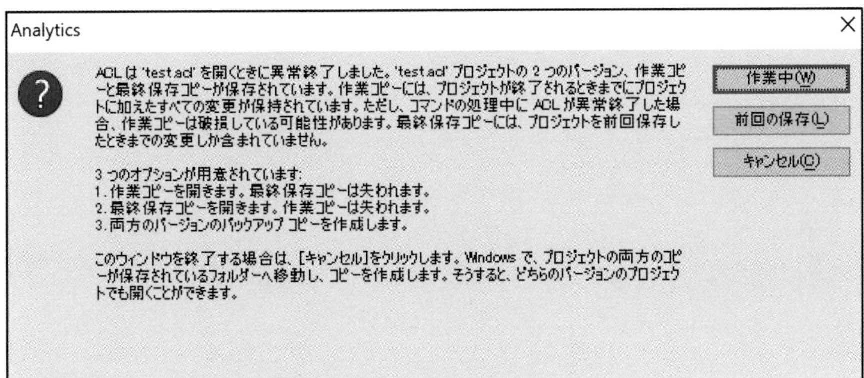

《作業中》・・・直前の作業が保存されたプロジェクトが開きます。

《前回の保存》・・・その前に保存された時点のファイルが開きます。

通常は、**《作業中》を選択し**、直前のファイルを開きます。

作業中のファイルが破損している可能性もあるため、作業中のファイルと前回の保存のファイルを両方残すこともできます。

【手順】

①上記のメッセージは《キャンセル》で終了する。

②エクスプローラー等で、プロジェクト（*.ACL）が保存されているフォルダーを開く。※拡張子が「ACL」のファイルが前回の保存のプロジェクト、「AC」のファイルが作業中のプロジェクトです。

③拡張子が「AC」のファイルをコピーし、任意のファイル名に変更し、拡張子を「ACL」に変更する。

【結果】

拡張子が「ACL」のファイルが 2 つになり、それぞれを開くことができます。③を開き、変更が保存されていれば、③のプロジェクトを使用できます。

3-2.ソースデータ

（1）ソースデータの基礎知識

◆ファイル形式

ACL は多くのファイル形式に対応していますが、テーブルをスムーズに作成するという観点から、ファイル形式は、区切り文字付きテキストファイルをお勧めします。

また、テーブル作成時のデータのずれを防ぐためには、区切り文字を“タブ”にするか、区切り文字付きテキストファイルのデータに引用符（「”」等の記号）をつけることをお勧めします。

固定長のテキストファイルは、ACL でのテーブル作成が煩雑になるため、実務での使用はお勧めしませんが、本書では試験対策として取り上げています。

<本書で使用するソースデータ>

ファイルの種類	ファイルの特長
Excel	Microsoft Excelで作成されたファイル
区切り文字付きテキストファイル	フィールドがカンマやタブ等の記号で区切られているテキストファイル ● カンマ区切りが一般的です。拡張子がCSVのため、CSVファイルと呼ばれます。 ● データにカンマが含まれているとデータがずれる原因になります。タブはデータの中に含まれている可能性が低いため、タブ区切りのテキストファイルを推奨します。
固定長のテキストファイル	1行あたりのバイト数が決まっていて、桁数でフィールドを区別するテキストファイル

◆テーブルレイアウト

ここでいうテーブルレイアウトとは、テーブルの定義書のことで、テーブルのフィールド名、データ型等を確認できる資料のことです。テーブルレイアウトは、監査先や関係部署などから入手します。入手できない場合は、最低限、フィールド名、長さ、データ型を教えてもらいましょう。テーブルレイアウトが入手できる場合も、データの内容や記号の意味は、監査先や関係部署などへヒアリングする必要があります。

（ACL の「テーブルレイアウト」とは異なります。）

（2）テーブル名について

◆テーブル名の命名規則

ACL のテーブル名には、以下の規則があります。

- ●64 文字以内（半角・全角も 1 文字とカウントします）
- ●名前の先頭に数字は使用できない。
- ●空白や特殊文字（. 。、？!等の記号等）は使用できない。

ACL が認識できない文字（空白、特殊文字、先頭の数字）は、半角のアンダースコア（「_」）に変換されます。

◆テーブル名の推奨ルール

ACL で分析を進めていくと、多くのテーブルが作成されます。以下のように、種類ごとにテーブル名の先頭文字を決めておくと、ナビゲーターが整理され、見やすくなります。共通の名付けルールを使用すると、業務の引継ぎやレビュー依頼なども円滑に行えます。

ナビゲーターにはテーブルやスクリプトのアルファベット順、もしくは五十音順に表示されるため、先頭文字の後に連番を付けて表示すると見やすくなります。

＜ICAEA JAPAN 推奨のルール＞

<table>
<tr><th colspan="2">データの内容</th><th>先頭</th><th>テーブル名の例</th><th>備考</th></tr>
<tr><td rowspan="2">ソースデータから作成したテーブル</td><td>マスターのデータ</td><td>AM</td><td>AM01_在庫マスター</td><td rowspan="2">ソースデータのテーブルを一番上に表示するため、「A」をつけます</td></tr>
<tr><td>トランザクションのデータ</td><td>AT</td><td>AT01_売上データ</td></tr>
<tr><td colspan="2">手続の結果として作成したテーブル</td><td>K</td><td>K01_売上データ_異常値</td><td>結果（Kekka）の「K」です</td></tr>
<tr><td colspan="2">作業用に作成したテーブル</td><td>W</td><td>W01_売上データ_抽出</td><td>Workの「W」です</td></tr>
</table>

- トランザクションテーブル：取引ごとのデータを蓄積するテーブルを言います。
- マスターテーブル　　　　：特定の属性情報を蓄積するテーブルを言います。

3-3.テーブルの作成

（１）Excel ファイルのソースデータを ACL にインポートして、テーブルを作成する

◆ソースデータの情報

- ●ファイル形式　：Excel（2016）
- ●ファイル名　：在庫マスター.xlsx
- ●ファイルの保存場所　：「在庫検証」フォルダー
- ●データ件数　：56 件
- ●テーブルレイアウト

フィールド名	長さ	データ型	備考
商品No	8	テキスト	
倉庫No	4	テキスト	
数量	8	数値	小数点以下の桁数：0
仕入単価	8	数値	小数点以下の桁数：0
金額	12	数値	小数点以下の桁数：0
最終仕入日	10	日付	YYYY-MM-DD
最終出荷日	10	日付	YYYY-MM-DD

- ●データサンプル　：ヘッダーあり

商品No	倉庫No	数量	仕入単価	金額	最終仕入日	最終出荷日
30103001	01-1	412	247	247	2017/05/10	2017/05/30
30103002	01-1	600	263	263	2017/10/12	2017/10/13

◆操作の手順

以下の手順で Excel ファイルをインポートしてテーブルを作成してみましょう。

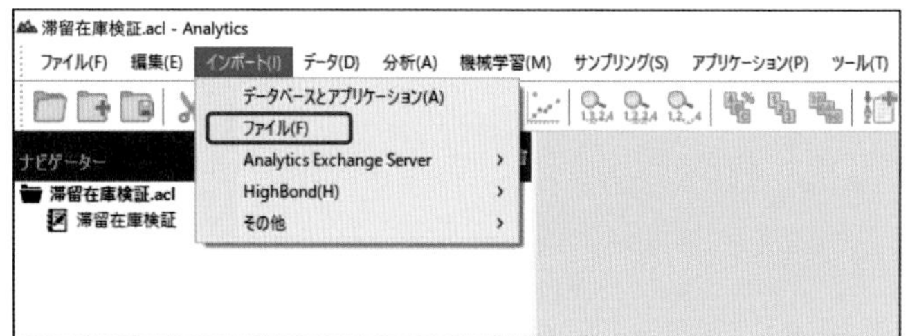

①「滞留在庫検証」プロジェクトが開いている状態で、メニューバーの《インポート》から《ファイル》をクリックします。

②「在庫検証」フォルダーから「在庫マスター.xlsx」ファイルを選択し、《開く》をクリックします。

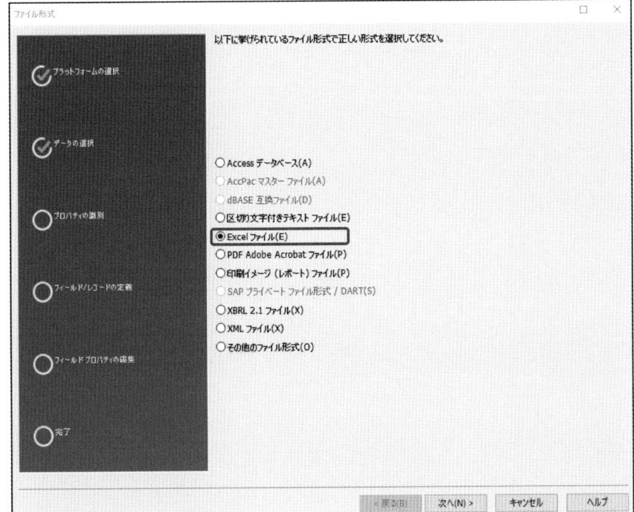

③データ定義ウィザードが起動します。「ファイル形式」の画面で、「Excel ファイル」を選択し、《次へ》をクリックします。

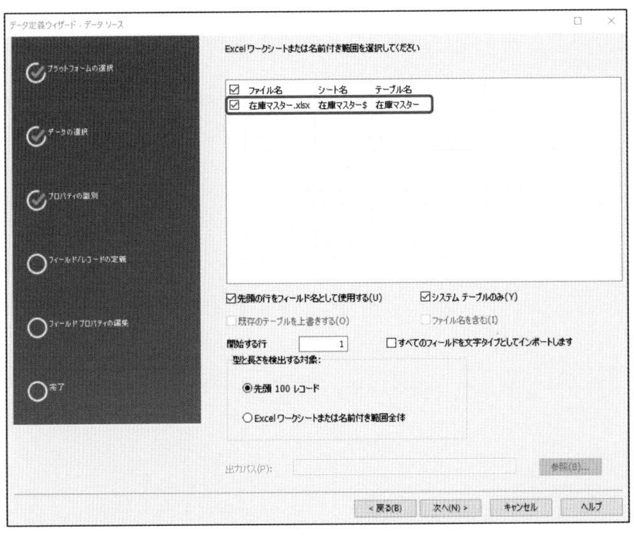

④「データソース」の画面で、インポートするファイル名である「在庫マスター.xlsx」を選択します。その他の選択項目については、ウィザード推奨設定のまま《次へ》をクリックします。

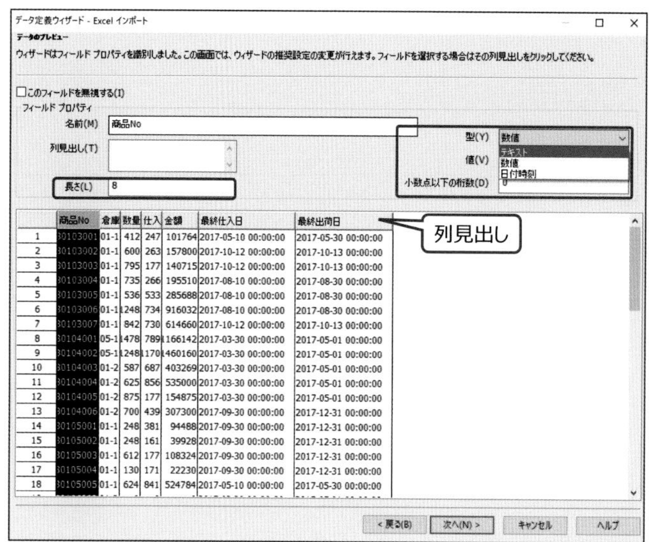

⑤「Excel インポート」の画面で、テーブルレイアウトに沿って、フィールド（列）ごとに以下を定義します。

- ●長さ
- ●型
- ●小数点以下の桁数（数値型の場合）
- ●入力書式（日付時刻型の場合）

基本的にはすべてのフィールド（列）の見出しをクリックして、各フィールドの定義を確認してください。

※④でウィザード推奨設定が「先頭の行をフィールド名として使用する」を選択しているため、ここでは「名前」の定義は不要です。選択していない場合は、「名前」にフィールド名を入力します。

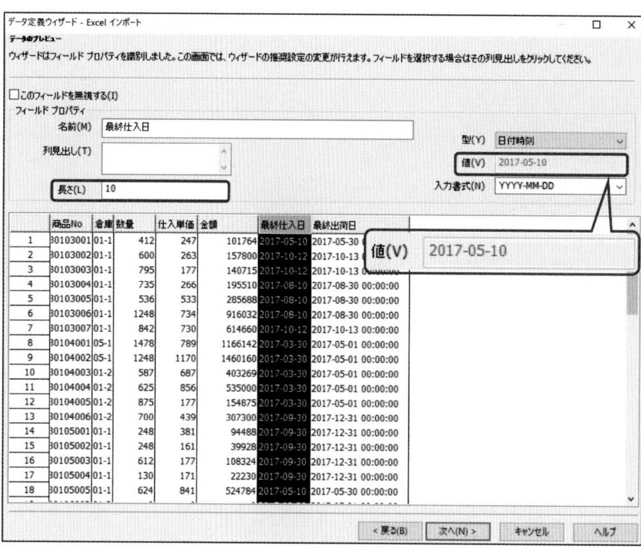

⑥すべてのフィールドを定義したら《次へ》をクリックします。

※日付型のフィールドに時刻データがない、もしくは、「00:00:00」と表示されている場合、型は「日付時刻」を選択したうえで、入力書式を「YYYY-MM-DD」とし、フィールドの長さを「10」に設定することで、時刻データを削除することができます。なお、入力書式はACLで表示された通りに入力してください。ここでは、「2017-05-10」と表示されているため、「YYYY-MM-DD」と入力します。

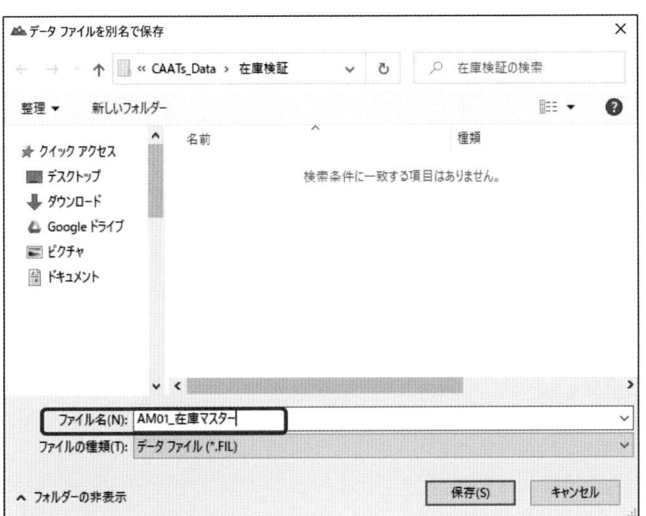

⑦「データファイルを別名で保存」の画面で、ファイル名に「AM01_在庫マスター」と入力し、《保存》をクリックします。ここでのファイル名とは fil ファイル名を指します。

⑧「最終」の画面で、定義した内容を確認し、《完了》をクリックします。

※Excel ファイルをインポートした場合、ACL ではテキスト型は「UNICODE」、数値型は「PRINT」、日付時刻型は「DATETIME」と表示されます。

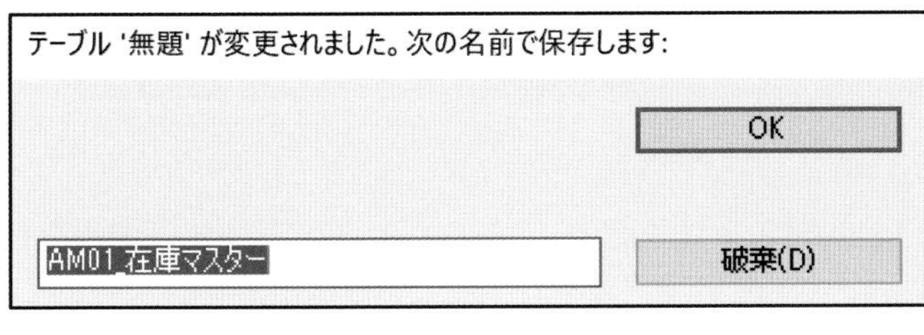

⑨テーブル名として「AM01_在庫マスター」と表示されていることを確認し、《OK》をクリックします。

※テーブル管理を容易にするために、テーブル名は⑦で設定した fil ファイル名と一致させることをお勧めします。

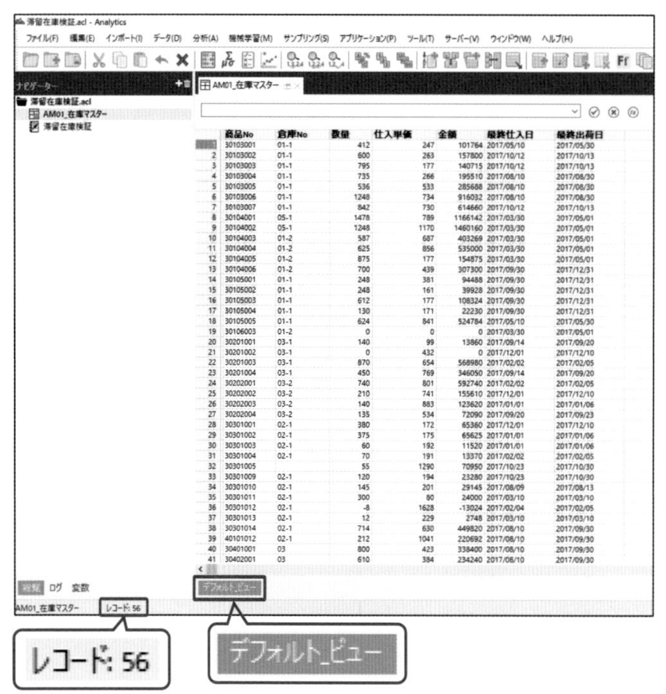

⑩「在庫マスター.xlsx」ファイルから、「AM01_在庫マスター」テーブルが作成されました。レコード件数はステータスバーに「56」と表示されています。

※自動で「デフォルトビュー」が作成されます。

※レコード件数が多い場合などは「？」と表示される場合がありますが、「分析」メニューのCOUNT コマンド（52 頁参照）で件数をカウントできます。

ACL には Excel の書式はインポートされません。

（例）下記の Excel ファイルにおいて、【B 列】の《セルの書式設定》で、「表示形式」の《ユーザー定義》を「!A000#」とした場合

「1、12、13」は、「A0001、A0012、A0123」と表示されます。

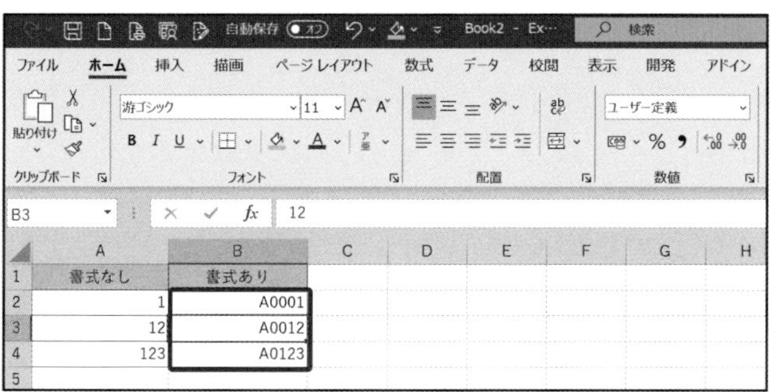

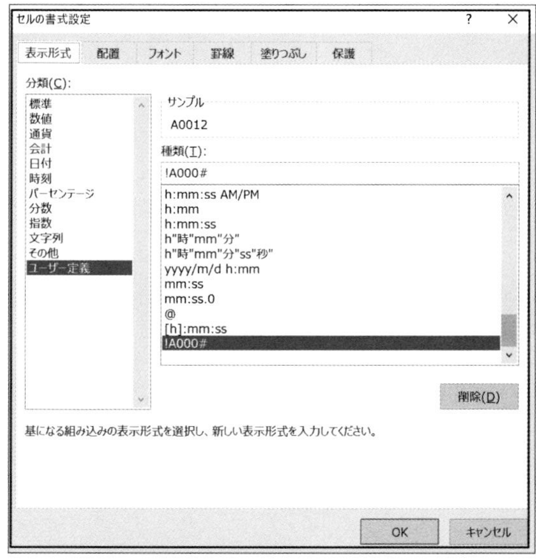

ACL に上記の Excel ファイルをインポートすると、書式はインポートされずに、「1、12、123」と表示されます。

	書式なし	書式あり
1	1	1
2	12	12
3	123	123

<< ファイルの終わり >>

インポート後にも「A0001、A0012、A0123」と表示する必要がある場合は、演算フィールド（76 頁参照）を作成し、ACL で書式を変更することができます。

（2）区切り文字付きテキストファイルのソースデータをインポートしてテーブルを作成する

◆ソースデータの情報

- ●ファイル形式　：区切り文字付きテキストファイル（区切り文字：タブ、文字列の引用符：なし）
- ●ファイル名　：売上データ.txt
- ●ファイルの保存場所　：「在庫検証」フォルダー
- ●データ件数　：336 件
- ●テーブルレイアウト

No.	フィールド名	データ型	長さ	備考
1	売上番号	テキスト	5	
2	計上日	日付	10	YYYY/MM/DD
3	商品No	テキスト	8	
4	数量	数値	8	小数点以下の桁数：0
5	仕入単価	数値	8	小数点以下の桁数：0
6	販売単価	数値	8	小数点以下の桁数：0
7	金額	数値	12	小数点以下の桁数：0
8	営業担当者	テキスト	4	従業員番号
9	入力担当者	テキスト	4	従業員番号
10	入力日時	日付時刻	19	YYYY/MM/DD hh:mm:ss

- ●データサンプル　：ヘッダーあり

```
売上番号 計上日     商品No   数量 仕入単価 販売単価 金額  営業担当者 入力担当者 入力日時
11509   2017/01/01 30202001 4    2800    2800    11200 0038      0036      2017/01/01 13:01:01
11510   2017/01/01 30604002 5    5000    5000    25000 0038      0036      2017/01/01 15:55:00
```

◆操作の手順

以下の手順で区切り文字付きテキストファイルをインポートしてテーブルを作成してみましょう。

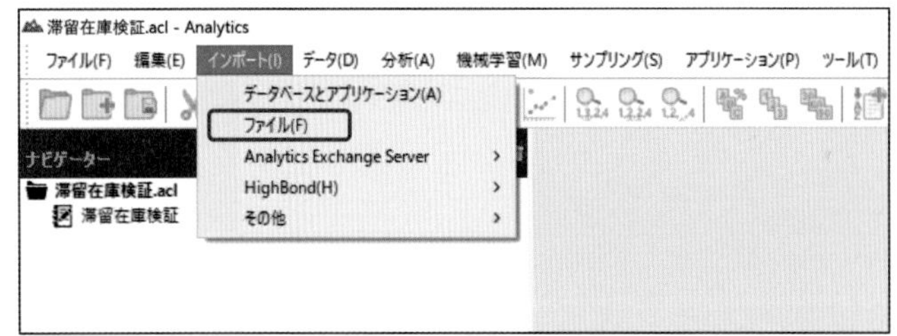

①「滞留在庫検証」プロジェクトが開いている状態で、メニューバーの《インポート》から《ファイル》をクリックします。

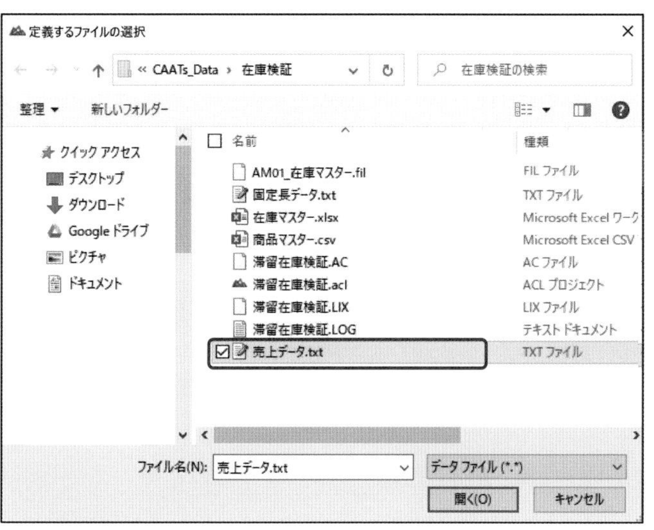

②「在庫検証」フォルダーから「売上データ.txt」ファイルを選択し、《開く》をクリックします。

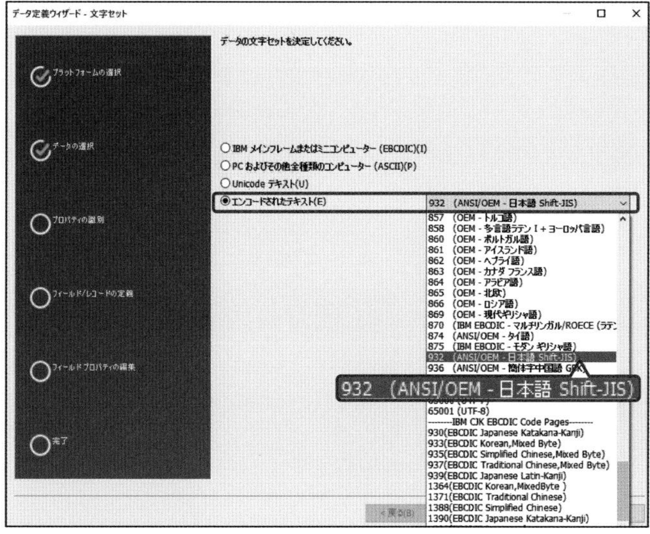

③データ定義ウィザードの「文字セット」の画面で、「エンコードされたテキスト」の「932 ANSI/OEM-日本語 Shift-JIS」を選択します。

※特にデータに日本語が含まれる場合、まずは上記の設定を試してください。

※ソースデータが Excel の場合、文字セットは、自動で「Unicode テキスト」が選択されるため、文字セットの選択画面は表示されません。

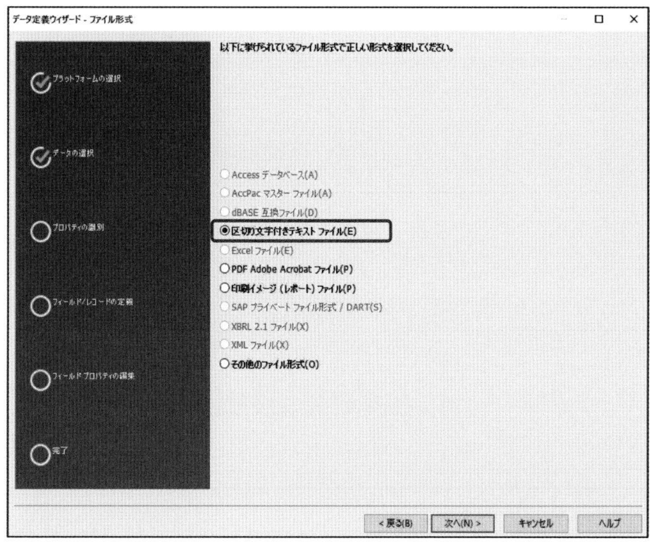

④「ファイル形式」の画面で、「区切り文字付きテキストファイル」を選択し、《次へ》をクリックします。

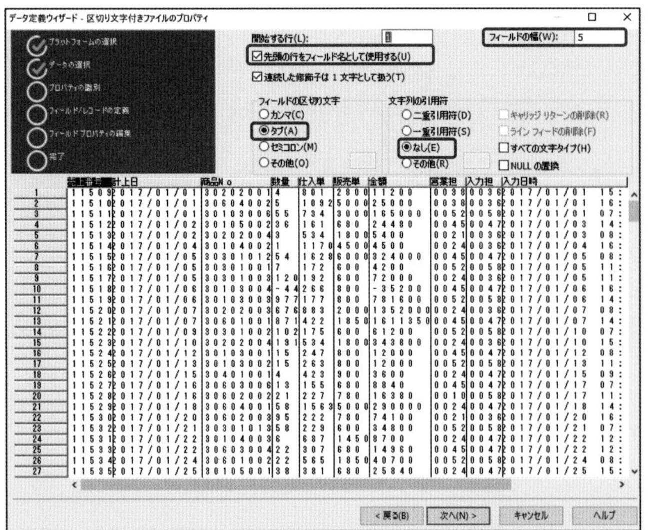

⑤「区切り文字付きファイルのプロパティ」の画面で以下を選択します。

- 「先頭の行をフィールド名として使用する」：✓をつける
- フィールドの区切り文字：「タブ」
- 文字列の引用符：「なし」
  ※この画面では、文字化けがなく、データがずれていなければ、上記設定はウィザード推奨設定で進めてください。
  ※文字化けが発生する場合は、③の「文字セット」の設定画面まで戻り、「65001 UTF-8」等も試してみてください。
- フィールドの幅：テーブルレイアウトの「長さ」に合わせ、「フィールドの幅」の数値を変更する

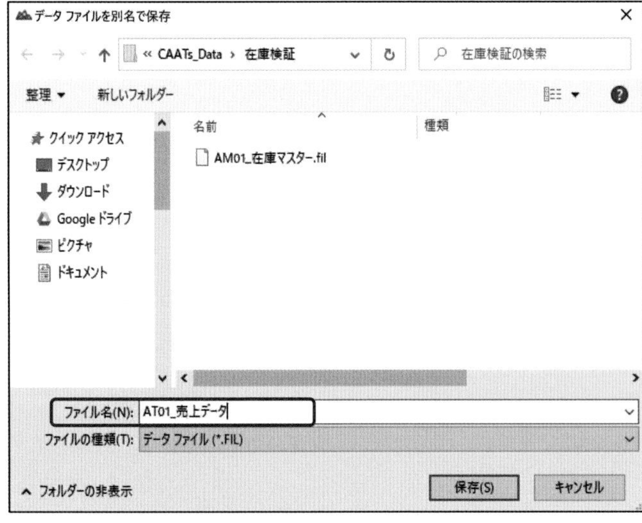

⑥「データファイルを別名で保存」の画面で、ファイル名に「AT01_売上データ」と入力し、《保存》をクリックします。

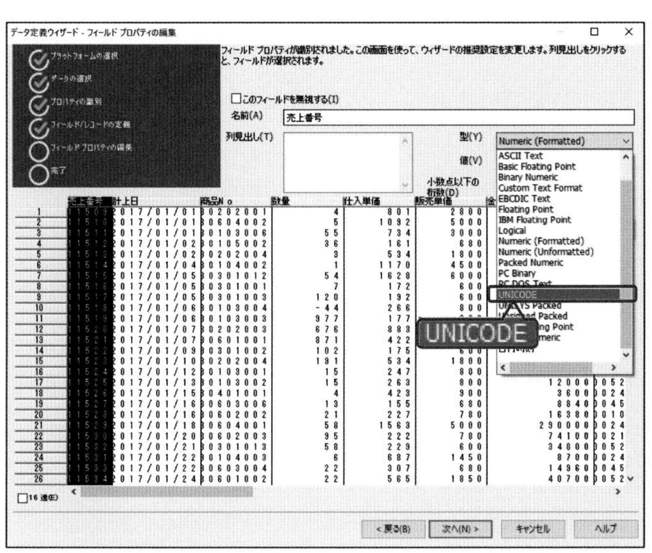

⑦「フィールドプロパティの編集」の画面で、フィールド（列）ごとに、テーブルレイアウトに合わせて以下を定義します。

- ●型
- ●小数点以下の桁数（数値型の場合）
- ●入力書式（日付時刻型の場合）

「売上番号」フィールドの型はテーブルレイアウトでは、「テキスト型」となっているため、「UNICODE」を選択します。

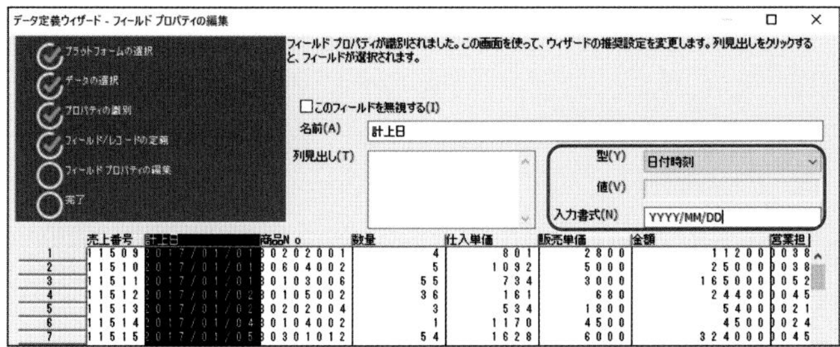

⑧「計上日」フィールドの型は「日付時刻」を選択します。「入力書式」は、データの表記に合わせて入力してください。ここでは、「計上日」フィールドで使用されている書式通りに「YYYY/MM/DD」と入力します。

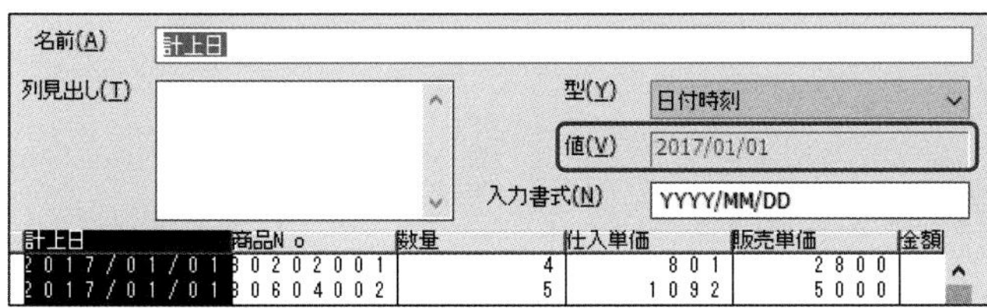

※「入力書式」を入力した後、一度別のフィールド（列）をクリックして「計上日」フィールドに戻ると「値」が表示されます。

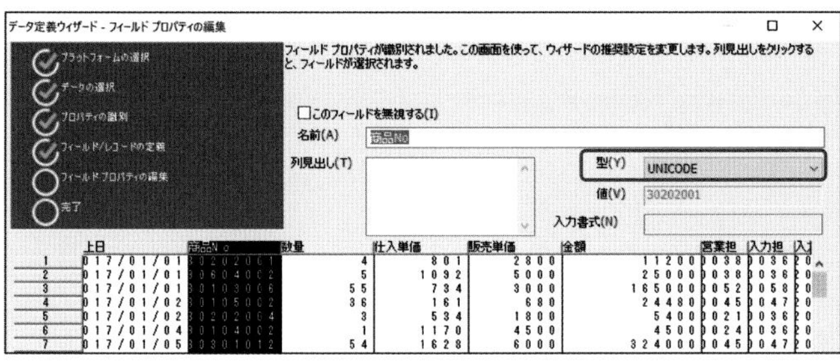

⑨「商品 No」フィールドの型は、テーブルレイアウトでは、「テキスト型」となっているため、「UNICODE」を選択します。

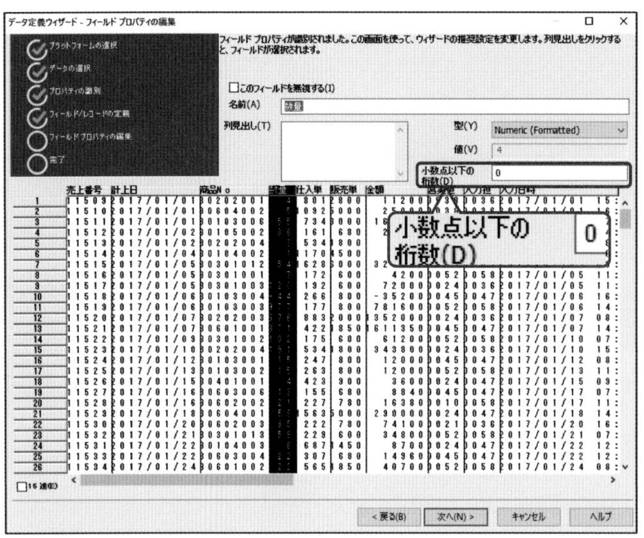

⑩「数量」、「仕入単価」、「販売単価」、「金額」フィールドの型は、「数値型」のため、「Numeric（Formatted）」を選択します。「小数点以下の桁数」は「0」のままにします。

※データが小数の場合は、小数点以下の桁数を変更しないと、小数点以下第１位が四捨五入されて、整数で表示されます。

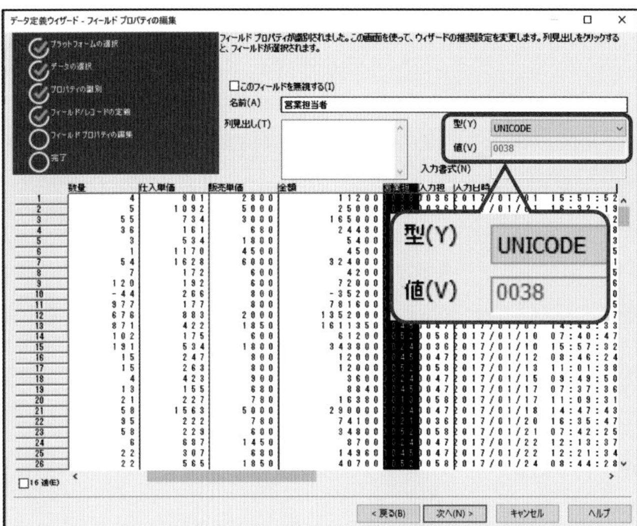

⑪「営業担当者」フィールドの値"0038"は「テキスト型」のため、「UNICODE」を選択すると、正しく表示されます。「入力担当者」フィールドも同様です。

※「Numeric（Formatted）」（数値型）を選択すると、先頭の０が欠けて、以下のように"38"と表示されます。

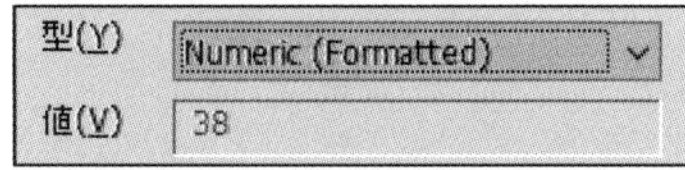

※その他の不適切な型を選択した場合、「値」は空欄となります。

⑫「入力日時」フィールドの型は「日付時刻」を選択します。「入力書式」は、データの表記に合わせて入力してください。ここでは、「入力日時」フィールドで使用されている書式通りに「YYYY/MM/DD hh:mm:ss」と入力します。

⑬すべてのフィールド（列）の見出しをクリックして、各フィールドを定義したら《次へ》をクリックします。

⑭「最終」の画面で、定義した内容を確認し、《完了》をクリックします。

テーブル '無題' が変更されました。次の名前で保存します:

OK

AT01_売上データ　破棄(D)

⑮テーブル名として「AT01_売上データ」と表示されていることを確認し、《OK》をクリックします。

※テーブル管理を容易にするために、テーブル名は⑥で設定した fil ファイル名と一致させることをお勧めします。

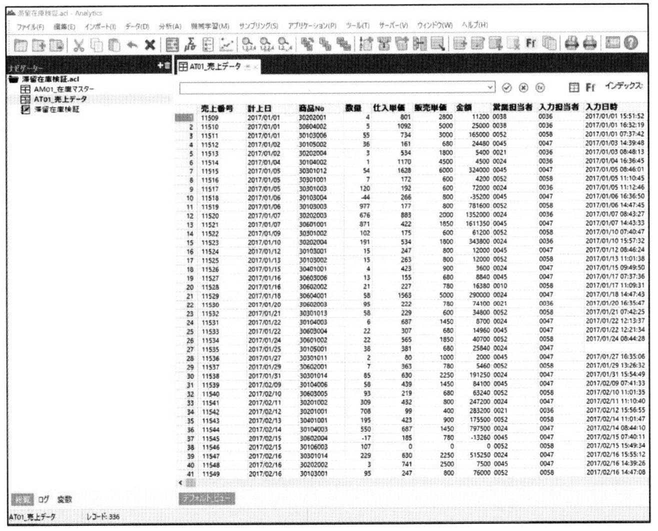

⑯「売上データ.txt」ファイルから「AT01_売上データ」テーブルが作成されました。

ACL によるエラーの検出

ACL は、データ定義ウィザードの過程で、フィールドのデータ型や長さを自動認識しますが、日付時刻型の書式が異なっている場合や、右端のフィールドに空白がある場合などは以下のように黒く表示されるので、注意が必要です。

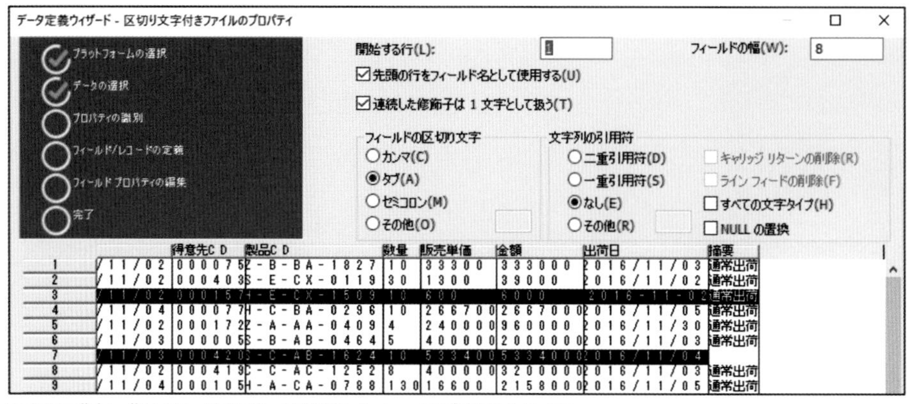

このまま《次へ》をクリックすると、下記のメッセージが表示されます。

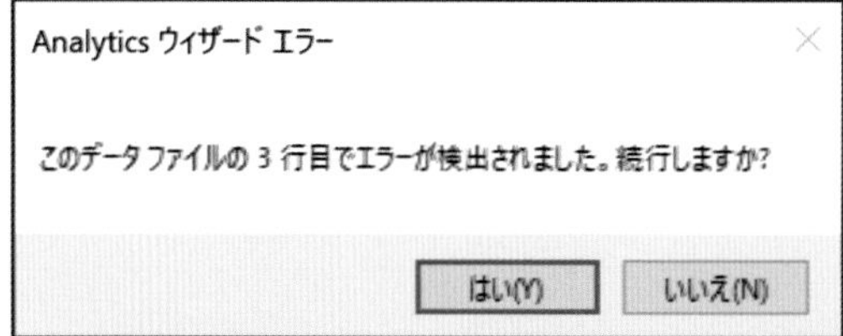

3 行目のデータを見てみると、「出荷日」フィールドの書式が「2016-11-02」となっています。このデータの例では、ACL は「出荷日」フィールドの書式を「YYYY/MM/DD」と認識しているため、エラーが検出されます。このような場合は、《いいえ》をクリックし、データ定義ウィザードを《キャンセル》して、ソースデータの書式を確認し、必要に応じて入手先に修正を依頼してください。

7 行目は「摘要」フィールドが空白のため、黒く表示されていますが、空白のデータで正しければ、ウィザードを続行して問題ありません。

エラーが検出された場合は、エラーの内容に応じて対応することが重要です！

（３）固定長のテキストファイルのソースデータをインポートしてテーブルを作成する

◆ソースデータの情報

- ●ファイル形式　：固定長のテキストファイル
- ●レコード長　：44
- ●ファイル名　：固定長データ.txt
- ●ファイルの保存場所　：「在庫検証」フォルダー
- ●データ件数　：10 件
- ●テーブルレイアウト

No.	フィールド名	データ型	開始位置	長さ	備考
1	Code	テキスト	1	8	
2	Sub	テキスト	9	4	
3	Amount	数値	13	8	小数点以下の桁数：0
4	Exp	テキスト	21	12	
5	Date	日付	33	10	YYYY/MM/DD

- ●データサンプル　：ヘッダーなし

```
3010300101-1        412Kudan-Kita    2017/05/10
3010300201-1        600Hanzomon      2017/10/12
3010300301-1       1248Kudan-Minami2017/10/12
```


◆操作の手順

以下の手順で固定長のテキストファイルをインポートしてテーブルを作成してみましょう。

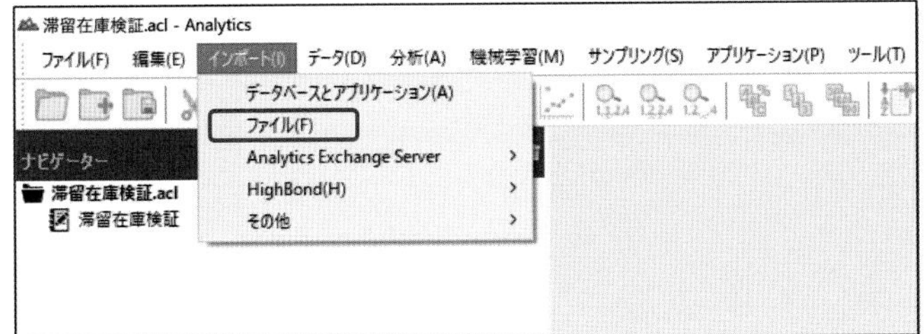

①「滞留在庫検証」プロジェクトが開いている状態で、メニューバーの《インポート》から《ファイル》をクリックします。

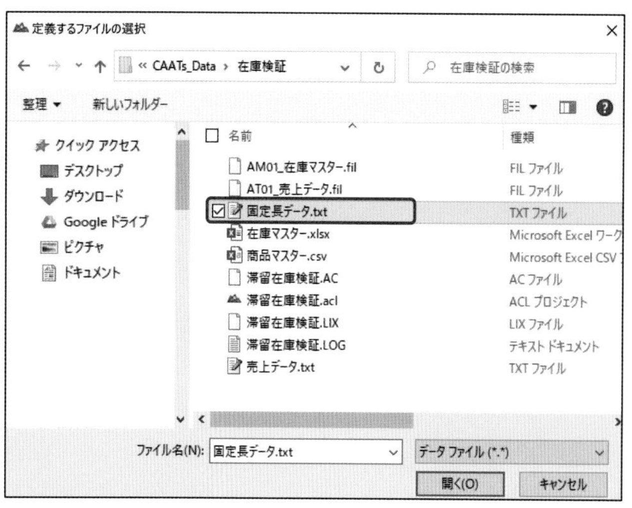

②「在庫検証」フォルダーから「固定長データ.txt」ファイルを選択し、《開く》をクリックします。

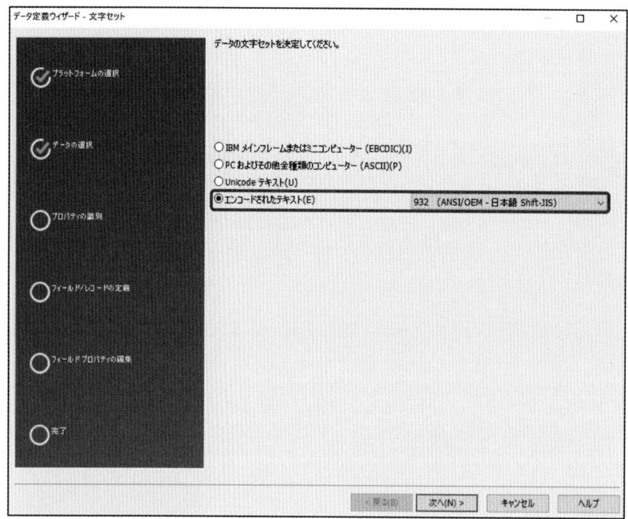

③データ定義ウィザードの「文字セット」の画面で、「エンコードされたテキスト」の「932 ANSI/OEM-日本語 Shift-JIS」を選択します。

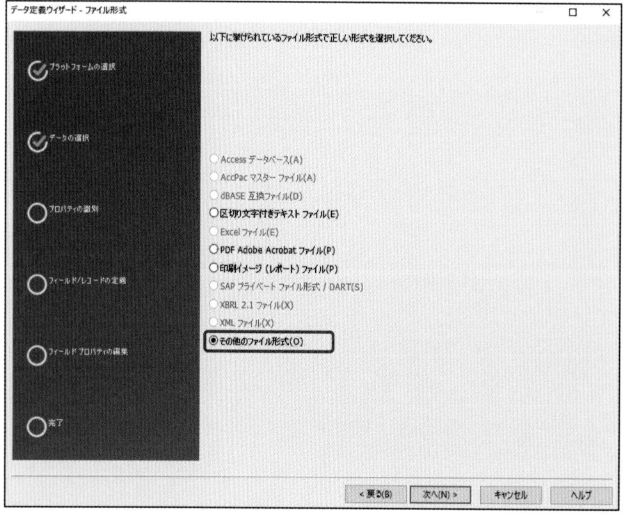

④「ファイル形式」の画面で、「その他のファイル形式」を選択し、《次へ》をクリックします。

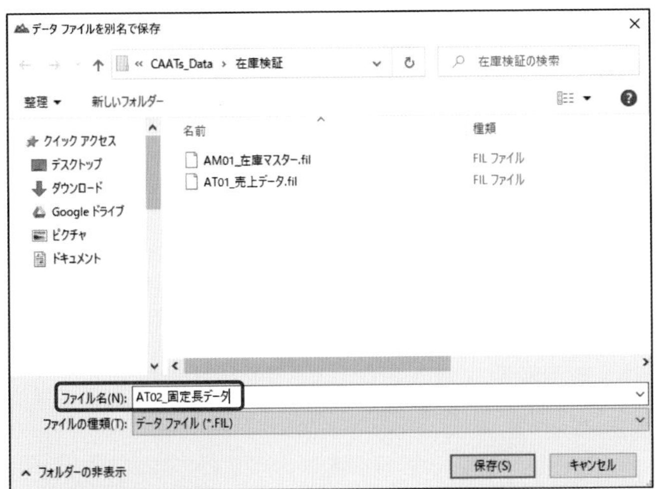

⑤「データファイルを別名で保存」の画面で、ファイル名に「AT02_固定長データ」と入力し、《保存》をクリックします。

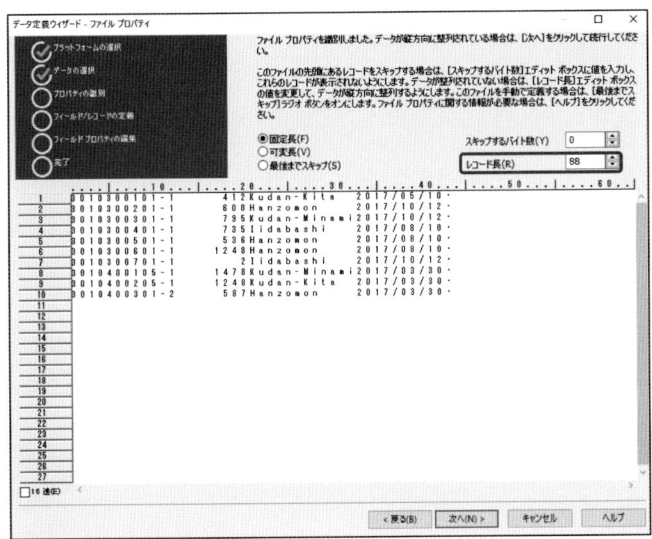

⑥「ファイルプロパティ」の画面では、データがずれていないことを確認したら、ウィザード推奨設定で進めてください。

※③の文字セットで、「エンコードされたテキスト」の「932 ANSI/OEM-日本語 Shift-JIS」を選択しているため、「レコード長」はダブルバイトで表記されます。

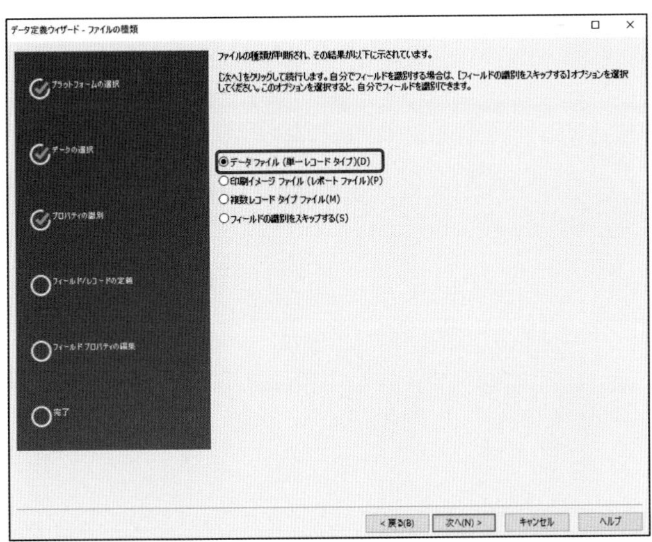

⑦「ファイルの種類」の画面で、「データファイル（単一レコードタイプ）」を選択し、《次へ》をクリックします。

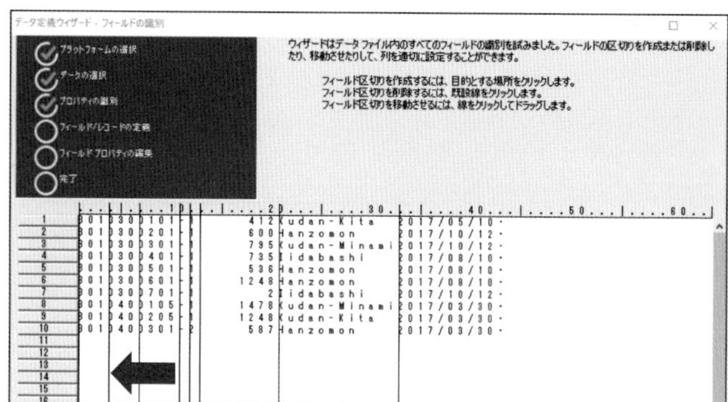

⑧テーブルレイアウトの「長さ」に合わせて、区切り線を変更します。

※区切り線はマウスで変更できます。

・線をドラッグ：移動

・線をクリック：削除

・線のないところでクリック：追加

※右端は区切り線を入れないでください。

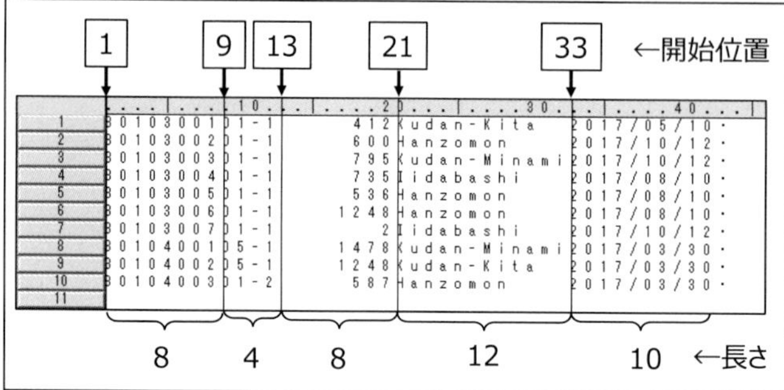

⑨区切り線を変更したら、《次へ》をクリックします。

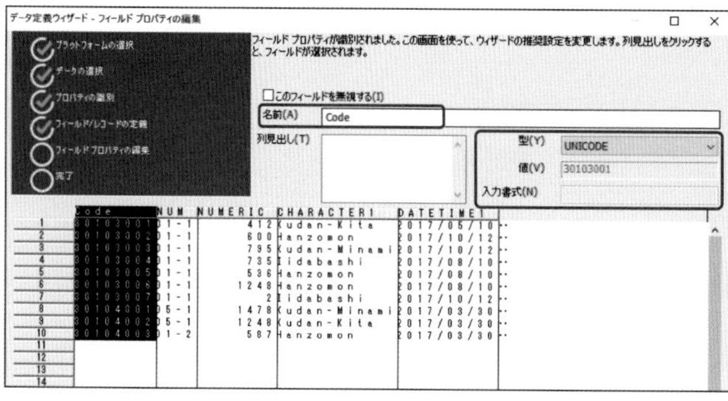

⑩「フィールドプロパティの編集」画面で、列ごとにテーブルレイアウトに合わせた「名前」、「型」、「入力書式」を設定します。

※ヘッダーなしのデータのため、ここで「名前」にフィールド名を入力します。

⑪すべてのフィールド（列）の見出しをクリックして各フィールドを定義したら《次へ》をクリックします。

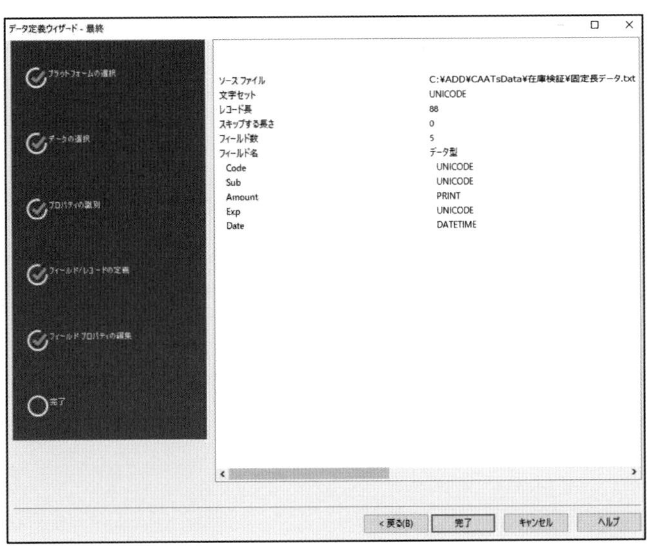

⑫「最終」の画面で、定義した内容を確認し、《完了》をクリックします。

テーブル '無題' が変更されました。次の名前で保存します:

OK

AT02_固定長データ

破棄(D)

⑬テーブル名として「AT02_固定長データ」と表示されていることを確認し、《OK》をクリックします。

※テーブル管理を容易にするために、テーブル名は⑤で設定した fil ファイル名と一致させることをお勧めします。

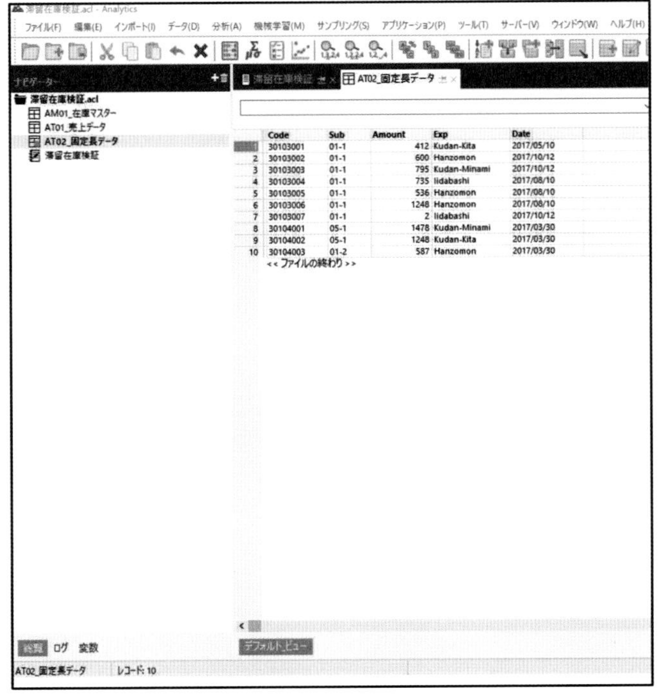

⑭「固定長データ.txt」ファイルから「AT02_固定長データ」テーブルが作成されました。

3-4.テーブル作成のまとめ

（１）推奨するソースデータのファイル

ソースデータは、**引用符付きのタブ区切りのテキストファイル**にすると、インポート時のトラブルが少なくなります。また、ソースデータの１行目に列見出しが入力されていると、フィールド名の入力を省略できます。

（２）データ型およびフィールドの幅について

◆データ型

●テキスト型フィールドの場合、選択した文字セットにより、ACL での「データ型」が決まります。

データ定義ウィザードでの文字セットの選択	テキスト型フィールドのACLでの「データ型」
エンコードされたテキスト － 932 ANSI/OEM-日本語Shift-JIS	UNICODE
Unicode	UNICODE

●数字のみのデータの認識

データの値が数字のみの場合、ACL は、通常、そのフィールドを数値型と認識します。数値型フィールドに空白や無効なデータがあると、ACL はその値を「0」に変換しますので、空白とゼロの区別が必要な場合は、テキスト型に設定してください。なお、インポート後に関数を利用して、テキスト型から数値型へ変換することが可能です。

●日付時刻型データ

日付時刻型フィールドに空白や無効なデータがあると、ACL は「1900/01/01」に変換します。空白と無効なデータを区別する必要がある場合は、そのフィールドをテキスト型に設定してください。なお、インポート後に関数を利用して、テキスト型から日付時刻型へ変換することが可能です。

◆フィールドの幅

●ACL はデータ（ヘッダーも含む）の長さを見てフィールドの幅を自動認識しますが、フィールドの幅は、テーブルレイアウトに合わせて定義すると、データのずれなどのトラブルが少なくなります。

実際にソースデータをインポートしてテーブルを作成してみましょう！

3-5.基礎確認問題

（1）テーブルの作成

問題を解くにあたっては、サンプルデータをダウンロードし、「在庫検証」フォルダーに保存されているファイルを使用してください。

1.「商品マスター.xlsx」ファイルをインポートして、「AM02_商品マスター」テーブルを作成してください。
作成したテーブルのレコードは何件ありますか。

◆ソースデータの情報

●ファイル形式　　　：区切り文字付きテキストファイル（区切り文字：カンマ、文字列の引用符：なし）

●ファイル名　　　　：商品マスター.xlsx

●ファイルの保存場所：「在庫検証」フォルダー

●テーブルレイアウト

フィールド名	データ型	長さ	備考
商品No	テキスト	8	先頭3桁が商品の大分類、その次の2桁が小分類、末尾の3桁が分類内の連番
商品名	テキスト	30	
販売単価	数値	8	小数点なし
販売区分	数値	1	1が販売中、2が販売停止

●データサンプル　　：ヘッダーあり

商品No	商品名	販売単価	販売区分
30103001	春の彩	800	1
30103002	夏の賑い	800	1
30103003	秋の調べ	800	1

2.「売上データ_上期.txt」ファイルをインポートして、「AT03_売上データ_上期」テーブルを作成してください。
作成したテーブルのレコードは何件ありますか。

◆ソースデータの情報

●ファイル形式　　　：区切り文字付きテキストファイル（区切り文字：タブ、文字列の引用符：なし）

●ファイル名　　　　：売上データ上期.txt

●ファイルの保存場所：「在庫検証」フォルダー

●テーブルレイアウト

フィールド名	長さ	データ型	備考
売上番号	5	テキスト	
計上日	10	日付	YYYY/MM/DD
商品No	8	テキスト	
数量	8	数値	小数点以下の桁数：0
仕入単価	8	数値	小数点以下の桁数：0
販売単価	8	数値	小数点以下の桁数：0
金額	12	数値	小数点以下の桁数：0
営業担当者	4	テキスト	従業員番号
入力担当者	4	テキスト	従業員番号
入力日時	19	日付時刻	YYYY/MM/DD HH:MM:SS

●データサンプル　　：ヘッダーあり

```
売上番号　計上日　商品No　数量　仕入単価　販売単価　金額　営業担当者　入力担当者　入力日時
11509　2017/01/01　30202001　14　2800　2800　11200　0038　0036　2017/01/01 13:01:01
11510　2017/01/01　30604002　5　5000　5000　25000　0038　0036　2017/01/01 15:55:00
```

データの間にはタブが挿入されています。

3.「売上データ_下期.txt」ファイルをインポートして、「AT04_売上データ_下期」テーブルを作成してください。
作成したテーブルのレコードは何件ありますか。
「売上データ下期.txt」は、「売上データ上期.txt」と同じファイル形式、同じテーブルレイアウトのファイルです。

4．データ信頼性の検証および手続の実施

4-1.データ分析に使用する ACL の主なコマンド

◆データメニュー、分析メニュー、サンプリングメニューのコマンド一覧

メニュー名	コマンド名	コマンド名（スクリプト）	機能
データ	検証	VERIFY	データのデータ型がテーブルレイアウトと一致しているか検証する
	抽出	EXTRACT	レコードまたはフィールドのデータを新規テーブルへコピーする
	エクスポート	EXPORT	レコードまたはフィールドのデータをExcel等に書き出す
	最後に追加	APPEND	テーブルの末尾に別テーブルのデータを追加する
	並べ替え	SORT	レコードを並べ替えて新規テーブルを作成する
	インデックス	INDEX	レコードを並べ替えるためのインデックスファイルを作成する
	結合	JOIN	別テーブルのフィールドを追加し、新規テーブルを作成する
	関連付け	DEFINE RELATION	別テーブルのフィールドを使用するための関係を定義する
	マージ	MERGE	テーブルレイアウトが同一のテーブルのレコードを結合し、元のテーブルと同じ並べ替え順の新規テーブルを作成する
	レポート	REPORT	ビューのデータを帳票のイメージで出力する
	レコード検索	LOCATE	検索条件に一致する最初のレコードに移動する
分析	カウント	COUNT	レコード件数をカウントする
	合計	TOTAL	数値フィールドを合計する
	プロファイル	PROFILE	数値フィールドの合計値、絶対値、最小値、最大値を算出する
	統計	STATISTICS	数値フィールド、日付フィールドの統計情報を算出する
	順番検査	SEQUENCE	指定したフィールドが順番通りに並んでいるか検査する
	ギャップ	GAPS	順番に並んでいるデータの欠落を検出する
	重複	DUPLICATES	重複する値を検出する（重複がない場合は、データが一意であることが分かる）
	あいまい重複	FUZZYDUP	テキスト型フィールドのほぼ同一の値の検出
	分類化	CLASSIFY	テキスト型フィールド、数値型フィールドの値ごとに集計する
	要約	SUMMARIZE	テキスト型フィールド、日付型フィールドの値ごとに集計する
	ヒストグラム	HISTOGRAM	データをグループ化し、棒グラフで表示する
	クロス集計	CROSSTAB	縦軸（テキスト）と横軸（テキスト）で集計する
	階層化	STRATIFY	数値を階層に分けて集計する
	年齢調べ	AGE	期間ごとに集計する（年齢調べ）
	ベンフォード	BENFORD	ベンフォード分析を実行する
	R	RCOMMAND	ACLのテーブルでRスクリプトを実行してテーブルを作成する
サンプリング	レコード/金額単位サンプリング－サイズの計算	SIZE	レコードサンプリングまたは金額単位サンプリングの実行、評価
	レコード/金額単位サンプリング－サンプル	SAMPLE	
	レコード/金額単位サンプリング－評価	EVALUATE	
	従来の変数サンプリング－準備	CVSPREPARE	従来の変数サンプリングの実行、評価
	従来の変数サンプリング－サンプル	CVSSAMPLE	
	従来の変数サンプリング－評価	CVSEVALUATE	

ACL のテーブルを Excel に出力するには、以下のうちどのコマンドを使用しますか。

(A) EXTRACT RECORD TO “抽出データ.XLSX”

(B) EXTRACT FIELDS ALL TO “抽出データ.XLSX”

(C) EXTRACT VIEW TO “抽出データ.XLSX”

(D) EXPORT FIELDS ALL XLSX TO “抽出データ.XLSX”

(E) REPORT FIELDS ALL TO “抽出データ.XLSX”

こんな問題が出ますよ～♪

（1）コマンドのダイアログボックス

ACL のメニューからコマンドを実行すると、コマンドの実行に必要な情報を入力する画面（ダイアログボックス）が表示されます。ダイアログボックスは、コマンドごとに表示されるタブや入力項目が異なりますが、タブの形式や入力の形式は標準化されています。ここでは、「検証」（VERIFY）コマンドを例にあげて、ダイアログボックスの使用方法を確認していきましょう。

データ分析をするにあたっては、必ず対象のテーブルを開いてからコマンドを実行してください。

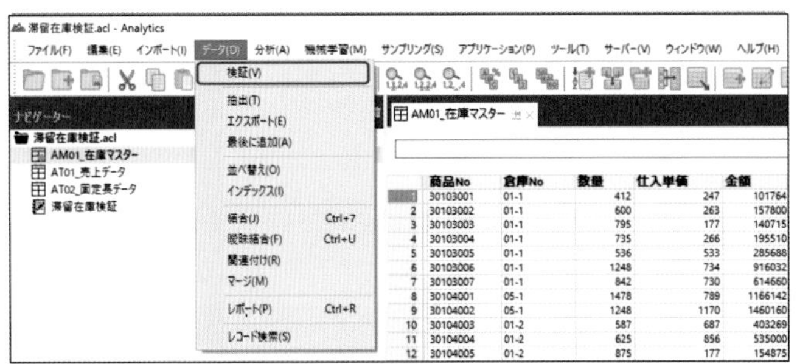

①分析対象のテーブルを開きます。

②メニューバーの《データ》をクリックします。《データ》のメニューが表示されます。

③《検証》をクリックします。

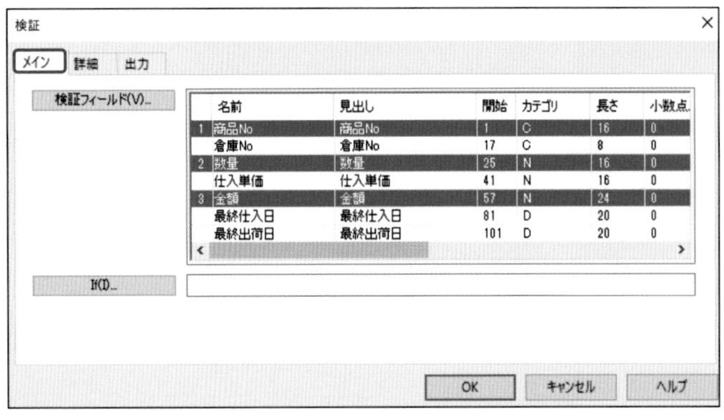

④「検証」のダイアログボックスが開きます。《メイン》タブの画面で、Ctrl キーを押しながらフィールドをクリックすると、複数のフィールドを選択できます

※《メイン》タブは、コマンドごとに入力項目やレイアウトが異なります。

※《IF》欄は、特定の条件に一致するレコードのみにコマンドを実行したい場合に、条件式を入力します。

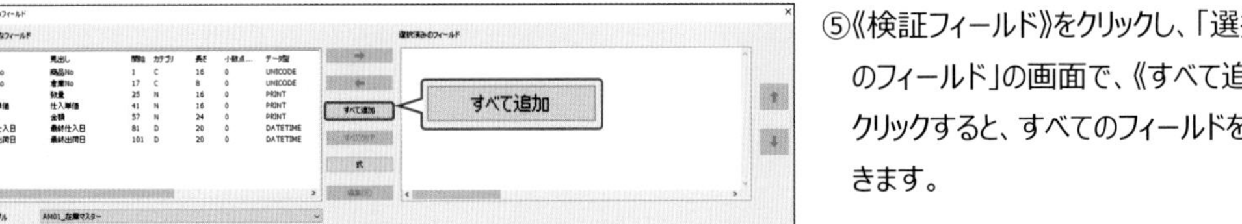

⑤《検証フィールド》をクリックし、「選択済みのフィールド」の画面で、《すべて追加》をクリックすると、すべてのフィールドを選択できます。

※左側の「使用可能なフィールド」で、フィールドを選択し、➡をクリックして、必要なフィールドだけを選択することもできます。

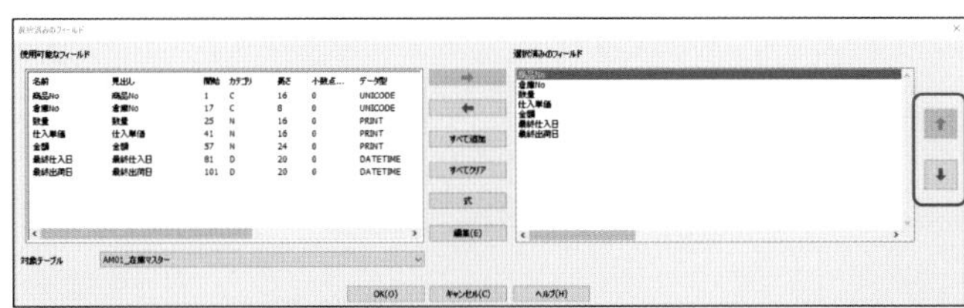

⬆⬇をクリックして選択済みのフィールドの表示順を変更することもできます。

⑥フィールドを選択したら、《OK》をクリックします。

⑦《詳細》タブをクリックします。「適用範囲」は、特に処理の範囲を指定する必要がなければ、そのままで構いません。
「エラー制限」は、コマンド実行時にACLが検出するエラーの最大数です。「エラー制限」に設定した数を上限として結果が表示されます。必要に応じて、数を変更してください。

※「詳細」タブは、コマンドごとに入力項目が異なります。

⑧《出力》タブをクリックします。コマンドの実行結果をどのように利用するかによって「出力先」を選択します。

⑨《OK》をクリックします。

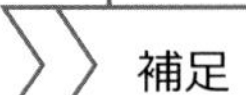
補足

- 画面：実行結果をその場で確認できます。また、メニューコマンドによっては、ドリルダウン機能で集計結果から明細レコードを参照することができます。
- 印刷：実行結果をプリンターに出力します。「通常使うプリンター」が使用されます。
- グラフ：実行結果をグラフで表示します。（グラフが選択できないメニューコマンドもあります。）
- ファイル：実行結果をACLのテーブルやテキストファイルに出力し、実行結果を別の分析に使用することができます。

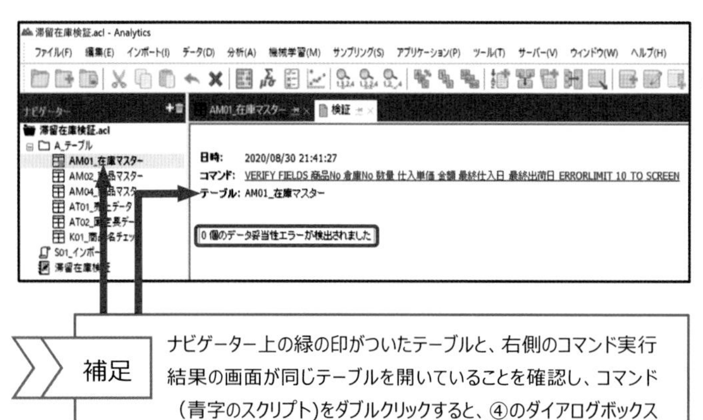

【「出力先」で「画面」を選択した場合】

⑩左図のように、実行した「日時」、「コマンド」、「テーブル」、「実行結果」の画面が表示され、内容を確認できます。

※「コマンド」は、実行した操作がスクリプトで記録されており、どのような操作をしたかを確認することができます。

補足

ナビゲーター上の緑の印がついたテーブルと、右側のコマンド実行結果の画面が同じテーブルを開いていることを確認し、コマンド（青字のスクリプト)をダブルクリックすると、④のダイアログボックスが再度表示されます。設定を変えて、操作を再実行することができます。

実行結果をテーブルに出力する場合（例：「分類化」コマンド）

- 「出力先」で「ファイル」を選択します。
- 「ファイルの種類」が「Analytics テーブル」となっている状態で、《名前》に「W01_分類化」など、テーブル名推奨ルール（25 頁参照）に沿って入力します。この名前は、fil ファイル名、テーブル名として使用されます。

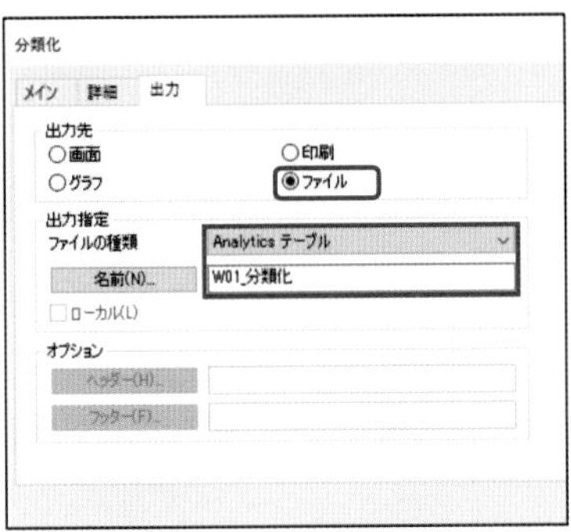

※《名前》をクリックすると、fil ファイルの保存場所を指定できます。指定しない場合は、プロジェクトと同じフォルダーに保存されます。

※「検証」コマンドなど、出力ファイルがテキストファイルのみとなっている場合、テーブルに出力することはできません。

ドリルダウン（例：「分類化」コマンド）

「出力先」を「画面」とした場合、コマンドの実行結果の画面で、表の中の青い下線で表示される箇所をクリックすると、その項目や数値に関連するレコードを自動的に抽出することができます。この機能をドリルダウンといいます。ドリルダウンには、フィルター（74 頁参照）が使用されます。

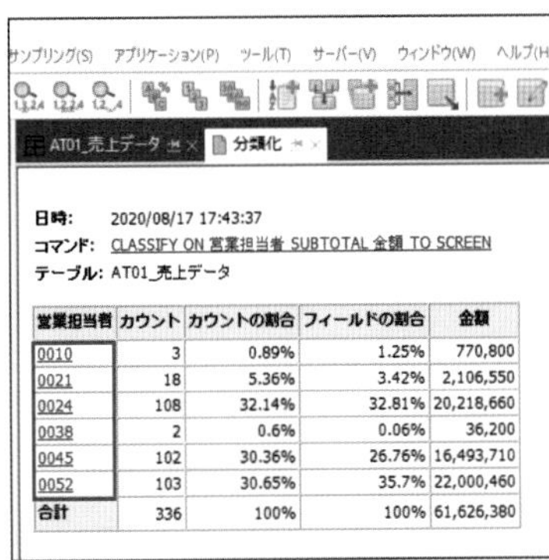

営業担当者	カウント	カウントの割合	フィールドの割合	金額
0010	3	0.89%	1.25%	770,800
0021	18	5.36%	3.42%	2,106,550
0024	108	32.14%	32.81%	20,218,660
0038	2	0.6%	0.06%	36,200
0045	102	30.36%	26.76%	16,493,710
0052	103	30.65%	35.7%	22,000,460
合計	336	100%	100%	61,626,380

※ドリルダウンを実行する時は、対象のテーブルが開かれていることを確認してください。別のテーブルが開いているとドリルダウンが正しく実行されません。

「分類化」コマンドの実行結果から、「営業担当者」の「0010」をクリックします。

⇒「営業担当者：0010」のレコードのみが表示されます。

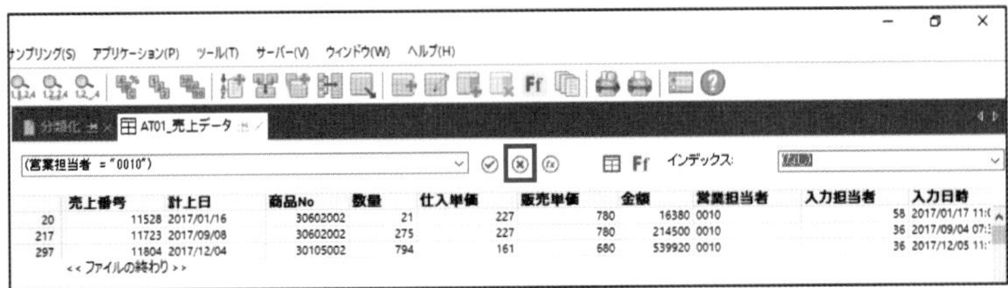

	売上番号	計上日	商品No	数量	仕入単価	販売単価	金額	営業担当者	入力担当者	入力日時
20	11528	2017/01/16	30602002	21	227	780	16380	0010	58	2017/01/17 11:(
217	11723	2017/09/08	30602002	275	227	780	214500	0010	36	2017/09/04 07::
297	11804	2017/12/04	30105002	794	161	680	539920	0010	36	2017/12/05 11:'

抽出されたレコードを確認したら、ⓧをクリックします。

⇒すべてのレコードが表示された状態に戻ります。

（2）「分析」メニューの主なコマンド

ここでは、「分析」メニューのコマンドのうち、主にICCP試験に出題されるコマンドを中心に機能と使用例について解説します。

データ分析をするにあたっては、必ず対象のテーブルを開いてからコマンドを実行してください。

◆カウント（COUNT）

機　能：レコード件数をカウントする
使用例：テーブルのレコード件数を調べる
コマンド例：COUNT

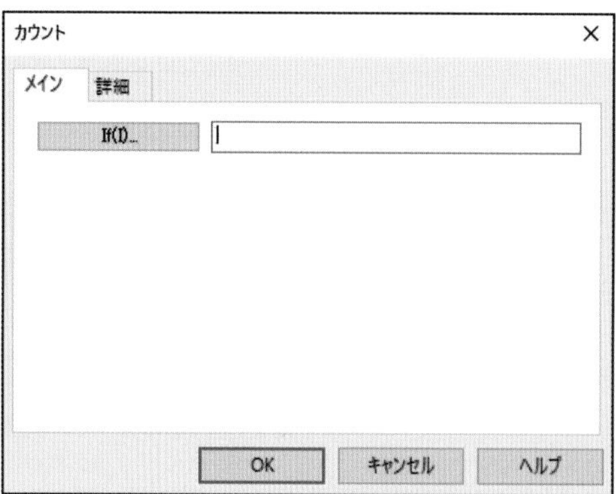

《分析》メニューから《カウント》を選択し、ダイアログボックスを開きます。

●《メイン》タブの《If》は対象とするレコードを限定するなどの条件がある場合には、条件式を入力して、《OK》をクリックします。

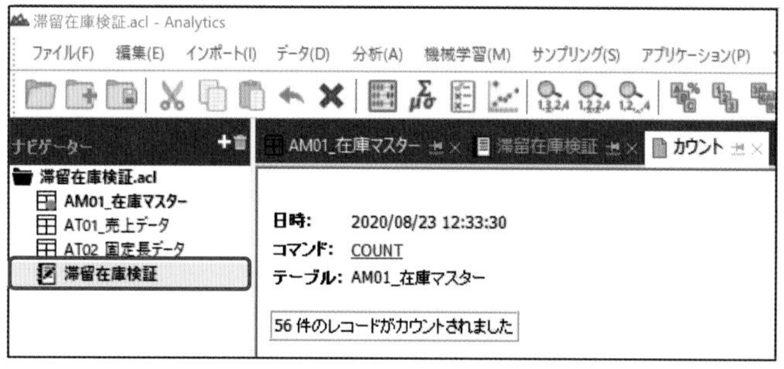

●ナビゲーター上のログ をダブルクリックすると、ログの一覧（21頁参照）が表示されます。
ログの一覧から、実行したコマンドのログをダブルクリックすると、左図のように実行結果の画面が表示され、内容を確認できます。

※コマンドを実行したテーブルの全件数が表示されます。

◆合計（TOTAL）

機　能：数値フィールドを合計する

使用例：金額の合計を調べる

コマンド例：TOTAL FIELDS 金額

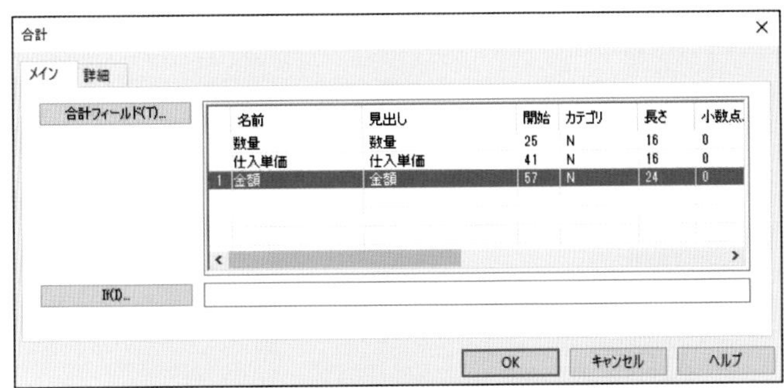

《分析》メニューから《合計》を選択し、ダイアログボックスを開きます。

●合計対象となるフィールドを選択し、《OK》をクリックします。

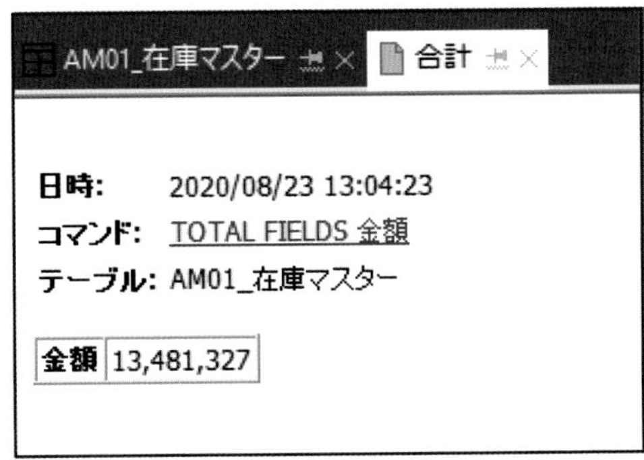

●左図のように、コマンドの実行結果の画面が表示され、内容を確認できます。

◆統計（STATISTICS）

機　能：数値フィールド、日付フィールドの統計情報を算出する

使用例：「金額」（数値）の範囲を調べる

コマンド例：STATISTICS ON 金額 TO SCREEN NUMBER 5

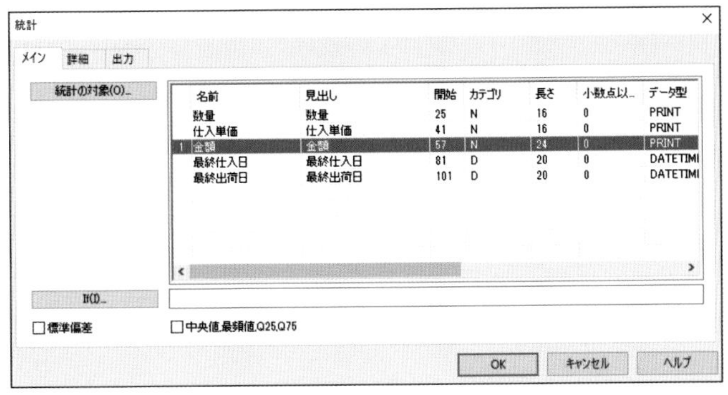

《分析》メニューから《統計》を選択し、ダイアログボックスを開きます。

●統計の対象となるフィールドを選択します。

●《詳細》タブの「高値/低値の数」の設定で、上位、下位何件までを表示するかを指定し、《OK》をクリックします。

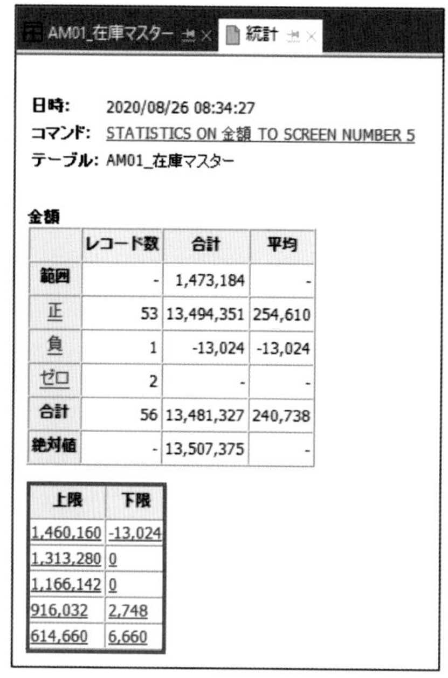

AM01_在庫マスター　統計

日時: 2020/08/26 08:34:27
コマンド: STATISTICS ON 金額 TO SCREEN NUMBER 5
テーブル: AM01_在庫マスター

金額

	レコード数	合計	平均
範囲	-	1,473,184	-
正	53	13,494,351	254,610
負	1	-13,024	-13,024
ゼロ	2	-	-
合計	56	13,481,327	240,738
絶対値	-	13,507,375	-

上限	下限
1,460,160	-13,024
1,313,280	0
1,166,142	0
916,032	2,748
614,660	6,660

●左図のように、コマンドの実行結果の画面が表示され、内容を確認できます。

※「上限」は上位、「下限」は下位を意味します。
ここでは、上記の《詳細》タブの「高値/低値の数」の設定で、「5」としているため、上位、下位ともに5件ずつ表示しています。

◆順番検査（SEQUENCE）

機　能：指定したフィールドが順番通りに並んでいるか検査する
使用例：連続番号が振られるシステムの場合、番号が順番通りでないイレギュラーなデータがないか調べる
コマンド例：SEQUENCE ON 商品No ERRORLIMIT 10 TO SCREEN ISOLOCALE ja_JP

《分析》メニューから《順番検査》を選択し、ダイアログボックスを開きます。

●《順番検査の対象》となるフィールドを選択します。

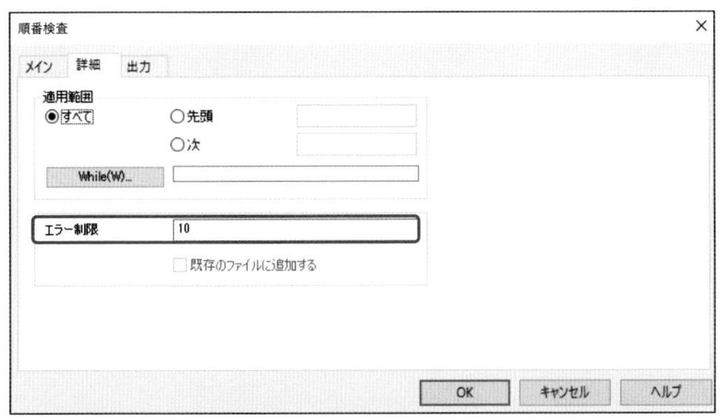

《詳細》タブで、エラーの検出数の制限を指定できます。

●エラーの検出数を指定し、《OK》をクリックします。

※「エラー制限」に設定した数を上限として順番検査の結果が表示されます。エラー制限数に達した場合、「エラー制限」の数を増やしてコマンドを再実行すると、エラー全件を確認できます。

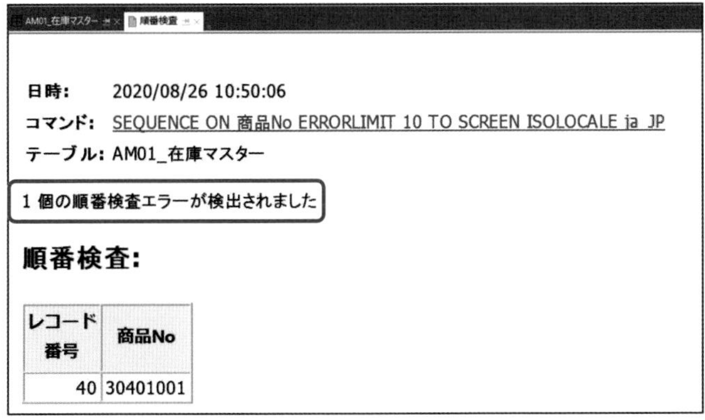

レコード番号	商品No
40	30401001

●左図のように実行結果の画面が表示され、内容を確認できます。

◆ギャップ（GAPS）

機　能：順番に並んでいるデータの欠落を検出する

使用例：連続番号が振られるシステムの場合に、番号の欠落がないか調べる

コマンド例：GAPS ON 売上番号 PRESORT TO SCREEN（「ギャップの幅を列挙する」の場合）
GAPS ON 売上番号 PRESORT MISSING 5 TO SCREEN（「欠落している項目を列挙する」の場合）

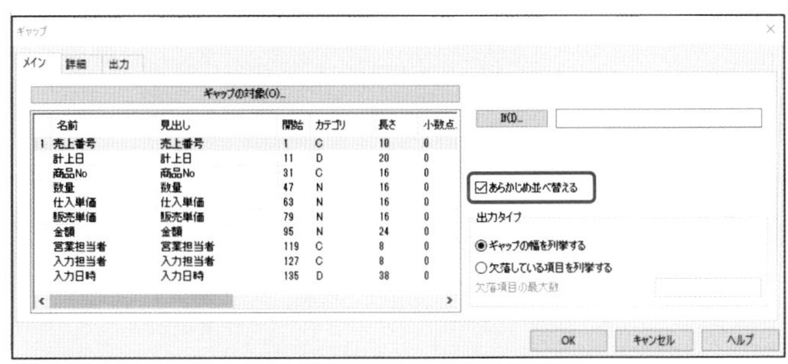

名前	見出し	開始	カテゴリ	長さ	小数点
売上番号	売上番号	1	C	10	0
計上日	計上日	11	D	20	0
商品No	商品No	31	C	16	0
数量	数量	47	N	16	0
仕入単価	仕入単価	63	N	16	0
販売単価	販売単価	79	N	16	0
金額	金額	95	N	24	0
営業担当者	営業担当者	119	C	8	0
入力担当者	入力担当者	127	C	8	0
入力日時	入力日時	135	D	38	0

《分析》メニューから《ギャップ》を選択し、ダイアログボックスを開きます。

●《ギャップの対象》となるフィールドを選択します。

※「あらかじめ並べ替える」の✓を外すと、選んだフィールドがソートされていない場合、コマンドが正しく実行されない可能性がありますので、✓はつけたままにしておきます。

【「出力タイプ」で「**ギャップの幅を列挙する**」を選択した場合】

出力タイプ
◉ギャップの幅を列挙する
○欠落している項目を列挙する
欠落項目の最大数

●「**ギャップの幅を列挙する**」を選択すると、ログにギャップの開始と終了、およびギャップ内の欠落項目の総数を表示できます。

●《OK》をクリックします。

AT01_売上データ　ギャップ

日時: 2020/08/26 17:33:39
コマンド: GAPS ON 売上番号 PRESORT TO SCREEN
テーブル: AT01_売上データ

3 個のギャップ幅が検出されました
4 個の欠落項目

その間に見つかったギャップ:

ギャップ開始(除く)	ギャップ終了(除く)	欠落項目の数
11,707	11,709	1
11,829	11,832	2
11,836	11,838	1

●左図のようにコマンドの実行結果の画面が表示され、内容を確認できます。

欠落している売上番号：
「11708」、「11830」、「11831」、「11837」

【「出力タイプ」で「**欠落している項目を列挙する**」を選択した場合】

出力タイプ
○ギャップの幅を列挙する
◉欠落している項目を列挙する
欠落項目の最大数　5

●「**欠落している項目を列挙する**」を選択すると、ログに欠落している値を表示できます。
「欠落項目の最大数」で指定した数を上限として、欠落をすべて列挙します。
欠落項目が最大数を超えると、超える部分の欠落については、ギャップの幅で表示されます。

●コマンドの実行結果の画面で、内容を確認します。

欠落している売上番号：
「11708」、「11830」、「11831」、「11837」

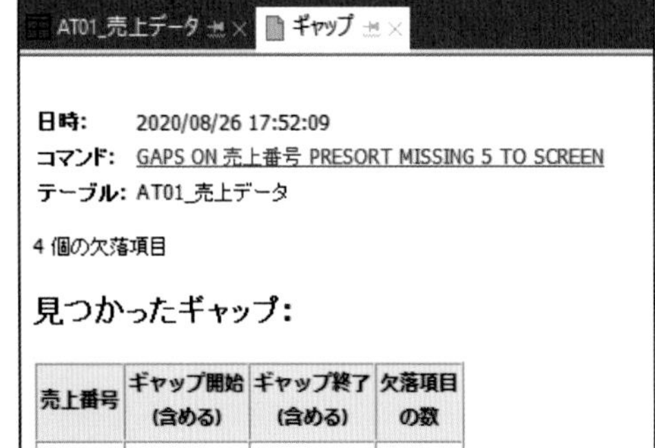

AT01_売上データ　ギャップ

日時: 2020/08/26 17:52:09
コマンド: GAPS ON 売上番号 PRESORT MISSING 5 TO SCREEN
テーブル: AT01_売上データ

4 個の欠落項目

見つかったギャップ:

売上番号	ギャップ開始(含める)	ギャップ終了(含める)	欠落項目の数
11,708			1
11,830			1
11,831			1
11,837			1

◆重複（DUPLICATES）

機　能：重複する値を検出する

使用例：キーフィールド（重複が許容されていないフィールド）にデータの重複がないか調べる

コマンド例：DUPLICATES ON 商品 No OTHER 商品名 PRESORT TO SCREEN ISOLOCALE ja_JP

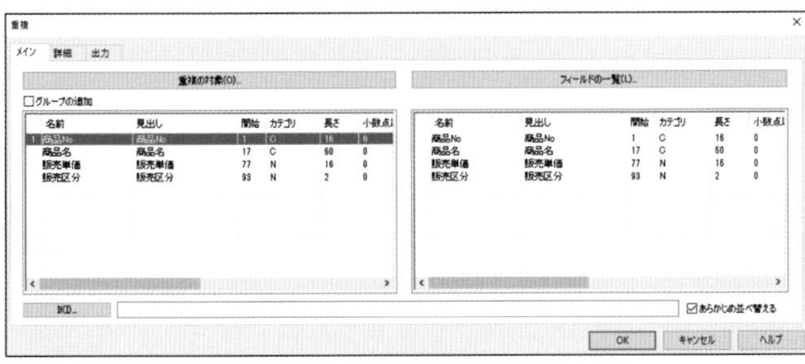

《分析》メニューから《重複》を選択し、ダイアログボックスを開きます。

- 《重複の対象》で対象となるフィールドを選択します。《重複の対象》は、複数のフィールドを選択できます。その場合、選択したフィールドの組み合わせで重複を検出できます。

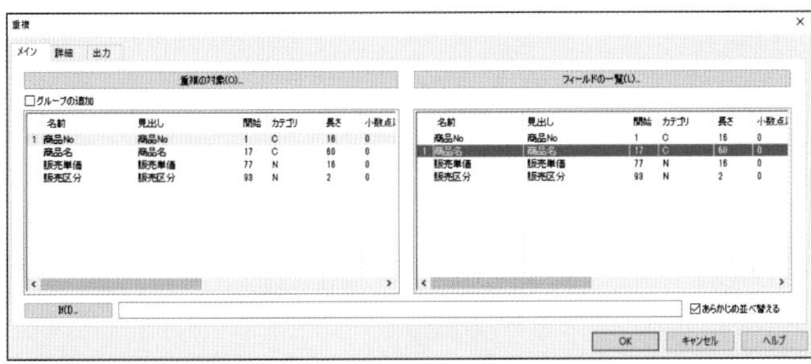

- 《フィールドの一覧》で、重複の結果に表示するフィールドを複数選択できます。

- フィールドを選択したら、《OK》をクリックします。

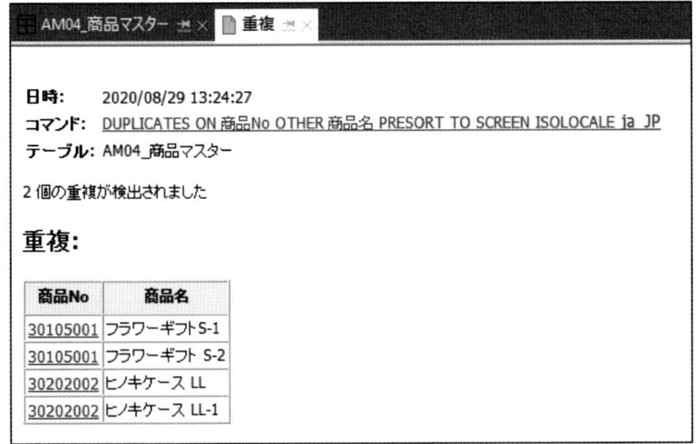

AM04_商品マスター　重複

日時: 2020/08/29 13:24:27
コマンド: DUPLICATES ON 商品No OTHER 商品名 PRESORT TO SCREEN ISOLOCALE ja_JP
テーブル: AM04_商品マスター

2 個の重複が検出されました

重複:

商品No	商品名
30105001	フラワーギフトS-1
30105001	フラワーギフト S-2
30202002	ヒノキケース LL
30202002	ヒノキケース LL-1

左図のようにコマンドの実行結果の画面が表示され、内容を確認できます。

※《フィールドの一覧》で何も選択しない場合は、《重複の対象》で選択したフィールドのみが表示されます。

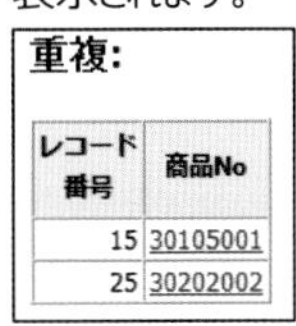

重複:

レコード番号	商品No
15	30105001
25	30202002

補足　アルファベットの大文字と小文字は、異なる文字と認識されます。「ABC」と「Abc」は別の値とみなされるため、重複にはなりません。

第2章 ICCP試験に必要なACLの基礎

◆あいまい重複（FUZZYDUP）

機　能：テキスト型フィールドのほぼ同一の値（あいまい重複）を検出する

使用例：似通った会社名を抽出し、名前を似せてダミーで登録されたデータがないか調べる

コマンド例：FUZZYDUP ON 商品名 OTHER 商品 No LEVDISTANCE 1 DIFFPCT 50 RESULTSIZE 50 TO "K01_商品名ﾁｪｯｸ" OPEN

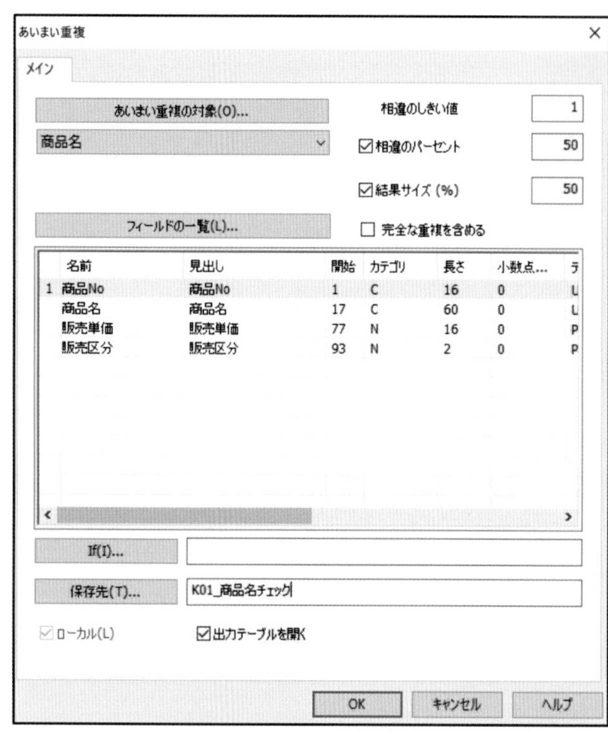

《分析》メニューから《あいまい重複》を選択しダイアログボックスを開きます。

- 《あいまい重複の対象》で、重複対象となるフィールドを選択します。
- 《フィールドの一覧》で、結果に表示するフィールドを選択します。
- 相違のしきい値：1～10 までの数値を指定します。

※数値が大きい程、許容される**相違の文字数**が多くなり、あいまい重複とみなされるデータが多くなります。

- 相違のパーセント：1～99 までのパーセントを指定します。

※数値が大きい程、許容される**相違の割合**が多くなり、あいまい重複とみなされるデータが多くなります。

- 結果サイズ：1～1000 までのパーセントを指定します。検査フィールドに対する結果の割合を意味します。結果がこの割合を超えると、処理は自動的に終了し、テーブルは作成されません。

※「相違のパーセント」と「結果サイズ」の✓を外すと、結果に出力されるサイズに制限がなくなるため、大量の結果が作成され、処理時間が非常に長くなる可能性があります。通常は✓をつけた状態で使用します。

- 「保存先」にテーブル名（fil ファイル名）を入力し、《OK》をクリックします。

補足

「相違のしきい値」と「相違のパーセント」の考え方

例：重複の対象が「Boby」（4 文字）の場合

2つの値	Boby とBob	Boby と BoBi
相違の数（相違をなくすための処理の回数）	1 → y（1文字）の追加で同じ値になる	2 → Bを小文字にし、iをyに変えると、同じ値になる
相違の%	33% （1/3文字） ※短い方の文字数で計算	50% （2/4文字）

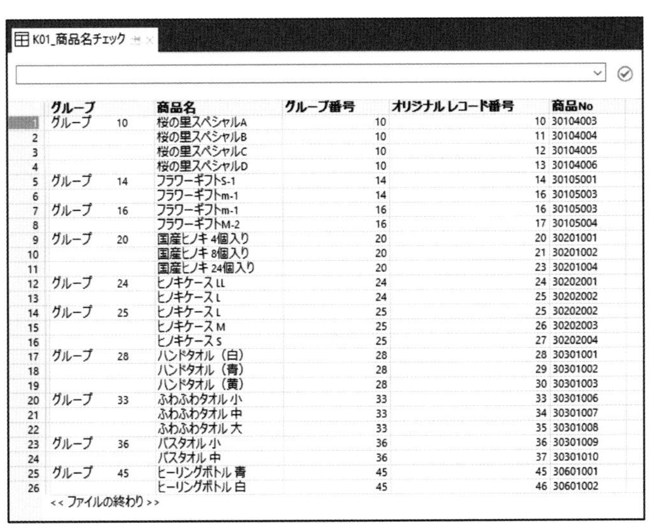
K01_商品名チェック

	グループ		商品名	グループ番号	オリジナル レコード番号	商品No
1	グループ	10	桜の里スペシャルA	10	10	30104003
2			桜の里スペシャルB	10	11	30104004
3			桜の里スペシャルC	10	12	30104005
4			桜の里スペシャルD	10	13	30104006
5	グループ	14	フラワーギフトS-1	14	14	30105001
6			フラワーギフトm-1	14	16	30105003
7	グループ	16	フラワーギフトm-1	16	16	30105003
8			フラワーギフトM-2	16	17	30105004
9	グループ	20	国産ヒノキ 4個入り	20	20	30201001
10			国産ヒノキ 8個入り	20	21	30201002
11			国産ヒノキ 24個入り	20	23	30201004
12	グループ	24	ヒノキケース LL	24	24	30202001
13			ヒノキケース L	24	25	30202002
14	グループ	25	ヒノキケース L	25	25	30202002
15			ヒノキケース M	25	26	30202003
16			ヒノキケース S	25	27	30202004
17	グループ	28	ハンドタオル（白）	28	28	30301001
18			ハンドタオル（青）	28	29	30301002
19			ハンドタオル（黄）	28	30	30301003
20	グループ	33	ふわふわタオル 小	33	33	30301006
21			ふわふわタオル 中	33	34	30301007
22			ふわふわタオル 大	33	35	30301008
23	グループ	36	バスタオル 小	36	36	30301009
24			バスタオル 中	36	37	30301010
25	グループ	45	ヒーリングボトル 青	45	45	30601001
26			ヒーリングボトル 白	45	46	30601002

<< ファイルの終わり >>

●コマンド実行の結果、新規にテーブルが作成されます。

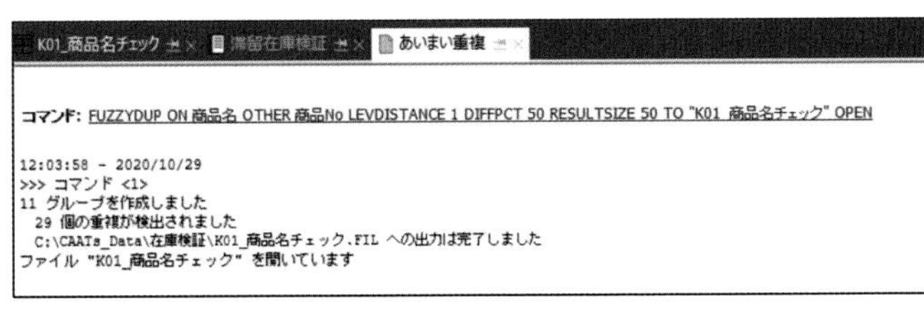
K01_商品名チェック　滞留在庫検証　あいまい重複

コマンド: FUZZYDUP ON 商品名 OTHER 商品No LEVDISTANCE 1 DIFFPCT 50 RESULTSIZE 50 TO "K01_商品名チェック" OPEN

```
12:03:58 - 2020/10/29
>>> コマンド <1>
11 グループを作成しました
  29 個の重複が検出されました
  C:\CAATs_Data\在庫検証\K01_商品名チェック.FIL への出力は完了しました
ファイル "K01_商品名チェック" を開いています
```

●ナビゲーター上のログ をダブルクリックすると、ログの一覧が表示されます。ログの一覧から、「FUZZYDUP」コマンドのログをダブルクリックすると、左図のように実行結果の画面が表示され、グループ数が表示されます。

◆分類化（CLASSIFY）

機　能：テキスト型、数値型フィールドの値ごとに集計する

使用例：倉庫 No 別に在庫金額を集計する、担当者別に売上金額を集計する

コマンド例：CLASSIFY ON 倉庫 No SUBTOTAL 金額 TO SCREEN

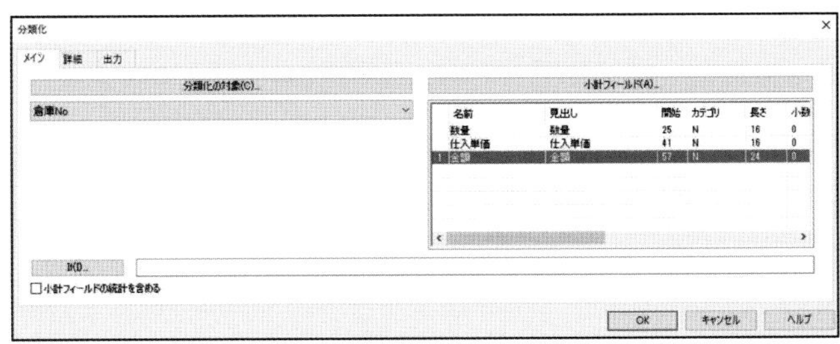

《分析》メニューから《分類化》を選択し、ダイアログボックスを開きます。

●《分類化の対象》で、分類対象となるフィールドを選択します。

●《小計フィールド》で、集計対象となるフィールドを選択します。

●フィールドを選択したら、《OK》をクリックします。

> **補足**
> 《分類化の対象》に表示されるフィールドは、テキスト型または数値型フィールドです。
> 《小計フィールド》は数値型のみが表示されます。

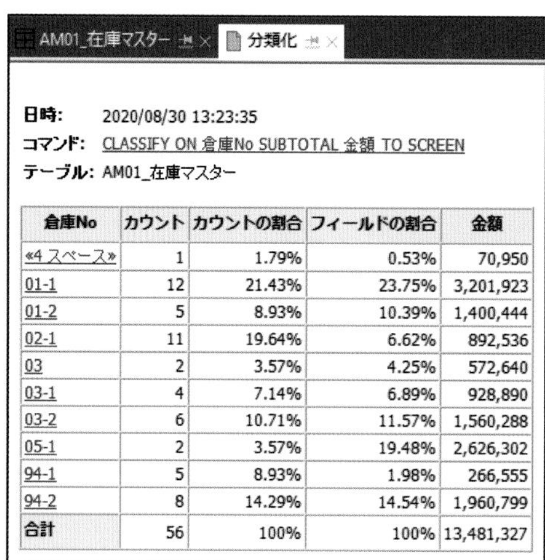

AM01_在庫マスター　分類化

日時: 2020/08/30 13:23:35
コマンド: CLASSIFY ON 倉庫No SUBTOTAL 金額 TO SCREEN
テーブル: AM01_在庫マスター

倉庫No	カウント	カウントの割合	フィールドの割合	金額
«4 スペース»	1	1.79%	0.53%	70,950
01-1	12	21.43%	23.75%	3,201,923
01-2	5	8.93%	10.39%	1,400,444
02-1	11	19.64%	6.62%	892,536
03	2	3.57%	4.25%	572,640
03-1	4	7.14%	6.89%	928,890
03-2	6	10.71%	11.57%	1,560,288
05-1	2	3.57%	19.48%	2,626,302
94-1	5	8.93%	1.98%	266,555
94-2	8	14.29%	14.54%	1,960,799
合計	56	100%	100%	13,481,327

●左図のようにコマンドの実行結果の画面が表示され、内容を確認できます。

◆要約（SUMMARIZE）

機　能：テキスト型、数値型、日付時刻型フィールドの値ごとに集計する

使用例：倉庫 No 別に在庫金額を集計する、最終仕入日別・在庫区分別に売上金額を集計する

コマンド例：SUMMARIZE ON 倉庫 No 最終仕入日 SUBTOTAL 金額 TO SCREEN PRESORT ISOLOCALE ja_JP

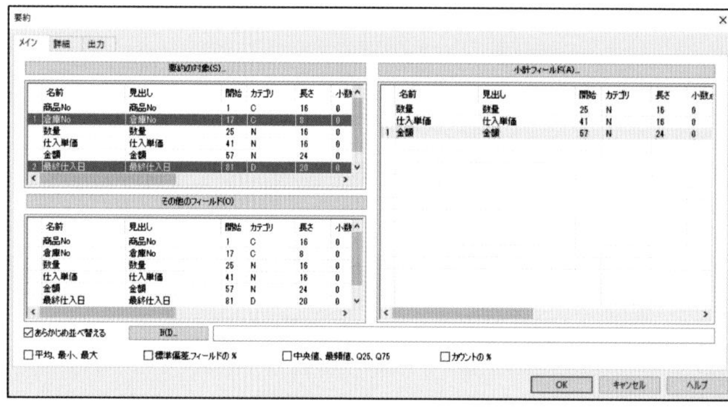

《分析》メニューから《要約》を選択し、ダイアログボックスを開きます。

●《要約の対象》で、要約対象となるフィールド（集計キー）を選択します。要約対象となるフィールドは、複数選択できます。

●《その他のフィールド》は、結果に表示したいフィールドを選択します。ただし、集計キーに対してデータが複数ある場合には、最初のデータの値のみが表示されます。

●《小計フィールド》で、集計対象となるフィールドを選択します。

●フィールドを選択したら、《OK》をクリックします。

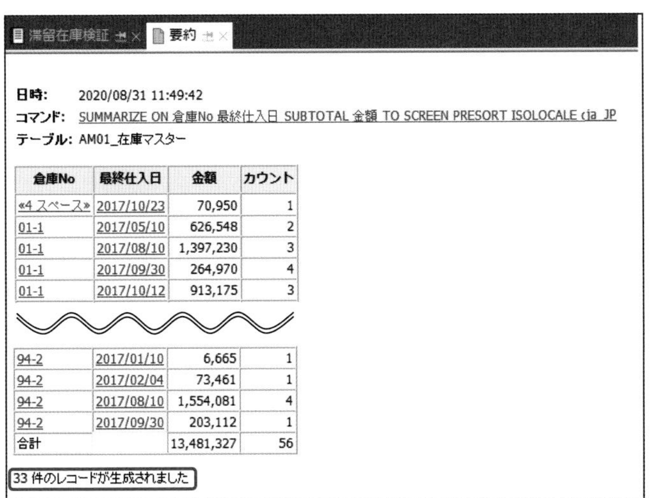

満留在庫検証　要約

日時:　2020/08/31 11:49:42
コマンド:　SUMMARIZE ON 倉庫No 最終仕入日 SUBTOTAL 金額 TO SCREEN PRESORT ISOLOCALE ja_JP
テーブル:　AM01_在庫マスター

倉庫No	最終仕入日	金額	カウント
«4 スペース»	2017/10/23	70,950	1
01-1	2017/05/10	626,548	2
01-1	2017/08/10	1,397,230	3
01-1	2017/09/30	264,970	4
01-1	2017/10/12	913,175	3
94-2	2017/01/10	6,665	1
94-2	2017/02/04	73,461	1
94-2	2017/08/10	1,554,081	4
94-2	2017/09/30	203,112	1
合計		13,481,327	56

33 件のレコードが生成されました

● 左図のように、コマンドの実行結果の画面が表示され、内容を確認できます。集計結果とレコード件数が表示されます。

《分類化》と《要約》の機能の比較

《分類化》コマンドと《要約》コマンドは、指定したフィールドの値をグループ化し、グループごとにデータを集計するコマンドです。それぞれの特性を知り、目的によって使い分けてください。

機能	分類化	要約
集計のキーにできるフィールドのデータ型	テキスト型、数値型	テキスト型、数値型、日付型
集計のキーにできるフィールドの数	1	複数
集計のキーにするフィールドの並べ替え	不要	必要
集計のキーにするフィールドの長さ	64文字まで	制限なし
集計のキーフィールド以外のフィールドの出力	できない	できる
集計結果に表示される情報	カウント、カウントの割合、フィールドの割合	カウント （カウントの割合、フィールドの割合はオプションの選択で追加できる）
集計結果にオプションで追加できる小計フィールドの情報	平均、最大、最小	平均、最大、最小、 標準偏差、フィールドの割合、中央値、最頻値、第1および第3四分位数、 カウントの割合
集計結果のグラフ化	できる	できない
コマンドの処理を行う主な場所	ランダムアクセスメモリ	ハードディスク

◆年齢調べ（AGE）

機　能：日付または日付時刻フィールドの値を期間ごとに集計する

使用例：在庫の滞留状況を確認し、評価減や廃棄の要否を検討する。

コマンド例：AGE ON 最終出荷日 CUTOFF 20170630 INTERVAL 0,30,60,90,120,180 SUBTOTAL 金額 TO SCREEN

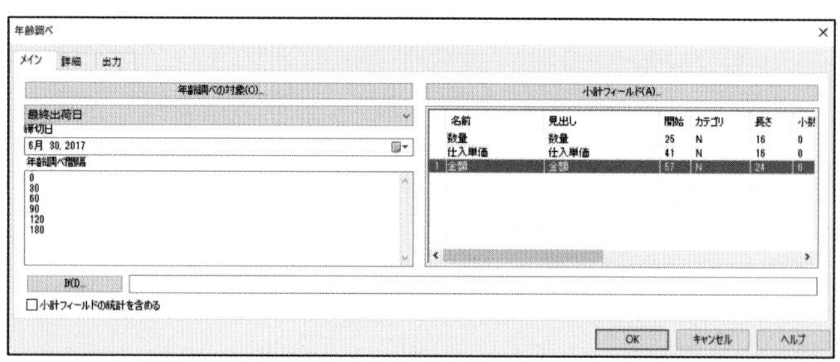

《分析》メニューから《年齢調べ》を選択し、ダイアログボックスを開きます。

- 《年齢調べの対象》で、年齢調べの対象となるフィールドを選択します。
- 「締切日」に、基準日となる日付を入力します。
- 「年齢調べ間隔」に、集計する間隔に応じた数値を改行しながら入力します。
- 《小計フィールド》で、集計対象となるフィールドを選択します。
- 以上を設定したら、《OK》をクリックします。

補足
「年齢調べ」は日付時刻型フィールドが対象となります。

AM01_在庫マスター_201706　年齢調べ

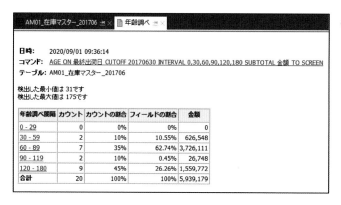

日時: 2020/09/01 09:36:14
コマンド: AGE ON 最終出荷日 CUTOFF 20170630 INTERVAL 0,30,60,90,120,180 SUBTOTAL 金額 TO SCREEN
テーブル: AM01_在庫マスター_201706

検出した最小値は 31です
検出した最大値は 175です

年齢調べ間隔	カウント	カウントの割合	フィールドの割合	金額
0 - 29	0	0%	0%	0
30 - 59	2	10%	10.55%	626,548
60 - 89	7	35%	62.74%	3,726,111
90 - 119	2	10%	0.45%	26,748
120 - 180	9	45%	26.26%	1,559,772
合計	20	100%	100%	5,939,179

- 左図のように、コマンドの実行結果の画面が表示され、内容を確認できます。

◆ベンフォード（BENFORD）

機　能：ベンフォード分析を実行する。ベンフォード分析とは、データの先頭桁や桁の組み合わせの数を予測し、その予測数を実数と比較する統計分析手法の一つである。

使用例：異常な数値がないかベンフォードの法則で調べる

コマンド例：BENFORD ON 原価 LEADING 1 TO SCREEN

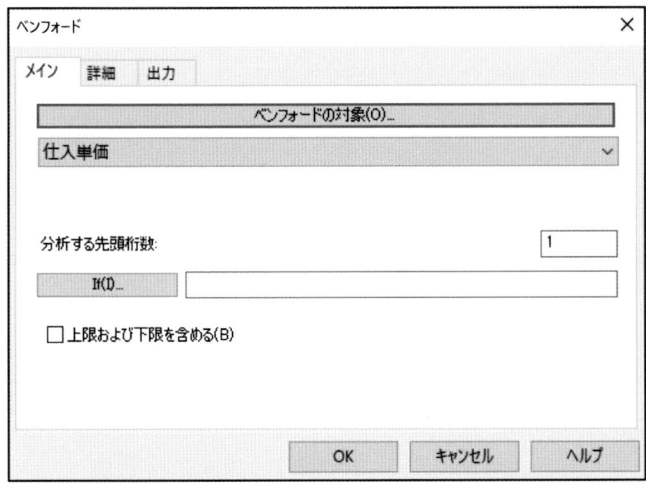

《分析》メニューから《ベンフォード》を選択し、ダイアログボックスを開きます。

- 《ベンフォードの対象》で、ベンフォード分析の対象となるフィールドを選択します。

※数値型フィールドが対象となります。

- 「分析する先頭桁数」に、1~6 桁までの数を指定します。

※「1」とした場合は、先頭 1 桁についての結果が表示されます。

- 「上限および下限を含める」は、予測数から大きく外れた数を表示させたい場合に✓をつけます。
- 以上を設定したら、《OK》をクリックします。

AT01_売上データ　ベンフォード

日時:　2020/08/31 18:12:01

コマンド:　BENFORD ON 仕入単価 LEADING 1 TO SCREEN

テーブル:　AT01_売上データ

3 個のゼロ値がバイパスされました

先頭桁	実数	予測数	Z 統計量
1	114	100	1.584
2	51	59	1.027
3	48	42	0.977
4	30	32	0.328
5	22	26	0.785
6	20	22	0.393
7	16	19	0.659
8	21	17	0.862
9	11	15	0.980

- 左図のように、コマンドの実行結果の画面が表示され、内容を確認できます。

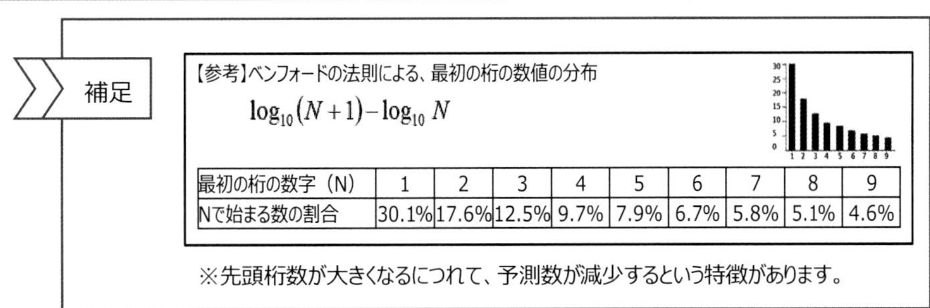

補足

【参考】ベンフォードの法則による、最初の桁の数値の分布

$$\log_{10}(N+1)-\log_{10} N$$

最初の桁の数字（N）	1	2	3	4	5	6	7	8	9
Nで始まる数の割合	30.1%	17.6%	12.5%	9.7%	7.9%	6.7%	5.8%	5.1%	4.6%

※先頭桁数が大きくなるにつれて、予測数が減少するという特徴があります。

（3）「データ」メニューの主なコマンド

ここでは、「データ」メニューのコマンドのうち、主にICCP試験に出題されるコマンドを中心に機能と使用例について解説します。

データ分析をするにあたっては、必ず対象のテーブルを開いてからコマンドを実行してください。

◆検証（VERIFY）

機　能：データのデータ型がテーブルレイアウトと一致しているか検証する

使用例：データ信頼性の検証の一環で、全フィールドのチェックを行う

コマンド：VERIFY FIELDS 倉庫 No 商品 No …（以下、フィールド名割愛）ERRORLIMIT 10 TO SCREEN

※第２章 4-1（1）コマンドのダイアログボックス（48 頁）を参照してください。

◆抽出（EXTRACT）

機　能：レコードまたはフィールドのデータをコピーして新規テーブルを作成する

使用例：A 部門のデータのみを分析するため、A 部門のデータのみの新規テーブルを作成する

コマンド例：「レコード」を選択した場合：EXTRACT RECORD TO "K02_在庫マスター_抽出" OPEN

「ビュー」を選択した場合：EXTRACT FIELDS （ビューに存在するフィールド名）TO " K02_在庫マスター_抽出" OPEN

「フィールド」を選択した場合：EXTRACT FIELDS （選択したフィールド名）TO " K02_在庫マスター_抽出" OPEN

《データ》メニューから《抽出》を選択し、ダイアログボックスを開きます。

- タイプを選択します。
  - ・レコード：テーブルのすべてのフィールドをコピーして新規テーブルを作成します。
  - ・ビュー：《抽出》コマンドを実行する際に開いていたビューに存在するフィールドのみをコピーして新規テーブルを作成します。
  - ・フィールド：《抽出フィールド》の一覧から新規テーブルにコピーしたいフィールドを選択できます。フィールドの並び順も指定できます。
- 《保存先》に新規テーブルのテーブル名（fil ファイル名）を入力し、《OK》をクリックします。

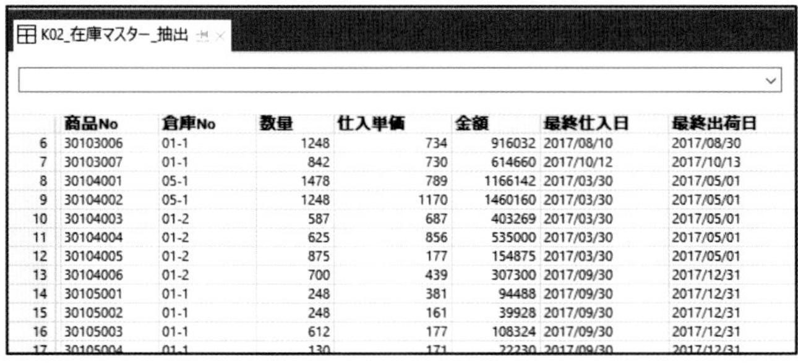

K02_在庫マスター_抽出

	商品No	倉庫No	数量	仕入単価	金額	最終仕入日	最終出荷日
6	30103006	01-1	1248	734	916032	2017/08/10	2017/08/30
7	30103007	01-1	842	730	614660	2017/10/12	2017/10/13
8	30104001	05-1	1478	789	1166142	2017/03/30	2017/05/01
9	30104002	05-1	1248	1170	1460160	2017/03/30	2017/05/01
10	30104003	01-2	587	687	403269	2017/03/30	2017/05/01
11	30104004	01-2	625	856	535000	2017/03/30	2017/05/01
12	30104005	01-2	875	177	154875	2017/03/30	2017/05/01
13	30104006	01-2	700	439	307300	2017/09/30	2017/12/31
14	30105001	01-1	248	381	94488	2017/09/30	2017/12/31
15	30105002	01-1	248	161	39928	2017/09/30	2017/12/31
16	30105003	01-1	612	177	108324	2017/09/30	2017/12/31
17	30105004	01-1	130	171	22230	2017/09/30	2017/12/31

●新規にテーブルが作成されます。

◆エクスポート（EXPORT）

機　能：レコードまたはフィールドのデータを Excel などの別のアプリケーションのファイルに書き出す

使用例：報告資料または調査依頼の資料として手続の実施結果のテーブルを Excel に出力する

コマンド例：EXPORT FIELDS 商品 No 商品名 …（以下、フィールド名割愛） XLSX TO “AM01_在庫マスター” WORKSHEET AM01_在庫マスター

《データ》メニューから《エクスポート》を選択し、ダイアログボックスを開きます。

●タイプを選択します。

・フィールド：《エクスポートフィールド》の一覧から Excel などに書き出すフィールドを選択できます。フィールドの並び順も指定できます。

・ビュー：《エクスポート》コマンドを実行する際に開いていたビューに存在するフィールドのみが Excel などに書き出されます。

●「エクスポート形式」の一覧からからデータを書き出すファイルの種類を選択します。「エクスポートオプション」の項目は、選択した形式により変わります。

●《保存先》にファイル名を入力し、《OK》をクリックします。

補足

《保存先》に入力するファイル名は拡張子（.xlsx 等）は省略できますが、「エクスポート形式」で「カンマ区切りテキスト（*.del）」を選択した場合は、拡張子を省略すると「.del」になってしまうため、拡張子「.csv」を付けて保存してください。

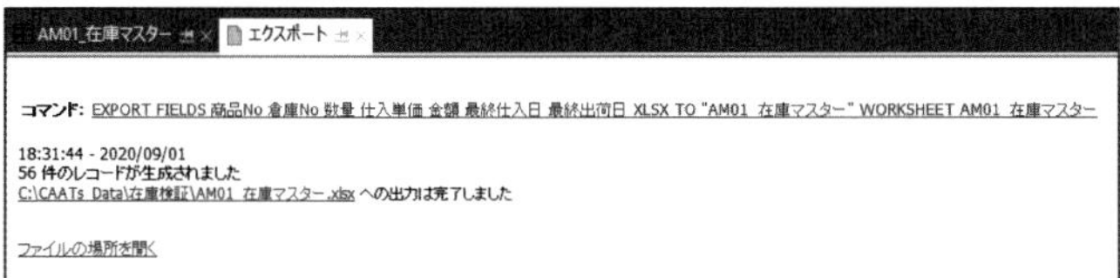

●左図のように、コマンドの実行結果の画面が表示され、内容を確認できます。

◆並べ替え（SORT）

機　能：レコードを並べ替えて新規テーブルを作成する

使用例：データ登録日順になっているテーブルを計上日順に並び替えたテーブルを作成する

コマンド例：（タイプでレコードを選択、昇順の並べ替えにした場合）

SORT ON 商品 No TO "AM03_在庫データ_商品 No 順" OPEN ISOLOCALE ja_JP

（タイプでレコードを選択、降順の並べ替えにした場合）

SORT ON 商品 No **D** TO " AM03_在庫データ_商品 No 順" OPEN ISOLOCALE ja_JP

《データ》メニューから《並べ替え》を選択し、ダイアログボックスを開きます。

- ●「タイプ」を選択します。
  - ・レコード：すべてのフィールドをコピーして新規テーブルを作成します。
  - ・フィールド：《並べ替えの対象》のフィールドおよび《その他のフィールド》で選択したフィールドのみをコピーして新規テーブルを作成します。

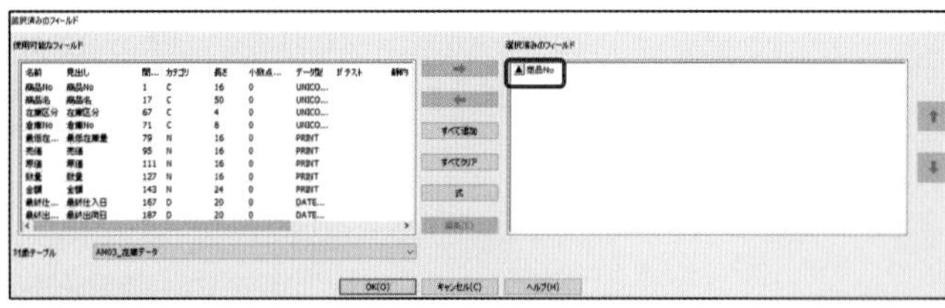

●《並べ替えの対象》の一覧から並べ替えるフィールドを選択し、《OK》をクリックします。

▲アイコンをクリックし、昇順または降順を設定できます。

※▲が昇順、▼が降順

- ●「タイプ」で「フィールド」を選択した場合、《その他のフィールド》で、新規テーブルにコピーしたいフィールドを選択します。
- ●《保存先》に新規テーブルのテーブル名（fil ファイル名）を入力し、《OK》をクリックします。

	商品No	商品名	在庫区分	倉庫No	最低在庫量	売価
1	40225014	6 PC 木工セット	02	91-2	235	1263
2	70104347	キッチンタイマーひよこ	01	05-1	980	1149
3	70104397	キッチンタイマーりんご	01	05-1	985	1149
4	60102066	クラシック玄関 セット 黒	01	02-1	95	3793
5	10631140	ケーキ職人A	01	01-1	40	413
6	10631190	ケーキ職人B	01	01-1	24	436
7	60102086	コロニアル 玄関 セット 茶色	01	02-1	75	5162

◀商品名順（昇順）に並んだ元のテーブル

	商品No	商品名	在庫区分	倉庫No	最低在庫量	売価
1	10134420	野菜ピーラー	01	01-1	12	459
2	10226620	計量カップ	01	01-1	24	1839
3	10631140	ケーキ職人A	01	01-1	40	413
4	10631190	ケーキ職人B	01	01-1	24	436
5	30321663	ドライバーセットS	02	91-1	1500	194
6	30321683	ドライバーセットL	02	91-1	1300	298
7	30364163	彫刻刀3本セット	01	03	650	8048

◀並べ替えコマンドで、商品 No 順（昇順）にして作成された新規テーブル

データの並べ替えは、列見出しを右クリックして《**クイックソート 昇順**》または、《**クイックソート 降順**》で手軽に行うこともできます。

【複数テーブルの結合】

複数テーブルの結合には 2 種類（タテ・ヨコ）の結合があります。

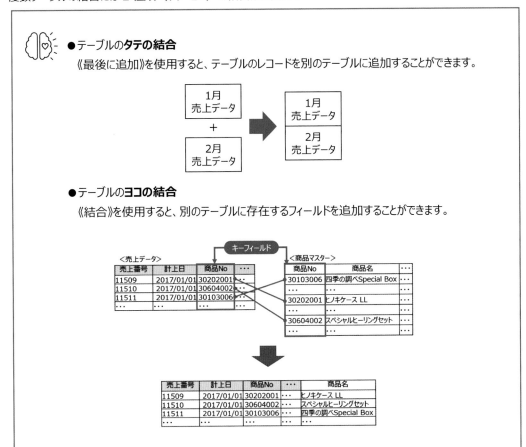

●テーブルの**タテの結合**

《最後に追加》を使用すると、テーブルのレコードを別のテーブルに追加することができます。

1月 売上データ ＋ 2月 売上データ → 1月 売上データ / 2月 売上データ

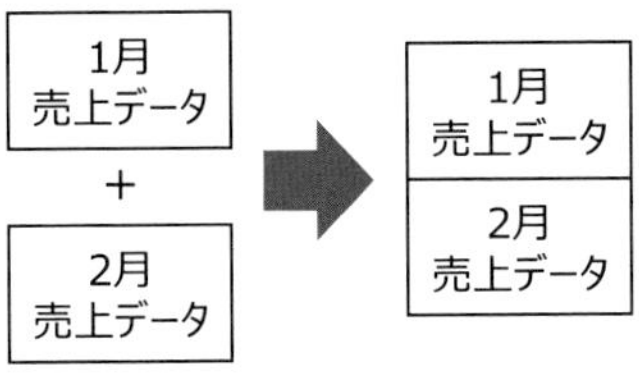

●テーブルの**ヨコの結合**

《結合》を使用すると、別のテーブルに存在するフィールドを追加することができます。

キーフィールド

<売上データ>

売上番号	計上日	商品No	・・・
11509	2017/01/01	30202001	・・・
11510	2017/01/01	30604002	・・・
11511	2017/01/01	30103006	・・・
・・・	・・・	・・・	・・・

<商品マスター>

商品No	商品名	・・・
30103006	四季の調べSpecial Box	・・・
・・・	・・・	・・・
30202001	ヒノキケース LL	・・・
・・・	・・・	・・・
30604002	スペシャルヒーリングセット	・・・
・・・	・・・	・・・

売上番号	計上日	商品No	・・・	商品名
11509	2017/01/01	30202001	・・・	ヒノキケース LL
11510	2017/01/01	30604002	・・・	スペシャルヒーリングセット
11511	2017/01/01	30103006	・・・	四季の調べSpecial Box
・・・	・・・	・・・	・・・	・・・

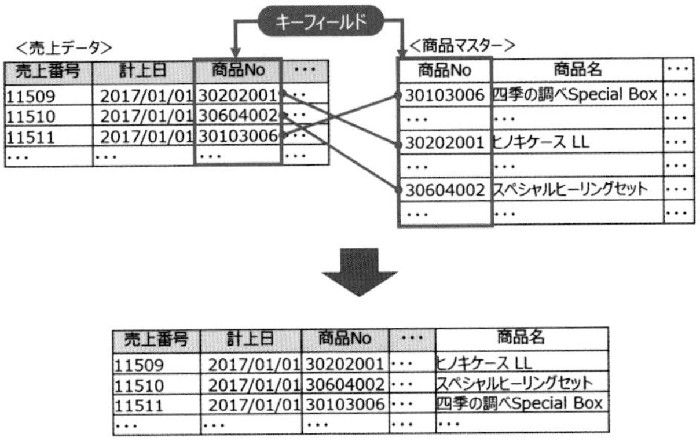

◆最後に追加（APPEND）

機　能：複数のテーブルのレコードまたはフィールドのデータを**タテに結合**して 1 つの新規テーブルを作成する

使用例：月別に入手しているデータを、1 月のテーブルから順に追加し、年間のデータのテーブルを作成する

コマンド例：APPEND AT03_売上データ_上期 AT04_売上データ_下期 TO "AT05_売上データ_通期"

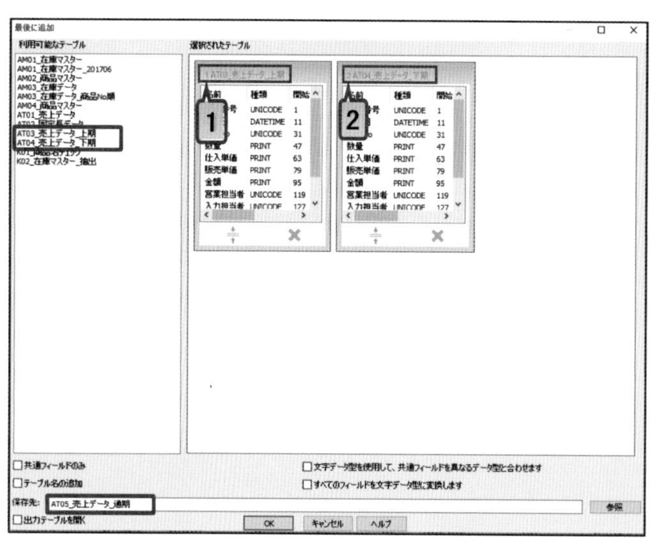

《データ》メニューから《最後に追加》を選択し、ダイアログボックスを開きます。

●「利用可能なテーブル」から、**タテの結合**を行うテーブルを追加する順にダブルクリックして選択します。

●「選択されたテーブル」に、選択順の番号が付いたテーブルが表示されます。

※テーブル名の前に表示された番号とテーブルを追加する順番は一致しています。左の例では、「AT03_売上データ_上期」テーブルのレコードに、「AT04_売上データ_下期」テーブルのレコードが追加されたテーブルが新規に作成されます。

●《保存先》にファイル名を入力し、《OK》をクリックします。

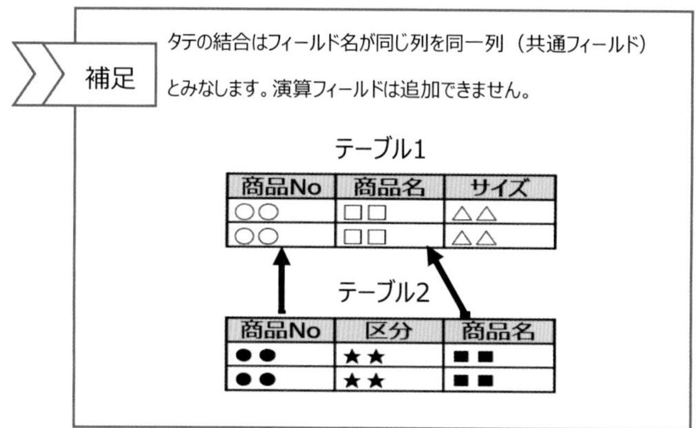

補足
タテの結合はフィールド名が同じ列を同一列（共通フィールド）とみなします。演算フィールドは追加できません。
テーブル1
商品No
商品名
サイズ
テーブル2
商品No
区分
商品名

●オプションについて

「共通フィールドのみ」を選択した場合

商品No	商品名
○○	□□
○○	□□
●●	■■
●●	■■

「テーブル名の追加」を選択した場合

ソーステーブル	商品No	商品名	サイズ	区分
テーブル1	○○	□□	△△	
テーブル1	○○	□□	△△	
テーブル2	●●	■■		★★
テーブル2	●●	■■		★★

上記オプションを選択しなかった場合

商品No	商品名	サイズ	区分
○○	□□	△△	
○○	□□	△△	
●●	■■		★★
●●	■■		★★

☐共通フィールドのみ
☐テーブル名の追加

※「共通フィールドのみ」に✓をつけると、結合対象のテーブル間で共通するフィールドのみが追加されます。

※「テーブル名の追加」に✓をつけると、出力テーブルに、各レコードのソーステーブル名が表示されます。

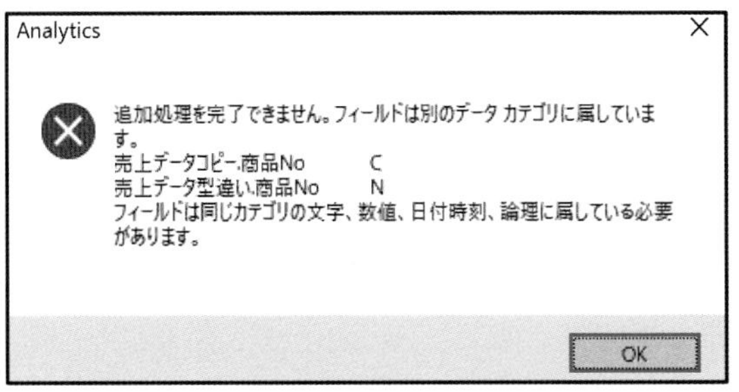

●同一列のフィールドの型が異なる場合は、左図のようなメッセージが表示され、追加を実行することができません。

□文字データ型を使用して、共通フィールドを異なるデータ型と合わせます
□すべてのフィールドを文字データ型に変換します

●上記のメッセージが表示された場合、左図のオプションのいずれかを選択すると、追加を実行できます。

・「文字データ型を使用して、共通フィールドを異なるデータ型と合わせます」に✓をつけると、データ型が一致しないフィールドのデータ型をテキスト型に変換して追加します。
・「すべてのフィールドを文字データ型に変換します」に✓をつけると、すべてのフィールドをテキスト型フィールドに変換して追加します。

●上記のオプションを選択すると、左図のメッセージが表示されます。
《はい》をクリックし、続行します。

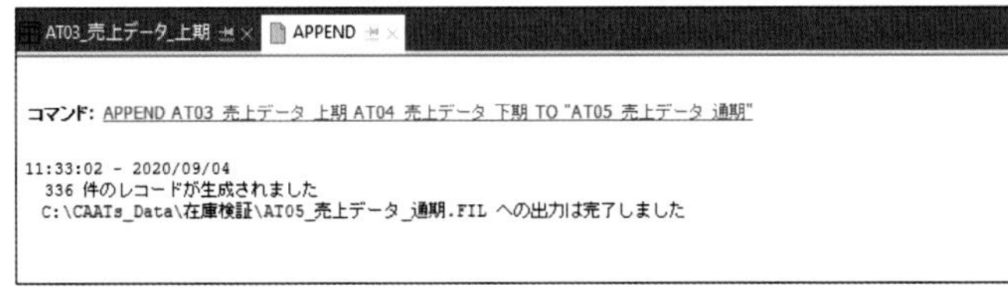

●左図のように、コマンドの実行結果の画面が表示され、内容を確認できます。

補足

・《最後に追加》コマンドは、すべてのテーブルを閉じていても操作できます。
・テーブルの追加は、1つ目のテーブルの並び順が使用されます。フィールド名が同じ列を共通フィールドとみなすため、列の並び順は異なっていても構いません。
・数値型フィールドの長さが異なる場合は、下図のメッセージが表示されます。《はい》を選択すると、追加を実行できます。

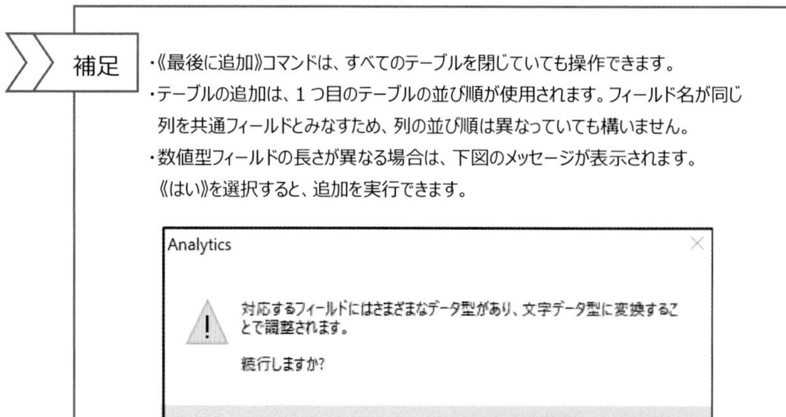

◆結合（JOIN）

機　能：2つのテーブルを**ヨコに結合**し、新規テーブルを作成する

使用例：トランザクションテーブルにない情報をマスターテーブルから取得するために2つのテーブルを結合する

コマンド例：1.主テーブルを開く、2.副テーブルを開く、3.結合するという3つの処理が実行される

通常、情報を提供する側のテーブル（多くの場合は、マスターテーブル）が「副テーブル」となります。

1．OPEN AT01_売上データ

2．OPEN AM02_商品マスター SECONDARY

3．JOIN PKEY 商品 No FIELDS 売上番号 計上日 商品 No（フィールド名省略）SKEY 商品 No WITH 商品名 PRIMARY TO “W01_売上データ_商品名追加” OPEN PRESORT SECSORT ISOLOCALE ja_JP

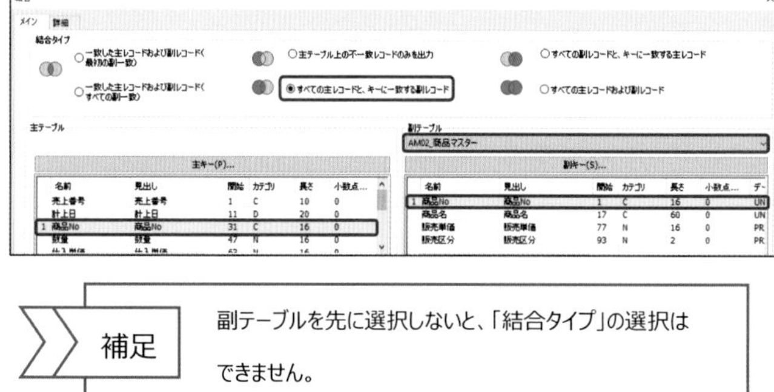

補足

副テーブルを先に選択しないと、「結合タイプ」の選択はできません。

●主テーブルとなるテーブルを開きます。《データ》メニューから《結合》を選択し、ダイアログボックスを開きます。

●「副テーブル」から、**ヨコの結合**を行うテーブルを選択します。

●「主キー」から副テーブルと紐づけるフィールド（主キーフィールド）を選択します。

※複数のフィールドをキーフィールドとすることもできます。その場合、副テーブルにも同様のフィールドが必要です。

●「副キー」から主テーブルと紐づけるフィールド（副キーフィールド）を選択します。

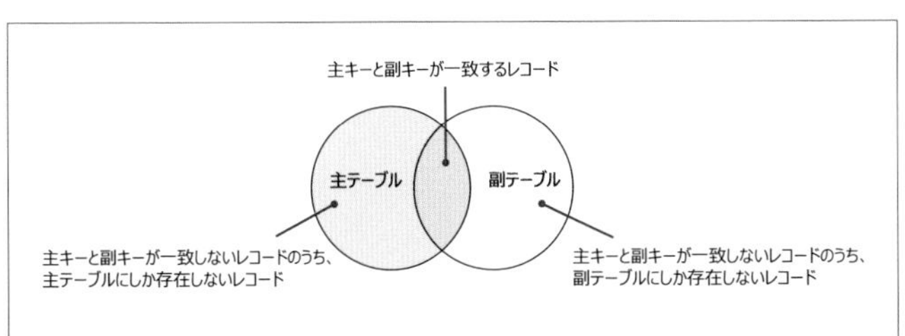

●「結合タイプ」を選択します。

※左のベン図と下表の結合タイプを参照してください。

結合タイプ	出力されるレコード	説明
一致した主レコードおよび副レコード （最初の副一致）	□	商品マスターに存在する商品の売上データ（商品マスターのキーが重複している場合、1件目のデータのみ売上データと結合する）
一致した主レコードおよび副レコード（すべての副一致）	□	商品マスターに存在する商品の売上データ（商品マスターのキーが重複している場合、各データと売上データを結合する）
主テーブル上の不一致レコードのみを出力	□	商品マスターに存在しない商品の売上データ
すべての主レコードと、キーに一致する副レコード	□ □	売上データは全件出力される
すべての副レコードと、キーに一致するレコード	□ □	商品マスターは全件出力される
すべての主レコードおよび副レコード	□ □ □	売上データ、商品マスターとも全件出力される

●「主フィールド」から新規テーブルにコピーしたいフィールドを選択します。

●「副フィールド」から新規テーブルにコピーしたいフィールドを選択します。

●「主テーブル（副テーブル）をあらかじめ並べ替える」は、テーブルがキーフィールドでソートされていない場合は結合できないため、✓をつけた状態にしておきます。

●《保存先》にファイル名を入力し、《OK》をクリックします。

補足

副テーブルのキーフィールドには、値の重複がないフィールドを使用してください。副テーブルのキーフィールドに重複があった場合には、結合タイプによって、下記のように異なる結果となります。

●「結合タイプ」で「一致した主レコードおよび副レコード（最初の副一致）」を選択した場合

副テーブルのキーフィールドに同じ値があると、最初のレコードが結合に使用されます。2レコード目以降は使用されません。

フィールド1	No
A	101
B	102
C	103

No	数量
101	70
102	100
103	200
102	50

（例）No.102が重複している

最初の102のレコードが結合に使用される

その後に出てくる102のレコードは使用されない

フィールド1	No	数量
A	101	70
B	102	100
C	103	200

●「結合タイプ」で「一致した主レコードおよび副レコード（すべての副一致）」を選択した場合

2レコード目以降も結合されます。

フィールド1	No	数量
A	101	70
B	102	100
B	102	50
C	103	200

（4）「サンプリング」メニューの主なコマンド

ここでは、「サンプリング」メニューのコマンドのうち、主にICCP試験に出題されるコマンドの機能について解説します。

サンプリングは、データ分析の対象となる全体のデータからテスト対象を抽出する方法の一種です。ACLでは、属性サンプリング（レコードサンプリング）と金額単位サンプリングに対応しています。

属性サンプリング（レコードサンプリング）は、母集団に含まれる逸脱の程度（逸脱率）に対する結論を得る方法であり、主に内部統制の運用状況のテストの際に利用されます。

金額単位サンプリングは、母集団に含まれる誤謬金額に対する結論を得る方法であり、主に残高確認のテストなどに利用されます。

データ分析をするにあたっては、必ず対象のテーブルを開いてからコマンドを実行してください。

◆レコードサンプリング

[サイズの計算（SIZE）]

機　能：確率論に基づいて、母集団から抽出すべきレコード件数を算出する

コマンド例：SIZE RECORD CONFIDENCE 95 POPULATION 336 TO SCREEN PRECISION 5 ERRORLIMIT 1

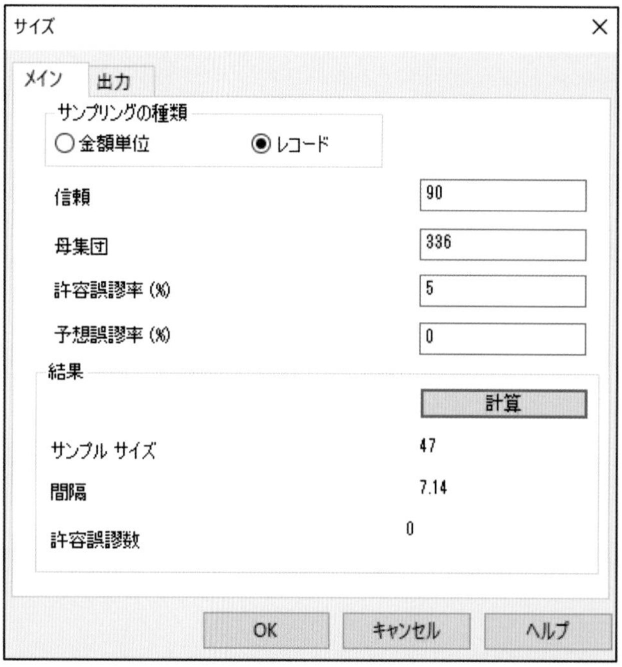

サイズ ×
メイン 出力
サンプリングの種類
○金額単位 ◉レコード
信頼 90
母集団 336
許容誤謬率（%） 5
予想誤謬率（%） 0
結果
計算
サンプル サイズ 47
間隔 7.14
許容誤謬数 0
OK キャンセル ヘルプ

《サンプリング》メニューから《レコード/金額単位サンプリング》-《サイズの計算》を選択し、ダイアログボックスを開きます。

- 「サンプリングの種類」で「レコード」を選択します。
- 「信頼」、「母集団」、「許容誤謬率」、「予想誤謬率」の各項目に適切な数字を入力してください。（項目の説明を参照してください。）
- 《計算》をクリックすると、「サンプルサイズ」、「間隔」、「許容誤謬数」が算出されます。
- 《OK》をクリックします。

項目	説明
信頼	内部統制が無効であるにもかかわらず、有効と判定するリスク（危険率）の補数（1-危険率） 例えば、有効な内部統制を有効であると判断する確率を90%としたい場合、信頼度を90%と入力します。 危険率は第1種のサンプリングリスクとも呼ばれ、この場合、10%が第1種のサンプリングリスクになります。
母集団	対象テーブルのレコード件数。
許容誤謬率 (許容逸脱率)	内部統制からの逸脱率の上限 たとえば、5を指定すると、逸脱率が5%以下の場合のみ、内部統制は有効であると判断します。
予想誤謬率 (予想逸脱率)	予想される逸脱率。 **許容誤謬率より小さい必要があります。**
計算	上記の設定で必要となるサンプル数、間隔、許容誤謬数を計算します。許容誤謬数は、サンプル数の内、逸脱を許容されるデータの件数です。

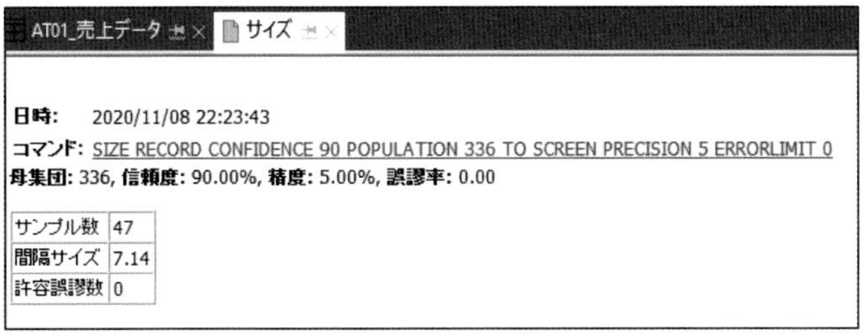

AT01_売上データ　サイズ

日時: 2020/11/08 22:23:43
コマンド: SIZE RECORD CONFIDENCE 90 POPULATION 336 TO SCREEN PRECISION 5 ERRORLIMIT 0
母集団: 336, **信頼度:** 90.00%, **精度:** 5.00%, **誤謬率:** 0.00

サンプル数	47
間隔サイズ	7.14
許容誤謬数	0

●左図のように、コマンドの実行結果の画面が表示され、内容を確認できます。

（5）フィルター

ここでは、主にICCP試験に出題される「フィルター」の機能と使用例について解説します。
「フィルター」に条件式を入力するにあたっては、以下の点に注意してください。

式の要素

●フィールド：フィールド名は記号をつけずに記述します。

●演算子：演算子は半角で入力します。

●値：値の種類に合わせて記述します。記号は半角で入力します。

値の種類	値を囲む記号	使用例
文字（テキスト）	ダブルコーテーション（”）	部署名 <> "営業部" 部署コード = "100"
数値	なし	数量 <= 100
日付	バッククォート（`） ※日本語入力OFFの状態で、Shiftキー＋@キーで入力できます。	取引日 >= `20160401`

式の書き方

●論理演算子（AND、OR、NOT）を使用すると、複数の条件を設定できます。

※論理演算子の前後には、半角スペースを入れてください。

（例）原価が5,000円以上で、かつ、最終出荷日が2017年6月1日以前のデータを抽出する。

原価 >= 5000 AND 最終出荷日 <= `20170601`

●カッコ「( )」を使用して式の評価の順番を指定できます。

（例）国名がUSAまたはCANADAであり、かつ、数量が100未満のデータを抽出する。

(国名 = “USA” OR 国名 = “CANADA”) AND 数量 < 100

※カッコをつけない場合：国名 = “USA” OR 国名 = “CANADA” AND 数量 < 100
国名がUSAのデータ全件と、国名がCANADAかつ数量が100未満のデータが抽出されます。

データ分析をするにあたっては、必ず対象のテーブルを開いてからコマンドを実行してください。

◆フィルター

機　能：条件式を設定し、条件に一致するレコードを抽出（表示）する
使用例：売上データで、金額が100万円以上のレコードを表示する
条件式：金額 >= 1000000

	売上番号	計上日	商品No	数量	仕入単価
1	11509	2017/01/01	30202001	4	
2	11510	2017/01/01	30604002	5	
3	11511	2017/01/01	30103006	55	
4	11512	2017/01/02	30105002	36	

分析するテーブルを開き、ⓕⓧをクリックします。

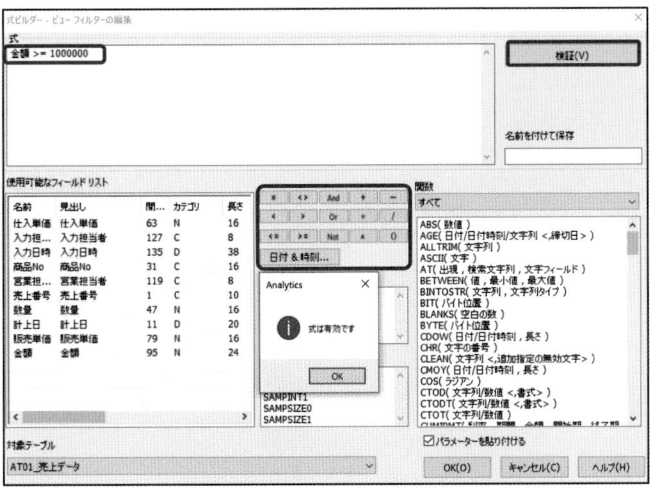

「式ビルダー-ビューフィルターの編集」の画面が表示されます。

- 「式」にフィルターの条件式を入力します。

※フィールド名は「使用可能なフィールドリスト」から該当フィールドをダブルクリックで選択できます。演算子は画面中央の演算子一覧からクリックして選択できます。

- 《検証》をクリックします。入力した式が正しければ、左図のように「式は有効です」というメッセージが表示されるので、《OK》をクリックします。
- 画面下にある式ビルダーの《OK》をクリックします。

	売上番号	計上日	商品No	数量	仕入単価	販売単価
12	11520	2017/01/07	30202003	676	883	2000
13	11521	2017/01/07	30601001	871	422	1850
44	11553	2017/02/20	30105005	646	841	2700
95	11602	2017/04/14	30103007	794	730	3200
111	11618	2017/05/06	30103005	708	533	2400
142	11649	2017/06/08	30103007	724	730	3200
147	11654	2017/06/16	30104006	759	439	1450
167	11674	2017/07/09	30601002	977	565	1850
199	11706	2017/08/18	30104006	871	439	1450
213	11720	2017/09/02	30202002	513	741	2500
286	11793	2017/11/26	30301012	617	1628	6000
305	11812	2017/12/13	30202004	724	534	1800
325	11834	2017/12/26	30604001	513	1563	5000
	<< ファイルの終わり >>					

- 左図のように、フィルターの条件に一致したレコードのみが表示されます。
- 確認が終了したら、フィルターを⊗で削除する、またはテーブルを閉じて、フィルターを解除してください。

（6）演算フィールドと条件付き演算フィールド

ここでは、「演算フィールド」と「条件付き演算フィールド」の機能と使用例について解説します。

データ分析をするにあたっては、必ず対象のテーブルを開いてからコマンドを実行してください。

◆演算フィールド

機　能：式を使用して、テーブルに新規にフィールド（列）を追加する

使用例：①計算が正しいか確かめる（金額の計算が正しいロジックで行われているか確認する）

②データを加工する（取引月ごとに金額を集計するため、年月日から年月の情報だけ抜き出す）

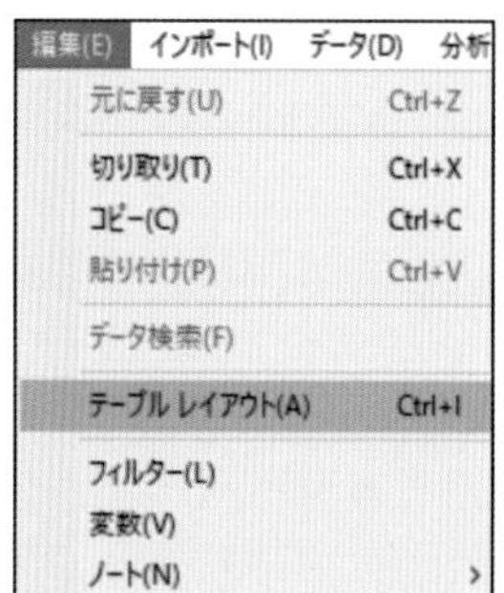

対象のテーブルを開いた状態で、《編集》メニューの《テーブルレイアウト》をクリックします。

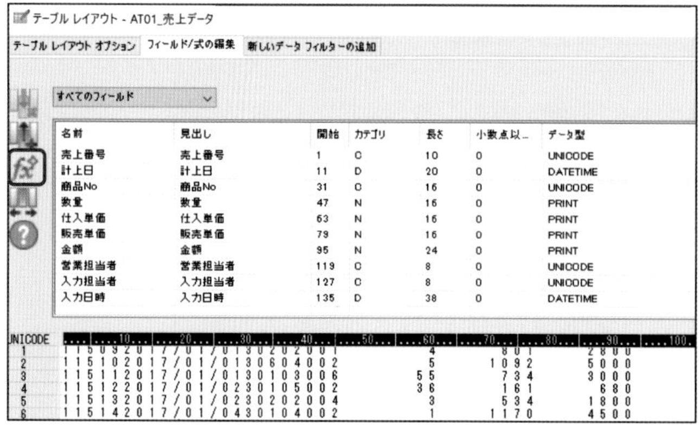

名前	見出し	開始	カテゴリ	長さ	小数点以…	データ型
売上番号	売上番号	1	C	10	0	UNICODE
計上日	計上日	11	D	20	0	DATETIME
商品No	商品No	31	C	16	0	UNICODE
数量	数量	47	N	16	0	PRINT
仕入単価	仕入単価	63	N	16	0	PRINT
販売単価	販売単価	79	N	16	0	PRINT
金額	金額	95	N	24	0	PRINT
営業担当者	営業担当者	119	C	8	0	UNICODE
入力担当者	入力担当者	127	C	8	0	UNICODE
入力日時	入力日時	135	D	38	0	DATETIME

「テーブルレイアウト」の画面が開きます。

●《fx》をクリックします。

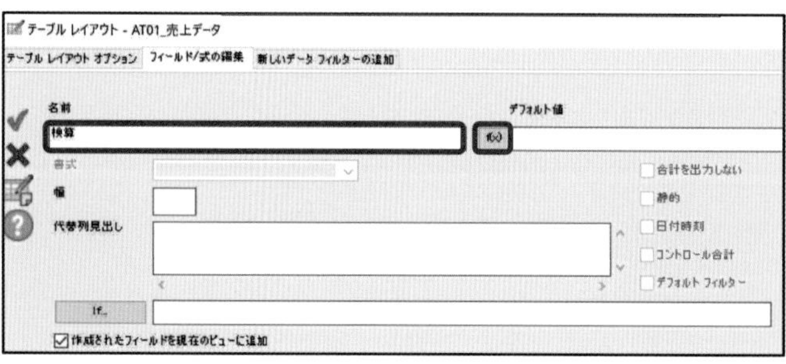

●左図のように「フィールド/式の編集」画面が表示されるので、「名前」に追加するフィールド名を入力します。

●f(x)をクリックして、式ビルダーを起動します。

- 「式」を入力します。
- 《検証》をクリックします。入力した式が正しければ、左図のように「式は有効です」というメッセージが表示されるので、《OK》をクリックします。
- 式ビルダーの《OK》をクリックします。

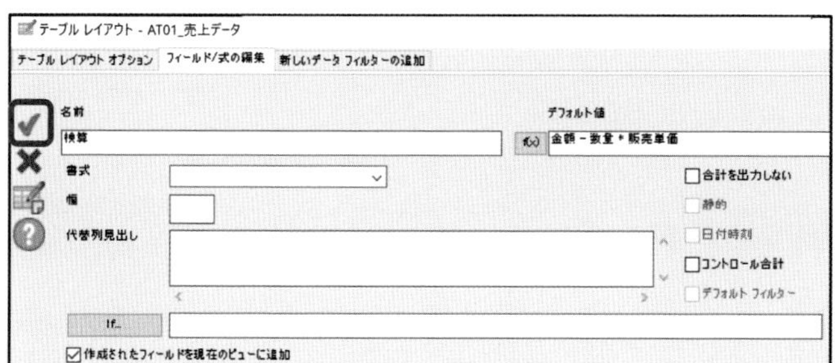

- 《✓》をクリックすると、新規に追加したフィールドの「名前」と「式」の入力が受け入れられます。

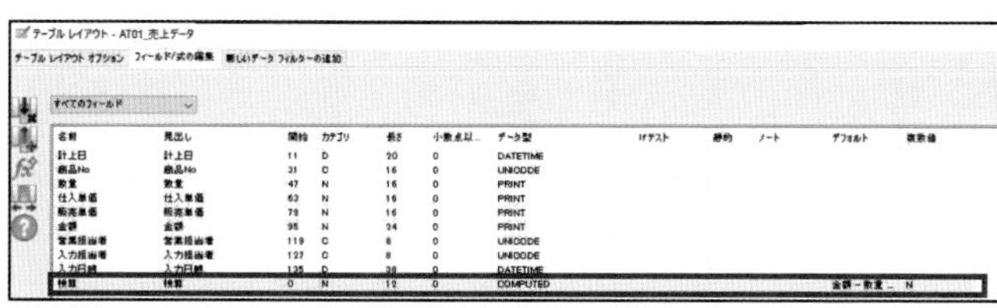

- テーブルレイアウトに、新規に追加したフィールドが表示されます。

※演算フィールドのデータ型は「COMPUTED」と表示されます。

- テーブルレイアウト画面右上の×をクリックし、テーブルレイアウトを閉じます。

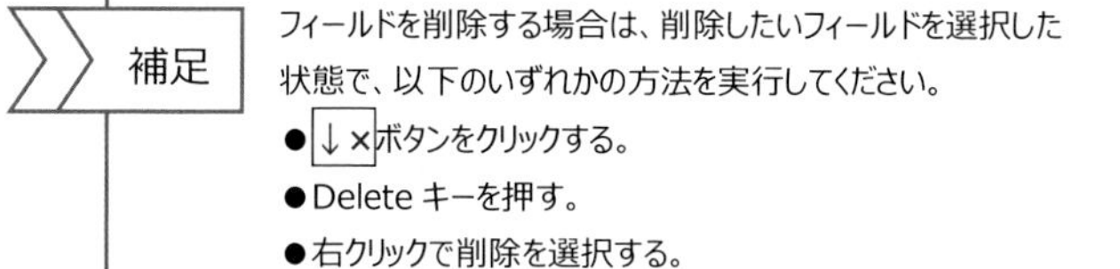

補足

フィールドを削除する場合は、削除したいフィールドを選択した状態で、以下のいずれかの方法を実行してください。

- ↓×ボタンをクリックする。
- Delete キーを押す。
- 右クリックで削除を選択する。

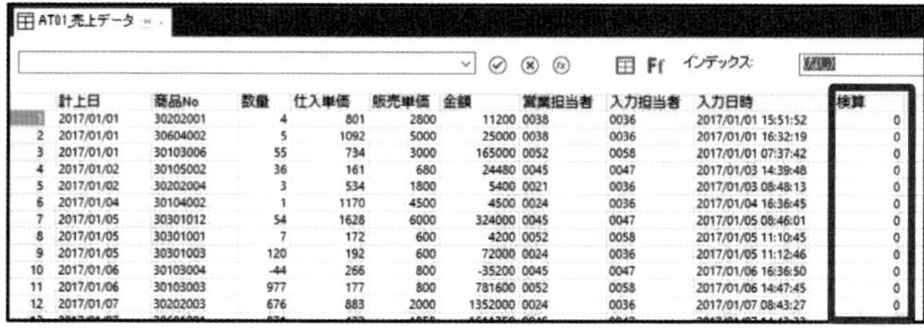

- テーブルに、新規に作成した演算フィールドが追加され、ビューに表示されます。

◆条件付き演算フィールド

機　能：複数の条件式を設定し、条件によって異なる計算を行うことができる

使用例：「貸付元本」の金額ごとのランクを表示する

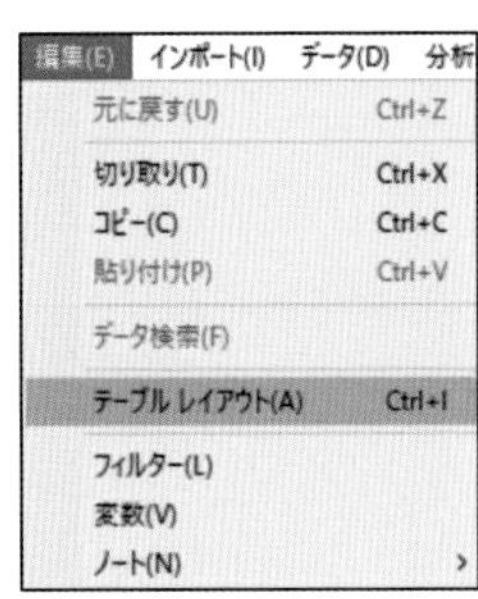

対象のテーブルを開いた状態で、《編集》メニューの《テーブルレイアウト》をクリックします。

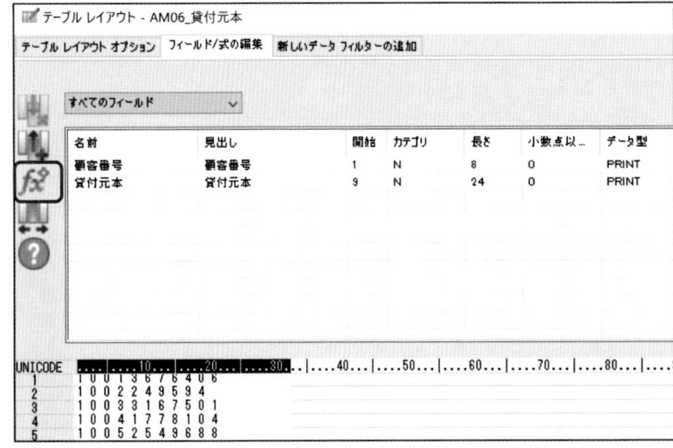

「テーブルレイアウト」の画面が開きます。

●《fx》をクリックします。

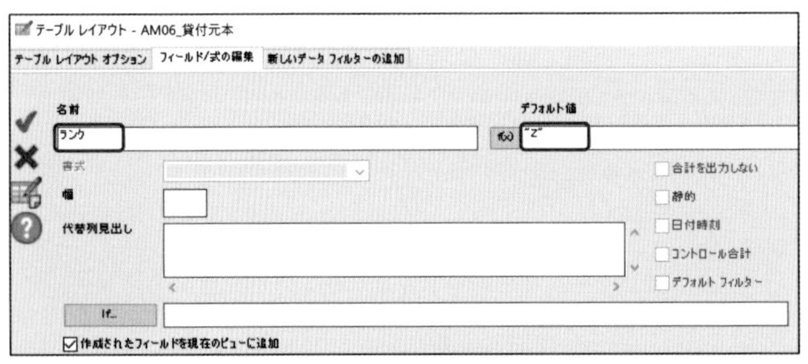

●左図のように「フィールド/式の編集」画面が表示されるので、追加するフィールド名を「名前」に入力します。

●「デフォルト値」に、条件に合わない場合に表示する値を入力します。

※デフォルト値を入力しないと、以下の《＋》ボタンが押せず、条件の挿入ができません。

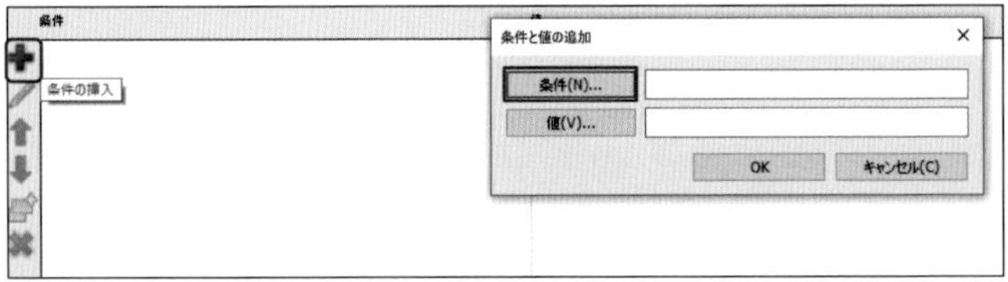

●《＋》をクリックすると、「条件と値の追加」画面が表示されるので、《条件》をクリックします。

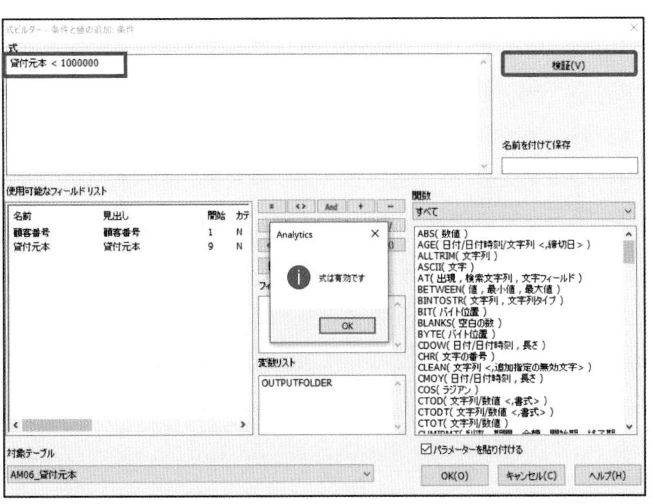

- 式ビルダーが起動するので、「式」に条件を入力します。
- 《検証》をクリックします。入力した式が正しければ、左図のように「式は有効です」というメッセージが表示されるので、《OK》をクリックします。
- 式ビルダーの《OK》をクリックします。

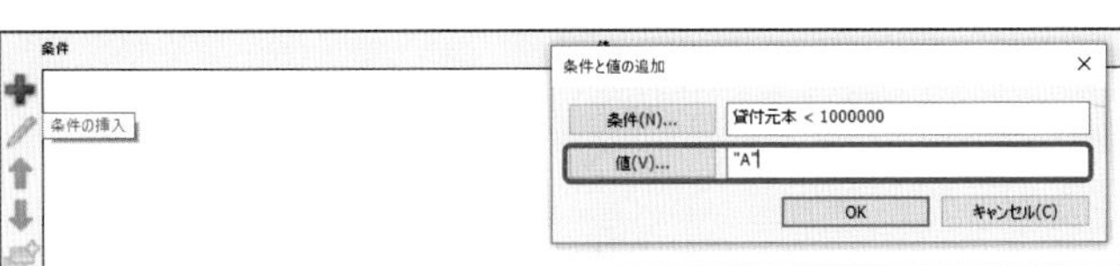

- 《値》を入力します。

※「値」に式を入力する場合は、上記の式ビルダーを起動して入力すると便利です。

- 《値》を入力したら、《OK》をクリックします。

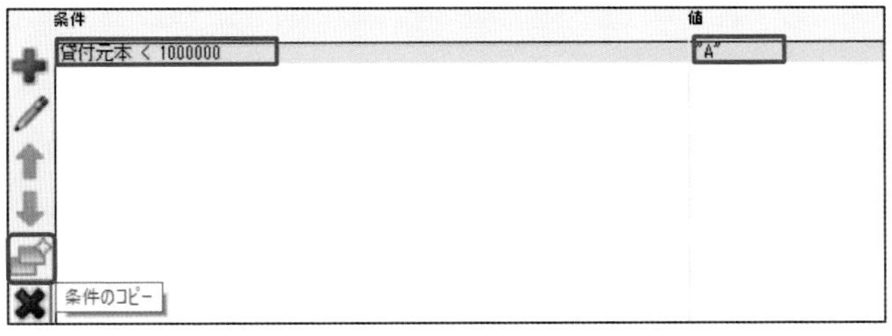

- 「条件」と「値」が表示されます。

※2 つ目以降の式を入力する場合は、《条件のコピー》をクリックし、1 つ目の式をコピーして編集すると便利です。コピーされた式をダブルクリックすると編集できます。

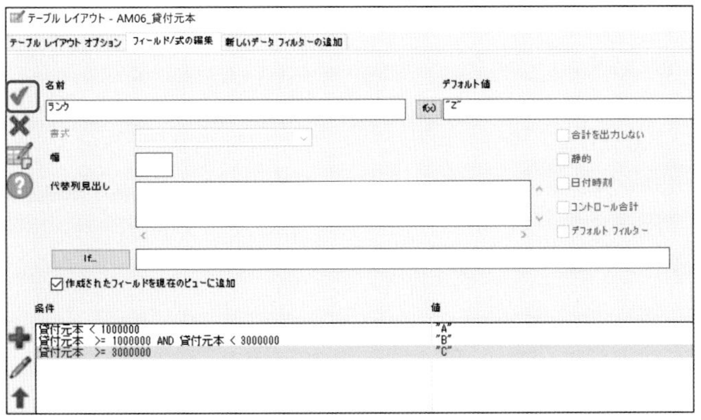

- すべての「条件」と「値」を入力したら、《✓》をクリックします。

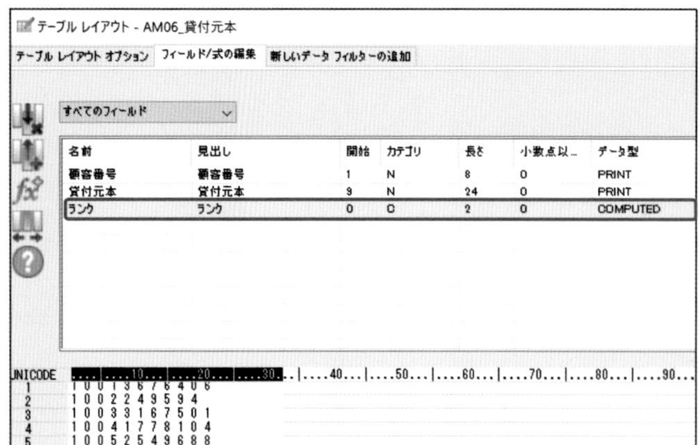

●テーブルレイアウトに演算フィールドが追加されていることを確認し、画面右上の×をクリックしてテーブルレイアウトを閉じます。

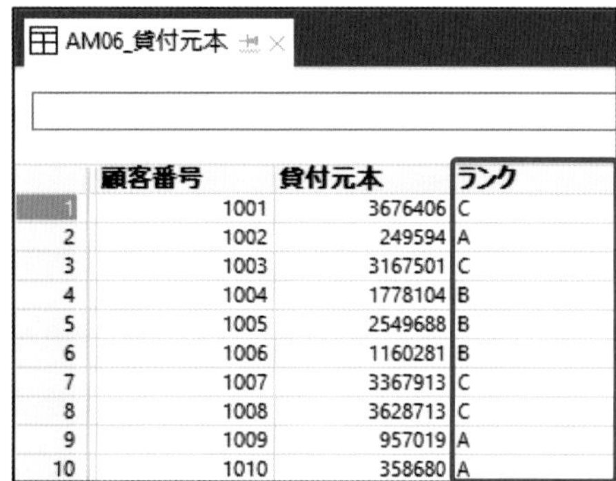
AM06_貸付元本

	顧客番号	貸付元本	ランク
1	1001	3676406	C
2	1002	249594	A
3	1003	3167501	C
4	1004	1778104	B
5	1005	2549688	B
6	1006	1160281	B
7	1007	3367913	C
8	1008	3628713	C
9	1009	957019	A
10	1010	358680	A

●テーブルに、新規に作成した演算フィールドが追加され、ビューに表示されます。

（7）関数

ここでは、主に ICCP 試験に出題される関数について解説します。

関数とは、与えられた値を元に何らかの処理を行い、結果を返すもののことを言います。

分類	関数名	機能
文字列操作	FIND	指定された文字列が特定のフィールド（またはレコード）に存在するかどうかを返します。
	MAP	文字列が指定したワイルドカード文字やリテラル文字、書式文字列と一致するかどうかを返します。
	ISBLANK	入力値が空白かどうかを返します。
	REPLACE	指定された文字列を新しい文字列で置き換えます。
	OMIT	指定した1つ以上の部分文字列が削除された文字列を返します。
	UPPER	アルファベットを大文字に変換します。
	LTRIM	入力文字列から先頭のスペースを除去した文字列を返します。
	ALLTRIM	入力文字列から先頭と末尾のスペースを除去した文字列を返します。
	TRIM	入力文字列から末尾のスペースを除去した文字列を返します。
	SPLIT	文字列のうちの指定された部分を返します。
	SUBSTR	指定された位置の部分文字列を返します。
	LAST	文字列の末尾から指定された数の文字を返します。
	LENGTH	文字列の長さを返します。
	LEVDIST	2つの文字列がどの程度異なっているかを測る数値（レーベンシュタイン距離）を返します。
数値	DEC	小数点の桁数を指定された桁数にします。
データ型変換	STRING	数値を文字列に変換します。
	ZONED	数値データを文字データに変換し、出力の先頭にゼロを追加します。
	BINTOSTR	ZONEDまたはEBCDIC文字データから変換されたUnicode文字データを返します。
	VALUE	文字列を数値に変換します。
	CTOD	文字または数値の日付値を日付に変換します。
	DATE	指定された日付または日付時刻から日付を抽出し、文字データとして返します。
その他	BETWEEN	指定された値が範囲内にあるかどうかを返します。
	RECOFFSET	現在のレコードを基準にして、指定された n番目にあるレコードのフィールド値を返します。

関数の構文

関数名およびカッコは、半角で入力します。関数名と左カッコの間にはスペースを入れないでください。関数の種類により、パラメータ（与える値）の種類、数は異なります。パラメータは半角のカンマで区切ります。構文や書式の詳細は、ACL のヘルプを確認してください。

（例）●FIND 関数･･･指定された文字列が特定のフィールド（またはレコード）に存在するかどうかを返す

構文：FIND(文字列 <,検索フィールド>)

※<>内のパラメータは省略可能です。

●FIND("訂正", 摘要)

「摘要」フィールドに"訂正"という文字が含まれるレコードを抽出する

●FIND("訂正")

テーブルの全フィールドを検索し、どこかのフィールドに"訂正"という文字が含まれるレコードを抽出する

関数は、主にフィルター（74 頁参照）、演算フィールド（76 頁参照）などで使用します。

文字列操作

◆FIND 関数

機　能：指定された文字列が特定のフィールド（またはレコード）に存在するかどうかを返す

構　文：FIND(文字列 <,検索フィールド>)

使用例：「サンプル」フィールドの値のどこかに“bcd”を含むデータをフィルターで抽出する

FIND(“bcd”, サンプル)　⇨ 抽出されるデータ：abcd、abcd-e、bcd、bcd-e

※「検索フィールド」を指定しない場合は、レコード全体が検索対象となります。

※FIND 関数は、アルファベットの大文字・小文字を区別しません。

サンプル
abc
abcd
abcd-e
bc
bcd
bcd-e

◆MAP 関数

機　能：文字列が、指定したワイルドカードやリテラル文字、書式文字列と一致するかどうかを返す

構　文：MAP(文字列, 書式)

使用例：値が 4 文字以上のデータをフィルターで抽出する

MAP(サンプル,”!!!-!”)　⇨ 抽出されるデータ：bcd-e

※「!」は空白以外の文字を表します。その他の書式文字列は、ヘルプで確認してください。

サンプル
abc
abcd
abcd-e
bc
bcd
bcd-e

◆ISBLANK 関数

機　能：入力値が空白かどうかを返す

構　文：ISBLANK(文字列)

使用例：値が空白のデータをフィルターで抽出する

ISBLANK(サンプル)　⇨ 抽出されるデータ：3 レコード目

◆REPLACE 関数

機　能：指定された文字列を新しい文字列で置き換える

構　文：REPLACE(文字列, 元のテキスト, 新しいテキスト)

使用例：「（株）」を「株式会社」に置き換える

REPLACE(会社名,”（株）”,”株式会社”)

会社名	会社名_変換
国際株式会社	国際株式会社
利用（株）	利用株式会社
株式会社監査	監査株式会社
合同会社教育	合同会社教育
（株）協会	株式会社協会

◆OMIT 関数

機　能：指定した 1 つ以上の部分文字列を削除した文字列を返す

構　文：OMIT(文字列 1, 文字列 2 <,大文字と小文字の区別>)

※文字列 1･･･フィールド名、文字列 2･･･削除する文字列

※大文字小文字を区別しない場合は「F」をつけます。

会社名	会社名_変換
国際株式会社	国際
利用（株）	利用
株式会社監査	監査
合同会社教育	教育
（株）協会	協会

使用例：法人格を削除する

OMIT(会社名,”（株）,株式会社,合同会社”)

※削除したい文字の前後に**余分なスペースを入れない**ようにしてください。

◆UPPER 関数

機　能：アルファベットを大文字に変換する

構　文：UPPER(文字列，長さ)

使用例：アルファベットを大文字に統一する

UPPER(商品名)

商品名	商品名_変換
abc	ABC
Abc	ABC
aBd	ABD

※ACL はアルファベットの大文字と小文字を異なる値とみなします。商品名="ABC” では、「abc」、「Abc」は抽出されません。

※LOWER 関数ですべて小文字（abc）、PROPER 関数で先頭文字のみ大文字（Abc）に変換できます。

◆LTRIM 関数

機　能：入力文字列から先頭の半角スペースを除去した文字列を返す

構　文：LTRIM(文字列)

◆ALLTRIM 関数

機　能：入力文字列から先頭と末尾の半角スペースを除去した文字列を返す

構　文：ALLTRIM(文字列)

◆TRIM 関数

機　能：入力文字列から末尾の半角スペースを除去した文字列を返す

構　文：TRIM(文字列)

使用例：

会社名
■国際■株式会社■■■■

LTRIM(会社名)　⇨ 国際■株式会社■■■■

ALLTRIM(会社名)　⇨ 国際■株式会社

TRIM(会社名)　⇨ ■国際■株式会社

(ここでは、■は半角スペース1文字を示します)

※文字の途中のスペースは除去できません。

◆SPLIT 関数

機　能：文字列のうちの指定された部分を返す

構　文：SPLIT(文字列，区切り文字，セグメント <,テキスト修飾子>)

使用例：複数の文字列が区切り文字で区切られている場合、2 番目の文字列を取り出す

SPLIT("東京,大阪,名古屋"，","，2) → 「大阪」が取り出されます

※テキスト修飾子は文字列の中に区切り文字がある場合、区切り文字として認識させないために引用符を指定します。下記の例では、文字列の中のカンマは、区切り文字ではなくテキストとして読み取られます。

（例）SPLIT('"Doe, Jane"，"Smith, John"', ",", 1, '"') → 「Doe, Jane」が取り出されます。

◆SUBSTR 関数

機　能：指定された位置の部分文字列を返す

構　文：SUBSTR(文字列，開始位置，長さ)

使用例：先頭の 2 文字を取り出す

SUBSTR(ALLTRIM(部署名),1,2)

部署名	部署名_コード
01総務部	01
02人事部	02
03営業本部	03
04技術開発部	04

※余分なスペースを除去して正しい値を取り出すために、ALLTRIM 関数もしくは LTRIM 関数を利用します。

◆LAST 関数

機　能：文字列の末尾から指定された数の文字を返す

構　文：LAST(文字列，長さ)

使用例：末尾の 2 文字を取り出す

LAST(ALLTRIM(部署名),2)

部署名	部署名_コード
総務部01	01
人事部02	02
営業本部03	03
技術開発部04	04

※余分なスペースを除去して正しい値を取り出すために、ALLTRIM 関数もしくは TRIM 関数を利用します。

◆LENGTH 関数

機　能：文字列の長さを返す

構　文：LENGTH(文字列)

使用例：文字数を確認する

LENGTH(ALLTRIM(部署名))

※全角文字、半角文字も 1 文字とカウントされます。

※スペースも 1 文字とカウントされます。

※正しい値を取り出すために、ALLTRIM 関数を利用します。

部署名	部署名_長さ
総務部01	5
人事部02	5
営業本部03	6
技術開発部04	7

◆LEVDIST 関数

機　能：2 つの文字列間のレーベンシュタイン距離（2 つの文字列がどの程度異なっているかを測る数値。指定した文字列と同一にするために必要な変更回数）を返す

構　文：LEVDIST(文字列 1，文字列 2 <,大文字と小文字の区別>)

使用例：「abc」という文字列との違いを確認する

LEVDIST(ALLTRIM(商品名)，“abc”)

※正しい値を取り出すために、ALLTRIM 関数を利用します。

商品名	商品名_変更回数	
abc	0	変更回数0回：「abc」と同一の文字列である
Abc	1	変更回数1回：Aを小文字に変更すると同一になる
aBd	2	変更回数2回：Bを小文字に変更し、dをcに変更すると同一になる

※大文字と小文字を区別しない場合は、「F」を指定します。

LEVDIST(ALLTRIM(商品名)，“abc”,F)

数 値

数値を処理する関数

◆DEC 関数

機　能：小数点の桁数を指定された桁数にする
構　文：DEC(数値, 小数位)
使用例：小数点桁数を 3 桁にして計算する
（正）DEC(数量 , 3)/30
※DEC 関数は式の要素のひとつに付けます。
（誤）DEC(数量/30 , 3)
※式全体に DEC 関数をつけると正しい値が算出されない場合があります。

数量	（計算される値）	計算結果
3	3.000 / 30 ⇒	0.100
56	56.000 / 30 ⇒	1.867
60	60.000 / 30 ⇒	2.000
100	100.000 / 30 ⇒	3.333

3桁　0桁
小数点桁数が多い方に合わせて四捨五入する

数量	（計算される値）	計算結果
3	3 / 30 ⇒	0.000
56	56 / 30 ⇒	2.000
60	60 / 30 ⇒	2.000
100	100 / 30 ⇒	3.000

※ACL は、数値計算に使用する 2 つの数値のうち、**小数点の桁数が多い方に合わせて計算**します。

データ型変換①

データ型を変換することができます。ACL のコマンドでは、使用できるデータ型が決まっています。データ型を変換することで、目的のコマンドが使用できるようになります。

◆STRING 関数

機　能：数値を文字列に変換する
構　文：STRING(数値, 長さ <,書式>)
使用例：数値型フィールドの値を文字に変換する
STRING(商品番号, 3)
先頭のスペースを除去した値にする場合
LTRIM(STRING(商品番号, 3))

商品番号	商品番号_型変換	商品番号_LTRIM
5	■■5	5■■
45	■45	45■
70	■70	70■
105	105	105

「長さ」に合わせるため、先頭にスペースが追加されます

◆ZONED 関数

機　能：数値データを文字データに変換し、出力の先頭にゼロを追加する
構　文：ZONED(数値, 長さ)
※現在の ACL は Unicode 版のため、ZONED 関数で返された値を正しく表示するには、BINTOSTR 関数とセットで使用します。

商品番号	商品番号_型変換
5	005
45	045
70	070
105	105

◆BINTOSTR 関数

機　能：ZONED または EBCDIC 文字データから変換された Unicode 文字データを返す

構　文：BINTOSTR(文字列, 文字列のタイプ)

※文字列のタイプは、ZONED の場合は“A”、EBICDIC の場合は“E”を指定します。

使用例：数値型フィールドの値を先頭に 0 がついた文字データに変換する

BINTOSTR(ZONED(商品番号, 3),”A”)

データ型変換②

◆VALUE 関数

機　能：文字列を数値に変換する

構　文：VALUE(文字列, 小数位)

使用例：文字列を数値に変換する

VALUE(仕入単価,2)

仕入単価	仕入単価_数値型
381	381.00
568	568.00
605	605.00
1350	1350.00

◆CTOD 関数

機　能：文字または数値の日付値を日付に変換する

※日付時刻データを日付データに変換することも可能

構　文：CTOD(文字/数値 <,書式>)

使用例：文字の日付を日付型の値に変換する

CTOD(入力年月日,”YYYY/MM/DD”)

入力年月日	入力年月日_日付型
2018/1/1	2018/01/01
2018/1/15	2018/01/15
2018/12/1	2018/12/01
2018/12/15	2018/12/15

◆DATE 関数

機　能：日付または日付時刻から日付を抽出し、文字データとして返す

構　文：DATE(<日付/日付時刻> <,書式>)

※引数を指定しない場合はオペレーティングシステム日付を返します。

使用例：日付を文字に変換する

DATE(入力年月日,”YYYY/MM”)

日付から年月を文字として取り出す　※書式を指定する

入力年月日	入力年月_テキスト型
2018/01/01	2018/01
2018/01/15	2018/01
2018/12/01	2018/12
2018/12/15	2018/12

その他

◆BETWEEN 関数

機　能：指定された値が範囲内にあるかどうかを示す論理値を返す

構　文：BETWEEN(値, 最小値, 最大値)

使用例：2018/1/15～2018/12/10 のデータをフィルターで抽出する

BETWEEN(出荷日,`20180115`,`20181210`)

⇨抽出されるデータ：2018/01/15、2018/12/01

※演算フィールドで使用すると、論理値（True or False）が返されます

※BETWEEN 関数は、数値データ、文字データでも使用できます

出荷日	出荷日_確認
2018/01/01	F
2018/01/15	T
2018/12/01	T
2018/12/15	F

◆RECOFFSET 関数

機　能：現在のレコードを基準にして、n 番目にあるレコードのフィールド値を返す

構　文：RECOFFSET(フィールド, レコードの数)

使用例：次のレコード（1 番目のレコード）の値を取得する

RECOFFSET(数量,1)

※RECOFFSET 関数は、テキスト型、日付型フィールドでも使用できます

※現在のレコードと比較する n 番目のレコードが、テーブルの先頭レコードまたは最終レコードの場合、数値フィールドに対してはゼロ、文字フィールドに対しては空白の文字列、日付フィールドに対しては 1900/01/01 が返されます（現在のレコードと比較するレコードが存在しないため）。

数量	次の数量
3	56
56	60
60	100
100	0

おつかれさまでした！
次は基礎確認問題を解いて、ここまで学習した内容を確認してみましょう。

第2章 ICCP試験に必要なACLの基礎

4-2. 基礎確認問題

問題を解くにあたっては、3-3.テーブルの作成（26頁）、3-5.基礎確認問題（45頁）で作成したテーブルを使用してください。

（1）「分析」メニュー

1. 「AT01_売上データ」テーブルで、順番通りになっていない「売上番号」は何個ありますか。

2. 「AT01_売上データ」テーブルの「売上番号」に欠落している番号がないか確認し、ある場合は、何個欠落しているかを回答してください。

3. 「AT01_売上データ」テーブルで、「売上番号」が重複しているデータをテーブルに出力し、何件のレコードがあるか確認してください。出力の際は、データの内容が分かるようにしてください。

4. 「AM02_商品マスター」テーブルの「商品名」に対してあいまい重複を実行してください。
   「相違のしきい値」を「1」、「相違のパーセント」を「50」、「結果サイズ」を「50」としたとき、いくつグループができますか。「完全な重複」は含めないようにしてください。

5. 「AT01_売上データ」テーブルで、営業担当者ごとの金額を集計し、金額が一番大きい営業担当者を回答してください。

6. 「AM01_在庫マスター」テーブルで、「最終出荷日」の年齢調べを下記の要件で行ってください。
   ・基準日：2017年12月31日
   ・経過期間：30日単位
   120日を超える件数と金額を答えてください。

7. ベンフォードの法則によると、先頭桁数と予測数との関係を最も明確に表現しているものは下記のうちどれですか。
   (A) 先頭桁数が大きくなれば、予測数も大きくなる
   (B) 先頭桁数が大きくなれば、予測数は小さくなる
   (C) 先頭桁数が大きくなっても、予測数は一定数となる
   (D) 先頭桁数が大きくなっても、予測数の大きさに影響しない

（2）「データ」メニュー

1. 「AT01_売上データ」テーブルのすべてのフィールドのデータ妥当性を検証してください。
   エラーは何件ありますか。

2. 「AT01_売上データ」テーブルから、「数量」、「仕入単価」、「販売単価」を除いたデータを新規テーブルに書き出してください。

3. 「AM02_商品マスター」テーブルから、「商品No」と「商品名」のデータをExcelファイル（*.xlsx）に書き出してください。ワークシート名および出力ファイル名は、テーブル名と同一とします。

4．「AM01_在庫マスター」テーブルを「最終仕入日」の降順で並べ替えたテーブルを作成してください。直近の最終仕入日はいつですか。

5．「AT03_売上データ_上期」テーブルと「AT04_売上データ_下期」テーブルをタテに結合し、「K4302_売上データ_通期」」テーブルを作成してください。「K4302_売上データ_通期」テーブルのレコードは何件ありますか。

6．「AT01_売上データ」テーブルの情報に、「AM02_商品マスター」テーブルの「商品名」と「販売区分」を追加したテーブルを作成してください。

7．商品マスターに登録されていない商品の売上取引の売上番号を答えてください。
・売上取引データ　　：「AT01_売上データ」
・商品マスター　　　：「AM02_商品マスター　」

8．売上取引がない商品の商品 No を答えてください。
・売上取引データ　　：「AT01_売上データ」
・商品マスター　　　：「AM02_商品マスター」

（３）「サンプリング」メニュー

1．「サイズの計算」で適切ではないパラメータの組み合わせを答えてください。
A.信頼：95 母集団：336 許容誤謬率：　5 予想誤謬率：3
B.信頼：95 母集団：336 許容誤謬率：　5 予想誤謬率：5
C.信頼：95 母集団：336 許容誤謬率：10 予想誤謬率：3
D.信頼：95 母集団：336 許容誤謬率：10 予想誤謬率：5
E.いずれも問題ない

（４）フィルター

1．「AT01_売上データ」テーブルで「販売単価」が 5000 円以上のレコードは何件ありますか。

（５）演算フィールド

1．「AT01_売上データ」テーブルで、「金額」が正しいかを確認する演算フィールドを作成してください。金額が正しくないレコードは何件ありますか。
・演算フィールド名：検算
・計算式　　　　　：金額 － 数量 × 販売単価

（６）条件付き演算フィールド

1．「AM02_商品マスター」テーブルで、販売区分の区分名を表示する条件付き演算フィールドを作成してください。演算フィールド名は、「販売区分名」とし、販売区分の値が「1」の場合は”販売中”、販売区分の値が「2」の場合は”販売停止”という値を表示します。どちらの条件にも合わず、区分が分からない場合は、”不明”と表示します。

（７）関数

1．「AM02_商品マスター」テーブルで、「セット」という文字を含む商品は何個ありますか。

2．「AM01_在庫マスター」テーブルで、「倉庫 No」が空白になっているデータがないか確認してください。ある場合は、その商品 No を回答してください。

3．「AM01_在庫マスター」テーブルで、「倉庫 No」の書式が「99-9」になっていないデータが何件あるか確認してください。

4．「AM01_在庫マスター」テーブルで、「倉庫 No」の値の中の「01」を「91」に置き換えた列を追加してください。演算フィールド名は「倉庫 No91」とします。

5．「AM02_商品マスター」テーブルで、商品名から「スペシャル」「Special」という文字を削除した列を追加してください。大文字・小文字は区別します。演算フィールド名は「商品名変更」とします。

6．「AM02_商品マスター」テーブルで、「商品名」に含まれるアルファベットをすべて大文字にした列を追加してください。演算フィールド名は「商品名大文字」とします。

7．「AM02_商品マスター」テーブルの「商品 No」の先頭 3 文字は商品の大分類、その次の 2 文字分は商品の小分類を表しています。「AM02_商品マスター」テーブルに小分類の列を追加してください。演算フィールド名は「商品 No 小分類」とします。

8．「AM02_商品マスター」テーブルで、「商品名」の末尾が「セット」になっている商品は何件ありますか。

9．「AM02_商品マスター」テーブルで、「商品名」が 15 文字以上の商品は何件ありますか。

10．「AM02_商品マスター」テーブルで、「商品名」が「バスタオル」に近いデータが何件あるか、LEVDIST 関数で調べてください。レーベンシュタイン距離は、2 以下とします。

11．「AT01_売上データ」テーブルで、原価率（仕入単価÷販売単価）の列を追加してください。小数点の桁数は 3 桁としてください。演算フィールド名は「原価率」とします。

12．「AM02_商品マスター」テーブルで「販売区分」をテキスト型に変更した列を追加してください。演算フィールド名は「販売区分_テキスト」とします。

13．「AM02_商品マスター」テーブルで、ZONED 関数を使用して「販売区分」（数値型）の値を「001」、「002」に変換した列を追加してください。演算フィールド名は「販売区分_00 追加」とします。

14. 「AT01_売上データ」テーブルの「売上番号」を数値型に変換した列を追加してください。演算フィールド名は「売上番号_数値」とします。

15. 「AT01_売上データ」テーブルで、「計上日」フィールドから年月の情報（「2017/01/15」ならば「2017/01」）をテキスト型で取り出した列を追加してください。演算フィールド名は「計上年月」とします。

16. 「AM01_在庫マスター」テーブルで、「最終仕入日」が 2017 年 10 月 1 日～10 月 31 日のデータが何件あるか確認してください。

17. 「AT01_売上データ」テーブルで、現在のレコードと次のレコードの「計上日」を比較して、自レコードの方が「計上日」が新しい（大きい）レコードを抽出します。次の手順で実行し、該当レコードが何件あるか確認してください。

(1) 自レコードの次のレコードの「計上日」を表示する列を追加してください。演算フィールド名は「次レコード計上日」とします。

(2) 「計上日」の方が「次レコード計上日」の日付より新しいデータは何件ありますか。

次は、ICCP 試験に必要な CAATs の関連知識を学習します。

第2章 ICCP試験に必要なACLの基礎

第 3 章
ICCP試験に必要なCAATsの関連知識

この章では、
ICCP 試験に必要な
CAATs について学びます。

1. CAATs の概要
2. 倫理規範
3. 内部統制
4. データベース関連

1．CAATsの概要

CAATsとは、Computer Assisted Audit Techniquesの略語であり、監査人がコンピュータとデータを利用して監査手続を実施する技法のことを言います。

CAATs を適用すると、これまで手作業で実施していた手続を自動化することが可能となるため、監査効率の大幅な向上が期待できるほか、サンプリングへの依存を低減し、全ての母集団をテストすることができます。また、取引記録を詳細に見ることや仕訳の入力および修正時に通例でない処理がなされていないかどうかを詳細に確認する仕訳テストの範囲を拡大することで、監査品質を向上させることができます。すなわち、CAATs を適用することで、監査の効率性と品質向上が期待できるのです。

監査には、大きく分けて法律により監査が義務付けられている法定監査と企業が任意に監査を行う任意監査があります。法定監査では、各国の法令などの要求に基づいて実施される監査に適用される「監査基準」が設定されており、監査人が抑えておくべき「監査基準」としては主に以下の3つがあります。

・金融庁の諮問機関である企業会計審議会が設定している「監査基準（※）」
・国際監査・保証基準審議会（IAASB）が公表している「国際監査基準」
・米国の公開企業会計監視委員会（PCAOB）が公表している「監査基準」（以下、PCAOB監査基準）

※ここでは、企業会計審議会により定められた「監査基準」、「監査に関する品質管理基準」、「監査における不正リスク対応基準」および日本公認会計士協会の「監査実務指針」を含んでいます。

CAATs は、いずれの「監査基準」においてもその有効性について明記されており、その例示が記載されていますが、監査基準によっては内容が異なる部分があるため、注意が必要です。

●国際監査基準 240号にて記載されているCAATsの有効性（要約）
✓ 在庫に影響のある不正リスクを特定する。
✓ 不適切な収益認識を含む不正リスクを特定する。
✓ サンプルではなく母集団全体をテストする。

●PCAOB監査基準 2401号にて記載されているCAATsの有効性（要約）
✓ 在庫に影響のある不正リスクを特定する。
✓ 不適切な収益認識を含む不正リスクを特定する。
✓ テスト対象の仕訳と修正仕訳を特定する。

ただし、すべての監査手続において CAATs を適用することが必ずしも監査の効率性と品質向上につながるとは限らず、CAATs を適用するかどうかについては、監査計画段階で慎重に検討する必要があります。

また、任意監査においても、CAATs を適用するにあたっての考慮事項について記載されている指針等があり、例えば、ISACA より 2008 年に発行された情報システム監査指針 G3 には下記の項目が記載されています。なお、ISACA は、情報システム監査、情報セキュリティ監査、IT ガバナンス、リスク管理等、情報通信技術専門家の国際的団体です。

✓ 情報システム監査人のコンピュータ知識、専門知識および経験
✓ CAATs およびシステム環境の可用性
✓ 従来の手法よりも CAATs を使用することの効率性と有効性
✓ 時間的な制約の有無
✓ 情報システムと IT 環境の整合性
✓ 監査リスクの程度

CAATs は、監査人がコンピュータとデータを利用して監査手続を実施する技法であることから、Microsoft Excel などの表計算ソフトや Microsoft ACCESS などの汎用的なデータベースソフトを利用しても実施は可能です。しかしながら、データ処理速度や処理件数の限界などの観点から、下記の特徴をもった Generalized Audit Software (GAS)を利用した方が、監査の効率化や品質向上につながる可能性が高まります。

✓ コンピュータ利用監査技法(CAATs)に利用する目的で開発されたツールである。
✓ 特定の定型的な監査手続を実行する機能や繰り返し利用可能なマクロ機能（アプリケーションの操作を自動化する機能）を備えたデータの読取、処理、書込を行うために設計されたソフトウェアである。
✓ 監査人がデータの抽出、照合、操作、集計、分析作業を行うことを可能にする。

なお、日本では、GAS という言葉になじみが薄いことから、本書では、GAS を CAATs ツールと読み替えています。

CAATs ツールを利用することにより、データの傾向や例外、潜在的なリスク領域を特定したり、内部統制の問題を特定し、組織の管理規則等に準拠しているかどうかを確認したりすることができます。また、母集団からサンプルを抽出して検証するのではなく、母集団全体を分析することができるほか、滞留状況や通例でない取引を分析することもできます。さらには、実施した分析内容がログに記録されるため、ログを利用することで監査手続を自動化したり、結果のレビューを迅速に行ったりできるため、効率的な手続の文書化が可能になるという特徴も挙げられるでしょう。

CAATs ツールで代表的なものとしては、ACL Services Ltd.が 1987 年に製品化した ACL Analytics と CaseWare International Inc.が 1988 年に製品化した IDEA があります。いずれもカナダの企業が開発したソフトウェアであり、歴史も古く CAATs ツールのスタンダードと言えるでしょう。

2．倫理規範

ICAEA は 10 か条の倫理規範を策定し、国際認定 CAATs 技術者（ICCP）にその遵守を求めています。

第 1 条　実施したコンピュータ利用監査の結果に全責任を負う。

第 2 条　業務上知りえた非公開のいかなる秘密情報も保持する。

第 3 条　業務および提案業務の遂行に十分な能力があるということを確認する。

第 4 条　業務および提案業務において、最適な方法でコンピュータ利用監査を実施することを確認する。

第 5 条　コンピュータ利用監査の手続およびその更新は、可能な限り最高の専門的な基準を満たしていることを確認する。

第 6 条　職業的専門家としての判断においては、誠実性と独立性を維持する。

第 7 条　賄賂の授受、または、その他の不適切な財務取引などの不正な取引に関わらない。

第 8 条　職業的専門家として継続的に専門教育を受ける。

第 9 条　チームメンバーの専門教育を支援するとともに、監査をより効果的にする。

第 10 条　コンピュータ利用監査に関する知識を広く普及させる。

もし、10 か条の倫理規範に違反した場合、措置等の検討対象になります。また、非常に深刻な違反の場合、ICAEA JAPAN の会員資格と ICCP の認定を取り消されることがあります。

なお、10 か条の倫理規範のうち、特に秘密保持、誠実性・独立性にかかわる倫理規範は、試験問題に出題される可能性が高いため、それぞれ補足説明をします。

条 文	解 説
第2条 業務上知りえた非公開のいかなる秘密情報も保持する。	・エレベーターやレストランなどで業務内容について会話をしたり、Twitter などに投稿したりすることはできません。たとえ、会社名を伏せていたとしても、文脈などから会社名を類推できる場合があります。 ・業務上使用するデータをセキュリティ機能のついていない USB に保存して携帯することはできません。万が一、当該 USB を紛失した場合、情報が漏洩する恐れがあります。
第6条 職業的専門家としての判断においては、誠実性と独立性を維持する。	・外部監査人の場合、監査対象会社の株式や社債などの債権を保有することはできません。これは、相続などによって株式などを保有するに至った場合も同様であり、この場合は、独立性の担当部署に直ちに連絡して、ルールに沿って対応する必要があります。 ・外部監査人の場合、配偶者が監査対象会社の役員の場合や ICCP 資格保有者が監査対象期間の前年度まで監査対象会社の従業員であった場合、当該監査に関与することはできません。 ・内部監査人の場合、自らが昇格を希望している部署の監査に継続的に関与することはできません。
第7条 賄賂の授受、または、その他の不適切な財務取引などの不正な取引に関わらない。	・監査対象会社や監査対象部署からの贈答品の収受は禁止されています。 ・仕入先などから取引の見返りとして現金の収受や特に高額な接待などを受けることはできません。

3．内部統制

内部統制とは、企業が健全な事業活動を続けるために経営者および従業員が遵守すべきルールや、適正な業務を継続するための制度のことを言います。

日本の内部統制基準では、下記の４つの目的を達成するために、あらゆる組織、業務に組み込まれたプロセスであり、組織に関わるすべての人が順守すべきものを言い、６つの基本的要素で構成されています。

[内部統制の目的]

(1)業務の有効性および効率性

業務の有効性および効率性とは、事業活動の目的の達成のため、業務の有効性および効率性を高めることを言います。

(2)財務報告の信頼性

財務報告の信頼性とは、財務諸表および財務諸表に重要な影響を及ぼす可能性のある情報の信頼性を確保することを言います。

(3)事業活動に関わる法令等の遵守

事業活動に関わる法令等の遵守とは、事業活動に関わる法令その他の規範の遵守を促進することを言います。

(4)資産の保全

資産の保全とは、資産の取得、使用および処分が正当な手続および承認の下に行われるよう、資産の保全を図ることを言います。

第３章 ICCP試験に必要なCAATsの関連知識

[内部統制の基本的要素]

(1)統制環境

組織の気風を決定し、組織内のすべての者の統制に対する意識に影響を与えるとともに、他の基本的要素の基礎をなし、リスクの評価と対応、統制活動、情報と伝達、モニタリングおよびＩＴへの対応に影響を及ぼす基盤を言います。

(2)リスクの評価と対応

リスクの評価　：組織目標の達成に影響を与える事象について、組織目標の達成を阻害する要因をリスクとして識別、分析および評価するプロセスを言います。

リスクへの対応：リスクの評価を受けて、当該リスクへの適切な対応を選択するプロセスを言います。

(3)統制活動

経営者の命令および指示が適切に実行されることを確保するために定める方針および手続を言います。統制活動の重要な視点は以下の２点です。

・職務分掌

・相互牽制（多重チェック）

(4)情報と伝達

必要な情報が識別、把握および処理され、組織内外および関係者相互に正しく伝えられることを確保することを言います。

(5)モニタリング（監視活動）

内部統制が有効に機能していることを継続的に評価するプロセスを言います。

(6)IT（情報技術）への対応

組織目標を達成するために予め適切な方針および手続を定め、それを踏まえて、業務の実施において組織の内外のＩＴに対し適切に対応することを言います。

なお、内部統制の６つの基本的要素はそれぞれ関連しながら、内部統制の目的を達成していきますが、基本的要素間で上位・下位という関係性にはありません。

内部統制の目的と基本的要素の関係性を図示すると次の図のようになります。

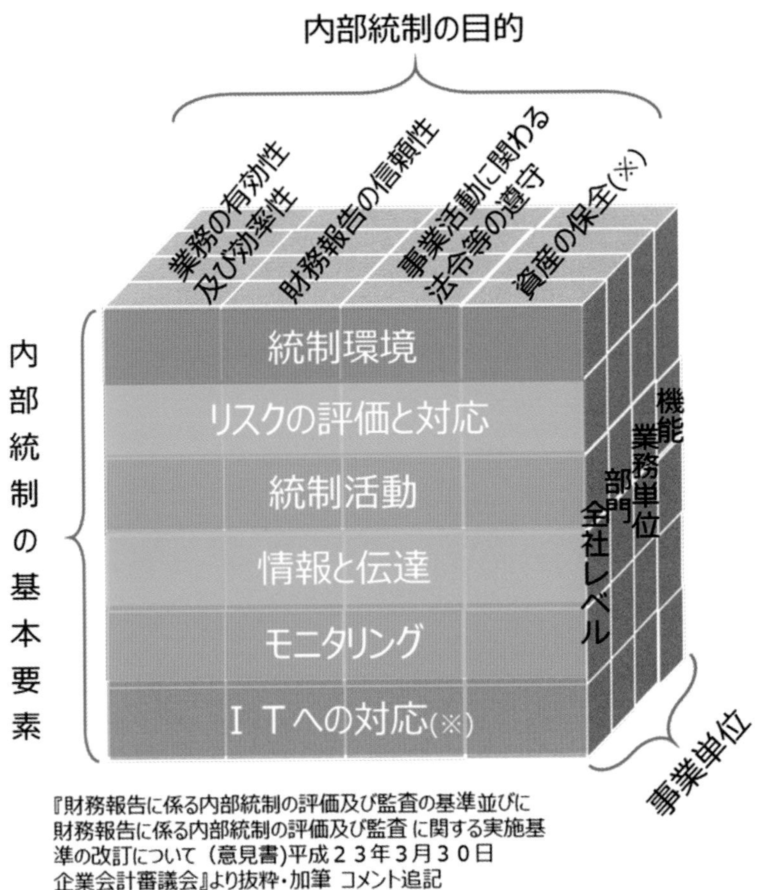

『財務報告に係る内部統制の評価及び監査の基準並びに財務報告に係る内部統制の評価及び監査 に関する実施基準の改訂について（意見書)平成２３年3月３０日 企業会計審議会』より抜粋・加筆 コメント追記

(※)トレッドウェイ委員会支援組織委員会(COSO)の内部統制フレームワークには含まれていない。

第３章 ICCP試験に必要なCAATsの関連知識

4．データベース関連

4-1.ファイル形式の種類と特徴

ファイル形式は、ファイルを作成するアプリケーションごとに決まっており、様々な種類があります。CAATs で使用するファイル形式の中で主な種類は以下の通りです。

ファイル形式	代表的な拡張子	説明
テキスト		すべてのデータが文字（キャラクタコード）からなるファイル データの間を区切る文字の有無や違い等で種類が分かれる
固定長	txt, dat	1 行あたりのバイト数が決まっていて、文字の桁数でフィールドを区別するタイプ
可変長		1 行あたりの文字数が一定ではなく、フィールドの間がなんらかの区切り文字で区切られているタイプ
タブ区切り	txt, tsv	「タブ」でフィールドが区切られているタイプ
カンマ区切り	csv	「カンマ」でフィールドが区切られているタイプ
XML	xml	XML のルールに従って書かれたテキストファイル
Excel	xlsx, xls	Microsoft Excel で作成されたファイル
Access	mdb, accdb	Microsoft Access で作成されたファイル

上記のファイル形式のうち、ACL にデータファイルをインポートする際に最もトラブルが少ないファイル形式は、可変長のテキストファイルと言えます。テキストファイルは、表計算やデータベースソフトなどのアプリケーションに固有な情報が含まれていないため、相対的にファイルの容量が少なくなることも、テキストファイルを使用するメリットと言えます。なお、テキストファイルの 1 行目に、フィールド名を含められていると、フィールド名を入力する手間が省けます。

XML とは e**X**tensible **M**arkup **L**anguage の略語であり、データベース情報をブラウザで表示できる言語を言います。XML が登場する以前は、Web ページの作成には HTML が使用されていましたが、HTML で作成した Web ページでは、情報の意味や内容を識別することができないため、データを取得してもデータ処理をすることが大変困難でした。XML が登場したことで、Web ページから情報を取得し、データ処理ができるようになりました。

XML は、テキストファイルの一種のため、拡張子はテキストファイルに使用されるものであれば、どのような拡張子でも内容確認はできますが、Web ページとして機能させるためには、「xml」という拡張子でファイルを作成する必要があります。

XML の技術を利用して、財務情報などを Web 上で効率的に利用できるように国際的に標準化された言語として XBRL(e**X**tensible **B**usiness **R**eporting **L**anguage)があります。日本では、「金融商品取引法に基づく有価証券報告書等の開示書類に関する電子開示システム(以下、EDINET) 」で有価証券報告書などが Web 上で簡単に参照できます。EDINET は、2008 年 3 月に XBRL の導入により再構築されました。

現在は、有価証券報告書などの情報をインターネットから XBRL 形式のデータで取得することができるため、財務分析などは誰でも容易に行えるようになっています。なお、ACL は、XBRL で記述されたファイルをインポートできます。

4-2.文字セット

文字セットとは、コンピュータ上で文字として表示および処理するために集められた文字の集合体を言い、文字集合とも言います。コンピュータが登場した当初は、文字セットが各国の言語やコンピュータのメーカーごとに作成されたため、互換性がなく不便でしたが、世界で使われるすべての文字を集めた文字セット（Unicode）が開発されたことで、各国の言語やメーカーにかかわらず、文字がコンピュータ上に正しく表示されるようになっています。

コンピュータ内部では、文字を英数字のコード（符号）に置き換えて処理します。この文字をコード（符号）に置き換える方法のことをエンコード（符号化方式）と言います。

エンコードは文字セットごとに決まっており、文字セットとエンコードの組み合わせが重要になります。この組み合わせを誤ると文字化けなどのトラブルが発生します。

なお、改行も文字コードが割り当てられています（<CR><LF>）が、オペレーティングシステムによって、下記のように文字コードが異なります。

-Windows　：<CR><LF>
-Mac　　　：<CR>のみ
-UNIX　　 ：<LF>のみ

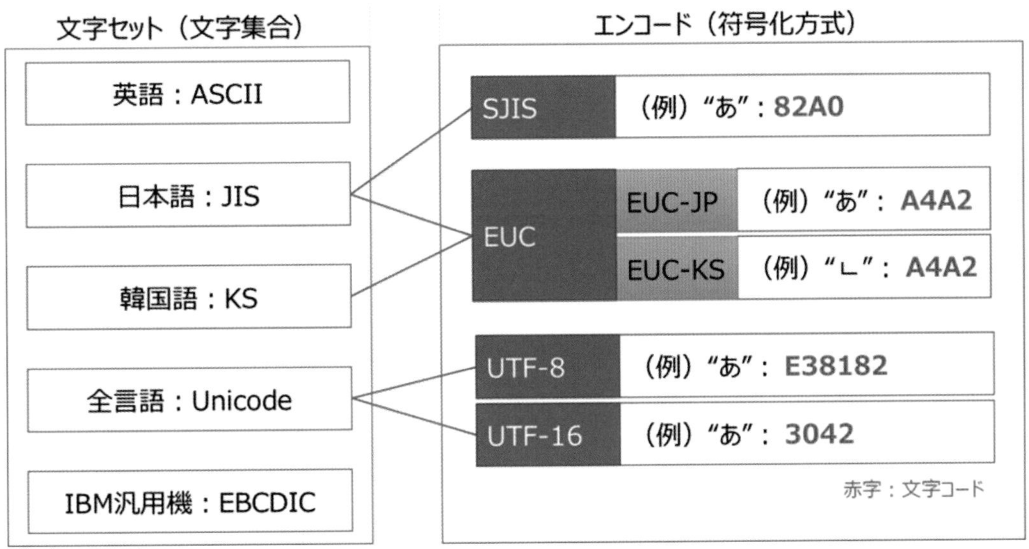

4-3. ODBC

ODBC とは、**O**pen **D**ata**B**ase **C**onnectivity の略語であり、パソコンなどからデータベースに接続することを可能にする接続情報を言います。これは、Microsoft 社が開発した規格であり、これにより、パソコンなどから簡単にサーバー環境にあるデータベースなどに接続してデータを取得したり、更新したりできるようになりました。

ODBC の種類と定義は下図に記載しています。

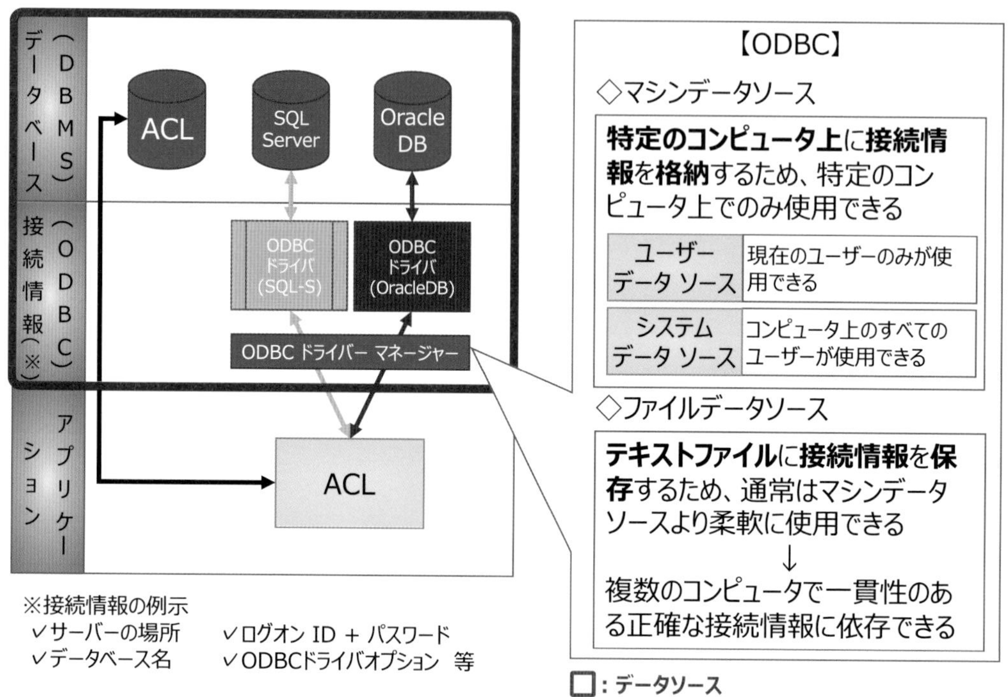

なお、ここではデータベースと ODBC の総称として「データソース」と呼んでいます。

※DBMS とは、DataBase Management System の略称であり、データベースを管理し、各種アプリケーションソフトからの要望に従って、データベースを操作するソフトウェアのことを言います。

※SQL Server とは、アメリカ合衆国の企業である Microsoft Corporation が開発しているデータベース製品を言います。

※Oracle DB とは、アメリカ合衆国の企業である Oracle Corporation が開発・販売しているデータベース製品を言います。

次は、ICCP 試験 Part1 対策問題を解いて、
実際の試験の形式に慣れてくださいね。

第 4 章

ICCP 試験 Part1 対策問題

この章では、
ICCP 試験 Part1 の対策問題を解いて学びます。

1. CAATs の概要
2. 倫理規範
3. 内部統制
4. データベース関連
5. ACL のコマンドと関数

本書で使用するサンプルデータは下記よりダウンロードしてください。
https://www.icaeajp.or.jp/files/data_for_iccp_textbook_202012/dwl_page.htm

1．CAATs の概要

1. ISACA より 2008 年に発行された情報システム監査指針 G3 では、CAATs の利用を判断するにあたり、考慮すべきいくつかの項目が挙げられています。含まれている項目は、次のうちどれですか。

Ⅰ.情報システムと IT 環境の整合性

Ⅱ.CAATs およびシステム環境の可用性

Ⅲ.時間的な制約の有無

Ⅳ.従来の手法よりも CAATs を使用することの効率性と有効性

Ⅴ.情報システム監査人のコンピュータ知識、専門知識、および経験性

Ⅵ.監査リスクの程度

(選択肢)

(A) Ⅰ，Ⅱ

(B) Ⅱ，Ⅲ，Ⅳ

(C) Ⅱ，Ⅳ，Ⅴ

(D) Ⅰ，Ⅱ，Ⅲ，Ⅳ

(E) Ⅰ，Ⅱ，Ⅲ，Ⅳ，Ⅴ，Ⅵ

2. CAATs の利点として適切なものを選択してください。

Ⅰ.手作業を自動化することにより、効率性を向上させる。

Ⅱ.サンプリングへの依存を低減し、全ての母集団をテストすることにより、リスクを低減させる。

Ⅲ.取引記録を詳細に見ることで、監査品質を向上させる。

Ⅳ.監査人が実施する仕訳テストの範囲を拡大する。

Ⅴ.高性能パソコンが使える。

(選択肢)

(A) Ⅰ，Ⅱ

(B) Ⅱ，Ⅲ

(C) Ⅱ，Ⅳ，Ⅴ

(D) Ⅰ，Ⅱ，Ⅲ，Ⅳ

(E) すべて該当しない。

3. PCAOB 監査基準 2401 号に基づく財務表監査における不正行為を考えた場合、CAATs の利用により達成できる監査タスクを選択してください。

Ⅰ.サンプルではなく母集団全体をテストする。

Ⅱ.在庫に影響のある不正リスクを特定する。

Ⅲ.電子ファイルの正確性をチェックする。

Ⅳ.不適切な収益認識を含む不正リスクを特定する。

Ⅴ.テスト対象の仕訳と修正仕訳を特定する。

（選択肢）

(A) Ⅰ，Ⅱ

(B) Ⅱ，Ⅲ

(C) Ⅱ，Ⅳ，Ⅴ

(D) Ⅰ，Ⅱ，Ⅲ，Ⅳ

(E) すべて該当しない。

4. 国際監査基準 240 号に基づく財務表監査における不正行為を考えた場合、CAATs の利用により達成できる監査タスクを選択してください。

Ⅰ.サンプルではなく母集団全体をテストする。

Ⅱ.在庫に影響のある不正リスクを特定する。

Ⅲ.電子ファイルの正確性をチェックする。

Ⅳ.不適切な収益認識を含む不正リスクを特定する。

Ⅴ.テスト対象の仕訳と修正仕訳を特定する。

（選択肢）

(A) Ⅰ，Ⅱ

(B) Ⅰ，Ⅱ，Ⅳ

(C) Ⅱ，Ⅳ，Ⅴ

(D) Ⅰ，Ⅱ，Ⅲ，Ⅳ，Ⅴ

(E) すべて該当しない。

5. 監査人は CAATs ツール(ACL/IDEA)を使って次のようにデータを利用して手続を行うことができます。

Ⅰ.データの傾向と例外を特定し、潜在的なリスク領域を特定できる。

Ⅱ.コントロールの問題を特定し、組織の管理規則等に準拠していることを確認できる。

Ⅲ.母集団全体を分析することができる。

Ⅳ.滞留状況や時間外取引を分析できる。

Ⅴ.監査手続を自動化し、すぐにその結果を利用できる。

上の記述のうち正しいものを選択してください。

（選択肢）

(A) Ⅰ，Ⅱ

(B) Ⅱ，Ⅲ

(C) Ⅱ，Ⅳ，Ⅴ

(D) Ⅰ，Ⅱ，Ⅲ，Ⅳ，Ⅴ

(E) すべて該当しない。

6. CAATs ツールについて適切なものを選択してください。

Ⅰ.コンピュータ利用監査技法(CAATs)に利用する目的で開発されたツールである。

Ⅱ.特定の定型的な監査手続を実行する機能や自作のマクロ機能を備えたデータの読取、処理、書込を行うために設計されたソフトウェアである。

Ⅲ.監査人がデータの抽出、照合、操作、集計、分析作業を行うことを可能にする。

Ⅳ.アプリケーションシステムで生成し、記録されている取引記録の正確性に関する直接的な証拠を得るために監査人が使用する唯一のツールである。

Ⅴ.大容量のデータを扱うことができる。

(選択肢)

(A) Ⅰ，Ⅱ

(B) Ⅱ，Ⅲ

(C) Ⅰ，Ⅱ，Ⅲ，Ⅴ

(D) Ⅰ，Ⅱ，Ⅲ，Ⅳ，Ⅴ

(E) すべて該当しない。

2．倫理規範

1. ICCP 資格保有者が ICAEA の倫理規範に非常に深刻な違反を犯していることが判明しました。ICAEA から課せられる可能性が最も高い懲戒処分を選択してください。

(選択肢)

(A) ICAEA の会員資格と認定書を失う。

(B) ICCP 認定試験を再受験しなければならない。

(C) 40 単位以上の適切な専門教育コースを継続的に履修しなければならない。

(D) ICAEA から$10,000 を超える罰金が科せられる。

(E) すべて該当しない。

2. ICCP 資格保有者が監査業務を提供するにあたり、職業上の判断の独立性を阻害する要因となりうるものを選択してください。

(選択肢)

(A) 昨年まで被監査会社の従業員であった。

(B) 被監査会社の株式を保有している。

(C) 配偶者が被監査会社の役員である。

(D) 被監査会社の社債を保有している。

(E) すべて該当する。

3. ICAEA の倫理規範の要求事項として適切なものを選択してください。

(選択肢)

(A) 業務および提案業務の遂行に十分な能力があるということを確認する。

(B) 業務および提案業務において、最適な方法でコンピュータ利用監査を実施することを確認する。

(C) 職業的専門家として継続的に専門教育を受ける。

(D) 実施したコンピュータ利用監査の結果に全責任を負う。

(E) すべて該当する。

4. ICCP 資格保有者の独立性に違反する行為は、次のうちどれですか。

(選択肢)

(A) マネージャへの昇進を希望している部署に対する監査に継続的に関与すること。

(B) 予算的な制約によりコンピュータ利用監査業務の範囲を縮小すること。

(C) 新たな情報システムに対して統制標準を推奨するタスクフォースに参加すること。

(D) 情報システムにかかる外部委託契約の草案を契約締結前にレビューすること。

(E) すべて該当する。

5. 監査法人に所属して監査業務を提供しているICCP資格保有者は、相続により、被監査会社の株式を保有する状態となりました。このICCP資格保有者が取るべき行動として正しいものを選択してください。

(選択肢)

(A) 自らの意思で取得したものではないため、特に対応は必要ない。

(B) 自らの意思で取得したものではないが、相場を見て、長期的には売却すべきである。

(C) 当該会社の監査業務では、職業上の判断にあたり誠実性と独立性を維持するよう、特に留意すべきである。

(D) 所属する監査法人の担当部署に直ちに連絡し、法人内のルールに従った対応を行うべきである。

(E) すべて該当しない。

6. ある企業の総務部に所属するICCP資格保有者は、特定の旅行代理店から割高な価額で航空券を購入する見返りとして、接待ゴルフや海外旅行への招待を受けています。この場合に適切と考えられる記述を選択してください。

(選択肢)

(A)外部監査人ではないため、当該行為は特に問題とはならない。

(B)金銭を受け取っていないため、ICAEAの倫理規定に違反する行為ではない。

(C)不適切な財務行為にあたり、ICAEAの倫理規定に違反している。

(D)ICAEA の倫理規定に違反する行為ではないが、職業上の判断に誠実性と独立性を維持するよう特に注意を払うべきである。

(E)すべて該当しない。

3．内部統制

1.統制活動の例として適切でないものを選択してください。

(選択肢)

(A)職務分掌

(B)IT への対応

(C)権限および職責の付与

(D)債務明細表と買掛金ファイルとの比較

(E)売掛金の残高確認

2.日本の内部統制基準は４つの目的と６つの基本的要素から成ります。内部統制基準の目的と基本的要素との関係についての下記の記述の中からもっとも適切なものを選択してください。

(選択肢)

(A) ４つの目的と６つの基本的要素はそれぞれ独立であるから、内部統制を構築する際には目的と基本的要素を切り離して検討することが必要である。

(B) ４つの目的にはその目的に関連した固有の基本的要素がある。内部統制を構築する際には、目的と基本的要素との関係を十分に勘案しなければならない。

(C) ４つの目的はすべての部署で必要とされており、さらに各目的について６つの基本的要素すべてを含む内部統制を構築することが必要である。

(D) ４つの目的は部署によってそのすべてを達成する必要はないので、各部署で何が必要な目的であるのかを検討することが必要である。

(E) ４つの目的の何を重視するのかは、会社経営者の責任で適宜決めてよい。ただし、各目的について６つの基本的要素すべてを内部統制に組み込むことが必要である。

3. 日本の内部統制基準の基本的要素の一つに IT 統制があります。IT 統制についての下記の記述のうちもっとも適切なものを選択してください。

(選択肢)

(A) 現代の企業活動において IT は欠かせなくなっており、IT 統制は他の内部統制とは独立の基本的要素として内部統制の中に組み込まなければならない。

(B) IT が広範かつ深く企業活動にかかわっている場合、IT 統制は他の内部統制の基本的要素よりも１ランク上位に位置付けなければならない。

(C) IT 統制は、IT のシステム更新の際に IT のシステム設計段階において組み込まなければならない。

(D) IT 統制は、IT への対応として内部統制の基本的要素の一つとされているが、必ずしも情報システムの更新は必要とされていない。

(E) IT 統制が十分でない場合、IT 全体の更新を含めて抜本的なシステムの見直しが必要とされている。

4．データベース関連

1. EDINET の財務データファイルを ACL にインポートする場合、適切な記述を選択してください。

(選択肢)

(A) ODBC ドライバを経由して EDINET の財務データを ACL に取り込みます。

(B) データファイルは、XBRL ファイルとなっています。この場合、XBRL ファイルのインポート機能を使って ACL にデータを取り込みます。

(C) データファイルは、PDF ファイルとなっています。この場合、PDF ファイルのインポート機能を使って ACL にデータを取り込みます。

(D) データファイルは、XML ファイルとなっています。この場合、XML ファイルのインポート機能を使って ACL にデータを取り込みます。

(E) データファイルは、区切り文字つきテキストファイルで ZIP(圧縮)されています。この場合、ファイルを解凍して、区切り文字つきテキストファイルのインポート機能を使って、ACL にデータを取り込みます。

2. 区切り文字つきテキストファイルに関する正しい記述を選択してください。

(選択肢)

(A)テキストの各行は、必ず改行文字(LF のみ)で分けられます。

(B)区切り文字つきテキストファイルの 1 行目には、必ずフィールド名を含める必要があります。

(C)区切り文字つきテキストファイルでは、値を区別する区切り文字として、カンマ、タブ、コロンのみが利用可能です。

(D)区切り文字つきテキストファイルは、各行ごとに区切り文字で区切られたフィールドがあるデータが入ったテキストファイルです。

(E)区切り文字つきテキストファイルは、すべてのフィールドがスペースを使って同じ幅で設定された固定長のデータです。

3. 複数の CAATs ユーザー間で共有できる ODBC を何と呼びますか。

(選択肢)

(A)マシンデータソース

(B)ユーザーデータソース

(C)ファイルデータソース

(D)システムデータソース

(E)SQL テキストファイル

4. データベースへの接続情報（ODBC）やデータベース管理システム（DBMS）は総称して何と言われているか、選択してください。

(選択肢)

(A)ODBC ドライバ

(B)データソース

(C)Driver Manager

(D)API

(E)すべて該当しない。

5．ACL のコマンドと関数

1. テーブルにおいて、レコードが一意であることを確認するために利用する ACL のコマンドを選択してください。
   (A) DUPLICATES コマンド
   (B) SEQUENCE コマンド
   (C) GAPS コマンド
   (D) UNIQUE コマンド
   (E) STATISTICS コマンド

2. ACL において、データの日付範囲を調べる為のコマンド/関数として適切なものを選択してください。
   (A) DATE 関数
   (B) PROFILE コマンド
   (C) STATISTICS コマンド
   (D) AGE コマンド
   (E) HISTOGRAM コマンド

3. データがテーブル内で並び替えられていることを確かめるためには、次のどのコマンドを使いますか。
   (A) PROFILE コマンド
   (B) VERIFY コマンド
   (C) GAPS コマンド
   (D) SEQUENCE コマンド
   (E) DUPLICATES コマンド

4. JOIN コマンドの説明として、正しいものを選択してください。
   (A) 主テーブルには、必ず複合キーが必要である。
   (B) 副テーブルのキーが重複している場合、結合は実行されない。
   (C) 主テーブルのキーの値と一致しない副テーブルのレコードは、結果テーブルに含めることはできない。
   (D) 副テーブルには、必ず複合キーが必要である。
   (E) 主テーブルの全レコードを結果テーブルに含めることができる。

5. ACL のテーブルに演算フィールドがあります。演算フィールドを値に変換して新しいテーブルを作るためには、次のどのコマンドを使用しますか。
   (A) EXTRACT RECORD TO テーブル A
   (B) EXTRACT FIELDS ALL TO テーブル B
   (C) EXTRACT VIEW TO テーブル C
   (D) EXPORT FIELDS ALL TO テーブル D
   (E) すべて該当しない。

6. ACL のテーブルを Excel に出力するには、以下のうちどのコマンドを使用しますか。

(A) REPORT FIELDS ALL TO "抽出データ.XLSX"

(B) EXTRACT FIELDS ALL TO "抽出データ.XLSX"

(C) EXPORT VIEW TO "抽出データ.XLSX"

(D) EXPORT FIELDS ALL XLSX TO "抽出データ.XLSX"

(E) EXTRACT RECORD TO "抽出データ.XLSX"

7. 1 つ以上の文字フィールド、数値フィールド、または日付フィールドの値ごとにレコードをグループ化する時に使用するコマンドを選択してください。

(A) CLASSIFY コマンド

(B) BENFORD コマンド

(C) SUMMARIZE コマンド

(D) AGE コマンド

(E) すべて該当しない。

8. テキスト型のフィールドから文字列の一部を取り出すときに使用する関数を選択してください。

(A) SUBSTR 関数

(B) SUBSTITUTE 関数

(C) REPLACE 関数

(D) EXACT 関数

(E) FIND 関数

9. アルファベットをすべて大文字に変換する時に使用する関数を選択してください。

(A) CAPITALIZE 関数

(B) UPPER 関数

(C) REPLACE 関数

(D) LAST 関数

(E) すべて該当しない。

10. 文字列に含まれている文字数を確認する時に使用する関数を選択してください。

(A) DIMENSION 関数

(B) SPAN 関数

(C) LEVDIST 関数

(D) LENGTH 関数

(E) すべて該当しない。

次は、いよいよ最終章です。
ICCP 試験 Part 2 対策問題にチャレンジしてください！
問題を解いたあとは、解説を読んで注意点を押さえてくださいね。

第 5 章
ICCP 試験 Part2 対策問題

この章では、
ICCP 試験 Part2 の対策問題を解いて学びます。

- ケーススタディ 1．購買プロセスのリスク評価
- ケーススタディ 2．請求データのテスト
- ケーススタディ 3．在庫のテスト

本書で使用するサンプルデータは下記よりダウンロードしてください。
https://www.icaeajp.or.jp/files/data_for_iccp_textbook_202012/dwl_page.htm

ケーススタディ１．購買プロセスのリスク評価

問題を解くにあたっては、サンプルデータをダウンロードし、「ケーススタディ 1」フォルダーに保存されているファイルを使用してください。

【概要】

(社内規程)

- 仕入先はすべて仕入先マスターに登録しなければならない。
- 従業員が仕入先になることは認めない。

(入手したデータ)

- Vendor.xlsx : 仕入先マスター（Excel ファイル）
- EMPLOYEE.csv : 従業員マスター（CSV ファイル）
- AP_TRANS.txt : 購買取引データ（固定長のテキストファイル）

Vendor.xlsx（仕入先マスター）

フィールド名	データ型	長さ	書式	備考
VENDOR_NO	テキスト	6		仕入先コード
VENDOR_NAME	テキスト	40		仕入先名
STREET	テキスト	50		町名・番地
CITY	テキスト	40		市
STATE	テキスト	20		州
COUNTRY	テキスト	20		国
ZIP	テキスト	12		郵便番号
CreateDate	日付	10	MM/DD/YYYY	作成日
CreatedByEmpID	テキスト	5		作成者の従業員コード

EMPLOYEE.csv（従業員マスター）

フィールド名	データ型	長さ	書式	備考
EMP_NO	テキスト	5	-	従業員コード
FIRST_NAME	テキスト	20	-	名
LAST_NAME	テキスト	20	-	姓
STREET	テキスト	80	-	町名･番地
CITY	テキスト	40	-	市
STATE	テキスト	20	-	州
COUNTRY	テキスト	20		国

AP_TRANS.txt（購買取引データ）

フィールド名	データ型	長さ	書式	備考
SEQNO	テキスト	7	-	取引番号
DATE	日付	10	YYYY/MM/DD	仕入日
AMOUNT	数値	22	99999999.99	仕入額
VEN_ID	テキスト	6	-	仕入先コード
TXT	テキスト	30	-	摘要

【問題】

1．Vendor.xlsx（仕入先マスター）のレコードは何件ありますか。

2．EMPLOYEE.csv（従業員マスター）のレコードは何件ありますか。

3．AP_TRANS.txt（購買取引データ）のレコードは何件ありますか。

4．AP_TRANS.txt（購買取引データ）のデータ妥当性の検証の結果、エラーは何個ありますか。

5．Vendor.xlsx（仕入先マスター）において、順番通りではないVENDOR_NOは何件ありますか。

6．Vendor.xlsx（仕入先マスター）において、欠落しているVENDOR_NOは何件ありますか。

7．Vendor.xlsx（仕入先マスター）において、インドとシンガポール以外の仕入先は何件ありますか。

8．Vendor.xlsx（仕入先マスター）において、住所が全く同一の仕入先は何件ありますか。
(住所は「STREET」、「CITY」、「STATE」、「COUNTRY」の4つのフィールドを指します。)

9．Vendor.xlsx（仕入先マスター）において、相違のしきい値が"1"で、相違のパーセントが"60%"の似通ったVENDOR_NAMEのグループは、何件ありますか。（完全な重複を含むものとします。）

10．Vendor.xlsx（仕入先マスター）において、仕入先の登録件数が多い従業員の上位3名のCreatedByEmpID、登録件数、件数の割合を記載してください。

11．Vendor.xlsx（仕入先マスター）に登録されていない仕入先との購買取引はAP_TRANS.txt（購買取引データ）に何件ありますか。

12．Vendor.xlsx（仕入先マスター）に、従業員と同じ住所の仕入先は何件ありますか。

13. 従業員と同じ住所の仕入先のうち、AP_TRANS.txt（購買取引データ）のAMOUNT合計が一番多い仕入先のAMOUNT合計を回答してください。

14. AP_TRANS.txt（購買取引データ）に請求書払い（payment on invoice）のレコードは何件ありますか。

15. 請求書払いの取引で、二重払いの購買取引（VEN_ID と AMOUNT が同じ）のレコードはAP_TRANS.txt（購買取引データ）に何件ありますか。

16. AP_TRANS.txt（購買取引データ）の AMOUNT について、ベンフォードの法則の予測数より実数が大きい最初の桁を記載してください。

ケーススタディ２．請求データのテスト

問題を解くにあたっては、サンプルデータをダウンロードし、「ケーススタディ 2」フォルダーに保存されているファイルを使用してください。

【概要】

請求データにおける従業員不正の有無を確認します。

(入手したデータ)

Invoice.xlsx：請求データ（Excel ファイル）

フィールド名	データ型	長さ	書式	備考
Invoice_Num	数値	6	-	請求書番号
Sales_Date	日付	19	YYYY-MM-DD	売上日付
Amount_Due	数値	9	-	請求金額
Approved_By	テキスト	6		承認者
Customer_Num	数値	7	-	顧客番号
Credit_Limit	数値	7	-	与信限度額
Due_Date	日付	19	YYYY-MM-DD	入金期日
Payment_Date	日付	19	YYYY-MM-DD	入金日付
Remit_Num	数値	6	-	送金番号

【問題】

1．Invoice.xlsx（請求データ）のレコードは何件ありますか。

2．Invoice.xlsx（請求データ）のデータ妥当性の検証の結果、エラーは何個ありますか。

3．順番通りではない Invoice_Num は何件ありますか。

4．欠落している Invoice_Num は何件ありますか。

5．Invoice_Num が重複しているレコードについて、Invoice_Num と Approved_By を記載してください。

6．Credit_Limit の最大値と最小値を記載してください。

7．下記の条件にすべて合致するレコードは何件ありますか。

・Invoice_Num が重複している

・Amount_Due が Credit_Limit よりも大きい

・Payment_Date が Due_Date よりも遅い

ケーススタディ 3．在庫のテスト

問題を解くにあたっては、サンプルデータをダウンロードし、「ケーススタディ 3」フォルダーに保存されているファイルを使用してください。

【概要】

(社内規程)

- Sale_Price には Unit_Cost の 20%以上の利益を上乗せする

(入手したデータ)

- Inventory.csv：在庫マスター（CSV ファイル）
- Voucher.xlsx：証憑データ（Excel ファイル）

Inventory.csv：在庫マスター

フィールド名	データ型	長さ	書式	備考
Product_No	数値	8	-	製品番号
Quan_On_Hand	数値	5	-	在庫数
Sale_Price	数値	7	小数点以下桁数2	販売価格
Unit_Cost	数値	6	小数点以下桁数2	仕入単価
Value_at_Cost	数値	8	小数点以下桁数2	仕入金額
Market_Value	数値	8	小数点以下桁数2	時価
Ven_No	テキスト	5	-	仕入先番号
Ven_Name	テキスト	30	-	仕入先名
Ven_Zip	数値	7	-	仕入先郵便番号
Ven_Address	テキスト	60	-	仕入先住所

Voucher.xlsx：証憑データ

フィールド名	データ型	長さ	書式	備考
Voucher_No	テキスト	6	-	証憑番号
Check_No	数値	6	-	確認番号
Ship_Invoice	数値	9	-	納品請求書番号
Due_Date	日付	19	YYYY-MM-DD	支払期日
Ven_No	テキスト	5	-	仕入先番号
Product_No	数値	8	-	製品番号
Full_Amount	数値	8	小数点以下桁数2	請求金額

【問題】

1. Inventory.csv（在庫マスター）のレコードは何件ありますか。

2. Voucher.xlsx（証憑データ）のレコードは何件ありますか。

3. Inventory.csv（在庫マスター）において、Market_Value が Value_at_Cost よりも低い製品は何件ありますか。

4. Sale_Price が Unit_Cost の 20%以上の利益が上乗せされていないレコードは Inventory.csv（在庫マスター）に何件ありますか。

5. Voucher.xlsx（証憑データ）で使用されていない Product_No で Inventory.csv（在庫マスター）に登録されている Product_No は何件ありますか。

6. Inventory.csv（在庫マスター）を Ven_Name で要約したテーブルにおいて、Ven_Address が重複しているレコードを抽出し、Ven_Address と Ven_Name をすべて記載してください。

7. Inventory.csv（在庫マスター）を Ven_Name で要約したテーブルにおいて、相違のしきい値が"1"で、相違のパーセントが"50%"の似通った Ven_Name を抽出し、グループの数と、似通ったものとして検出された Ven_Name をすべて記載してください。（完全な重複は含めないものとします。）

第5章 ICCP試験 Part2 対策問題

第 2 章 基礎確認問題
解答と解説

ここでは、
第 2 章の基礎確認問題の解答と解説を掲載します。

- 3-5.（1）テーブルの作成
- 4-2.（1）「分析」メニュー
- 4-2.（2）「データ」メニュー
- 4-2.（3）「サンプリング」メニュー
- 4-2.（4）フィルター
- 4-2.（5）演算フィールド
- 4-2.（6）条件付き演算フィールド
- 4-2.（7）関数

3-5.(1)テーブルの作成

1.

〈解答〉59 件

〈解説〉

■使用する ACL の機能、コマンド

機能	コマンド
インポート（26 頁参照）、カウント	IMPORT EXCEL、COUNT

■手順

①「滞留在庫検証」プロジェクトファイルを開いた状態で、メニューバーの《インポート》から《ファイル》をクリックします。

②「在庫検証」フォルダーから、「商品マスター.xlsx」ファイルを選択し、《開く》をクリックします。

③データ定義ウィザードが起動します。「ファイル形式」の画面で、「Excel ファイル」を選択し、《次へ》をクリックします。

④「データソース」の画面で、以下の項目を選択し、《次へ》をクリックします。

✓商品マスター.xlsx（ファイル名）

✓先頭の行をフィールド名として使用する

型と長さを検出する対象：◉先頭 100 レコード

⑤「Excel インポート」の画面で、フィールドの名前、長さ、型、入力書式を定義し、《次へ》をクリックします。

※テーブルレイアウトを参照し、すべてのフィールドを定義してください。

⑥「データファイルを別名で保存」の画面で、ファイル名に「AM02_商品マスター」と入力し、《保存》をクリックします。

⑦「最終」の画面で、定義した内容を確認し、《完了》をクリックします。

⑧テーブル名として「AM02_商品マスター」と表示されていることを確認し、《OK》をクリックします。

⑨作成されたテーブルの画面で、ステータスバーのレコード件数を確認します。または、《分析》メニューの《カウント》で、件数を確認してください。

■参考：生成されるスクリプトの一例

処理	スクリプト
商品マスター.xlsx をインポートする。	IMPORT EXCEL TO AM02_商品マスター "AM02_商品マスター.fil" FROM "商品マスター.xlsx" TABLE "商品マスター$" KEEPTITLE FIELD "商品No" C WID 8 AS "" FIELD "商品名" C WID 30 AS "" FIELD "販売単価" N WID 8 DEC 0 AS "" FIELD "販売区分" N WID 1 DEC 0 AS ""
件数をカウントする。	OPEN AM02_商品マスター COUNT

解答と解説

2.

〈解答〉161 件

〈解説〉

■使用する ACL の機能、コマンド

機能	コマンド
インポート（32 頁参照）、カウント	IMPORT DELIMITED、COUNT

■手順

①「滞留在庫検証」プロジェクトファイルを開いた状態で、メニューバーの《インポート》から《ファイル》をクリックします。

②「在庫検証」フォルダーから、「売上データ_上期.txt」ファイルを選択し、《開く》をクリックします。

③データ定義ウィザードが起動します。「文字セット」の画面で、「エンコードされたテキスト」の「932 ANSI/OEM-日本語 Shift-JIS」を選択し、《次へ》をクリックします。

④「ファイル形式」の画面で、「区切り文字付きテキストファイル」を選択し、《次へ》をクリックします。

⑤「区切り文字付きファイルのプロパティ」の画面で以下を選択します。

✓先頭の行をフィールド名として使用する

フィールドの区切り文字：◉タブ

文字列の引用符：◉なし

※フィールドの幅はテーブルレイアウトを参照し、すべてのフィールドを定義してください。

⑥「データファイルを別名で保存」の画面で、ファイル名に「AT03_売上データ_上期」と入力し、《保存》をクリックします。

⑦「フィールドプロパティの編集」の画面で、テーブルレイアウトに合わせて、すべてのフィールドの名前、型、入力書式を定義します。

⑧「最終」の画面で、定義した内容を確認し、《完了》をクリックします。

⑨テーブル名として「AT03_売上データ_上期」と表示されていることを確認し、《OK》をクリックします。

⑩作成されたテーブルの画面で、ステータスバーのレコード件数を確認します。または、《分析》メニューの《カウント》で、件数を確認してください。

■参考：生成されるスクリプトの一例

処理	スクリプト
売上データ_上期.txt をインポートする。	IMPORT DELIMITED TO AT03_売上データ_上期 "AT03_売上データ_上期.fil" FROM "売上データ_上期.txt" 3 932 SEPARATOR TAB QUALIFIER NONE CONSECUTIVE STARTLINE 1 KEEPTITLE FIELD "売上番号" C AT 1 DEC 0 WID 10 PIC "" AS "" FIELD "計上日" D AT 11 DEC 0 WID 20 PIC "YYYY/MM/DD" AS "" FIELD "商品No" C AT 31 DEC 0 WID 16 PIC "" AS "" FIELD "数量" N AT 47 DEC 0 WID 16 PIC "" AS "" FIELD "仕入単価" N AT 63 DEC 0 WID 16 PIC "" AS "" FIELD "販売単価" N AT 79 DEC 0 WID 16 PIC "" AS "" FIELD "金額" N AT 95 DEC 0 WID 24 PIC "" AS "" FIELD "営業担当者" C AT 119 DEC 0 WID 8

解答と解説

処理	スクリプト
	PIC "" AS "" FIELD "入力担当者" C AT 127 DEC 0 WID 8 PIC "" AS "" FIELD "入力日時" D AT 135 DEC 0 WID 38 PIC "YYYY/MM/DD hh:mm:ss" AS ""
件数をカウントする。	OPEN AT03_売上データ上期 COUNT

3.

〈解答〉175 件

〈解説〉

■使用する ACL の機能、コマンド

機能	コマンド
インポート（32 頁参照）、カウント	IMPORT DELIMITED、 COUNT

■手順

①「滞留在庫検証」プロジェクトファイルを開いた状態で、メニューバーの《インポート》から《ファイル》をクリックします。

②「在庫検証」フォルダーから、「売上データ_上下期.txt」ファイルを選択し、《開く》をクリックします。

③データ定義ウィザードが起動します。「文字セット」の画面で、「エンコードされたテキスト」の「932 ANSI/OEM-日本語 Shift-JIS」を選択し、《次へ》をクリックします。

④「ファイル形式」の画面で、「区切り文字付きテキストファイル」を選択し、《次へ》をクリックします。

⑤「区切り文字付きファイルのプロパティ」の画面で以下を選択します。

✓先頭の行をフィールド名として使用する

フィールドの区切り文字：◉タブ

文字列の引用符：◉なし

※フィールドの幅はテーブルレイアウトを参照し、すべてのフィールドを定義してください。

⑥「データファイルを別名で保存」の画面で、ファイル名に「AT04_売上データ_下期」と入力し、《保存》をクリックします。

⑦「フィールドプロパティの編集」の画面で、テーブルレイアウトに合わせて、すべてのフィールドの名前、型、書式を定義します。

⑧「最終」の画面で、定義した内容を確認し、《完了》をクリックします。

⑨テーブル名として「AT04_売上データ_下期」と表示されていることを確認し、《OK》をクリックします。

⑩作成されたテーブルの画面で、ステータスバーのレコード件数を確認します。または、《分析》メニューの《カウント》で、件数を確認してください。

参考：生成されるスクリプトの一例

処理	スクリプト
売上データ_下期.txt をインポートする。	IMPORT DELIMITED TO AT04_売上データ_下期 "AT04_売上データ_下期.fil" FROM "売上データ_下期.txt" 3 932 SEPARATOR TAB QUALIFIER NONE CONSECUTIVE STARTLINE 1 KEEPTITLE

解答と解説

処理	スクリプト
	FIELD "売上番号" C AT 1 DEC 0 WID 10 PIC "" AS "" FIELD "計上日" D AT 11 DEC 0 WID 20 PIC "YYYY/MM/DD" AS "" FIELD "商品No" C AT 31 DEC 0 WID 16 PIC "" AS "" FIELD "数量" N AT 47 DEC 0 WID 16 PIC "" AS "" FIELD "仕入単価" N AT 63 DEC 0 WID 16 PIC "" AS "" FIELD "販売単価" N AT 79 DEC 0 WID 16 PIC "" AS "" FIELD "金額" N AT 95 DEC 0 WID 24 PIC "" AS "" FIELD "営業担当者" C AT 119 DEC 0 WID 8 PIC "" AS "" FIELD "入力担当者" C AT 127 DEC 0 WID 8 PIC "" AS "" FIELD "入力日時" D AT 135 DEC 0 WID 38 PIC "YYYY/MM/DD hh:mm:ss" AS ""
件数をカウントする。	OPEN AT04_売上データ_下期 COUNT

4-2.(1)「分析」メニュー

1.

〈解答〉12 個

〈解説〉

■使用する ACL の機能、コマンド

機能	コマンド
順番検査 (54 頁参照)	SEQUENCE

■手順

①「AT01_売上データ」テーブルを開きます。

②《分析》メニューの《順番検査》をクリックします。

③《順番検査の対象》となるフィールドは、「売上番号」を選択します。

④《詳細》タブで、「エラー制限」を「100」に設定します。

※「エラー制限」はデフォルト値「10」を超える場合もあるため、「10」より大きい数字を設定してください。

⑤《出力》タブで、「出力先」を「画面」に設定し、《OK》をクリックします。

■参考：生成されるスクリプトの一例

```
OPEN AT01_売上データ
SEQUENCE ON 売上番号 ERRORLIMIT 100 TO SCREEN ISOLOCALE ja_JP
```

2.

〈解答〉4 個

〈解説〉

■使用する ACL の機能、コマンド

機能	コマンド
ギャップ（55 頁参照）	GAPS

■手順

①「AT01_売上データ」テーブルを開きます。

②《分析》メニューの《ギャップ》をクリックします。

③《ギャップの対象》となるフィールドは、「売上番号」を選択します。

出力タイプは「**ギャップの幅を列挙する**」、または「**欠落している項目を列挙する**」のどちらでも構いません。

④《出力》タブで、「出力先」を「画面」に設定し、《OK》をクリックします。

■参考：生成されるスクリプトの一例

OPEN AT01_売上データ

GAPS ON 売上番号 PRESORT TO SCREEN

3.

〈解答〉4 件

〈解説〉

■使用する ACL の機能、コマンド

機能	コマンド
重複（57 頁参照）	DUPLICATES

■手順

①「AT01_売上データ」テーブルを開きます。

②《分析》メニューの《重複》をクリックします。

③《重複の対象》となるフィールドは、「売上番号」を選択します。

④内容がわかるように出力するため、《フィールドの一覧》で全フィールドを選択します。

⑤実行結果をテーブルに出力するため、《出力》タブの「出力先」で「ファイル」を選択します。

⑥「名前」にテーブル名を入力し、《OK》をクリックします。

■参考：生成されるスクリプトの一例

OPEN AT01_売上データ

DUPLICATES ON 売上番号 OTHER 売上番号 計上日 商品 No 数量 仕入単価 販売単価 金額 営業担当者 入力担当者 入力日時 PRESORT OPEN TO "K4203_売上番号重複.FIL" ISOLOCALE ja_JP

※上記のスクリプト例では、出力先のテーブル名を「K4203_売上番号重複」としています。

4.

〈解答〉10 グループ

〈解説〉

■使用する ACL の機能、コマンド

機能	コマンド
あいまい重複（58 頁参照）	FUZZYDUP

■手順

①「AM02_商品マスター」テーブルを開きます。

②《分析》メニューの《あいまい重複》をクリックします。

③《あいまい重複の対象》となるフィールドは、「商品名」を選択します。

④《フィールドの一覧》は、ここでは特に選択しなくても構いません。

⑤「相違のしきい値」を「1」、「相違のパーセント」を「50」、「結果サイズ」を「50」に設定します。「完全な重複を含める」はチェックをつけない状態にします。

⑥「保存先」にテーブル名を入力し、《OK》をクリックします。

⑦ナビゲーター上のログをダブルクリックすると、ログの一覧が表示されます。ログの一覧から、「FUZZYDUP」コマンドのログをダブルクリックすると、実行結果の画面にグループ数が表示されます。

■参考：生成されるスクリプトの一例

```
OPEN AM02_商品マスター
FUZZYDUP ON 商品名 LEVDISTANCE 1 DIFFPCT 50 RESULTSIZE 50 TO "K4204_商品名
あいまい重複.FIL" OPEN
```

※上記のスクリプト例では、保存先のテーブル名を「K4204_商品名あいまい重複」としています。

5.

〈解答〉0052

〈解説〉

■使用する ACL の機能、コマンド

機能	コマンド
要約または分類化/クイックソート (59、60 頁参照)	SUMMARISE または CLASSIFY

■手順

以下は、《要約》を使用した手順です。

①「AT01_売上データ」テーブルを開きます。

②《分析》メニューの《要約》をクリックします。

③《要約の対象》となるフィールドは、「営業担当者」を選択します。

④《その他のフィールド》は、ここでは選択しなくても構いません。

⑤《小計フィールド》は、「金額」を選択します。

⑥実行結果をテーブルに出力してソートをかけたいため、《出力》タブの「出力先」で「ファイル」を選択します。

⑦「名前」（テーブル名）を入力し、《OK》をクリックします。

⑧出力したテーブルを開き、「金額」フィールドの列見出しを右クリックして、《クイックソート 降順 》を実行します。

■参考：生成されるスクリプトの一例

【要約を使用した場合】

```
OPEN AT01_売上データ
SUMMARIZE ON 営業担当者 SUBTOTAL 金額 TO "K4205_営業担当者ごとの金額集計.FIL"
OPEN PRESORT ISOLOCALE ja_JP
```

【分類化】を使用した場合

```
OPEN AT01_売上データ
CLASSIFY ON 営業担当者 SUBTOTAL 金額 TO "K4205_営業担当者ごとの金額集計.FIL" OPEN
```

※上記のスクリプト例では、出力先のテーブル名を「K4205_営業担当者ごとの金額集計」としています。また、クイックソートのログは省略しています。

6.

〈解答〉件数：27 件、金額：7,830,522 円

〈解説〉

■使用する ACL の機能、コマンド

機能	コマンド
年齢調べ（62 頁参照）	AGE

■手順

①「AM01_在庫マスター」テーブルを開きます。

②《分析》メニューの《年齢調べ》をクリックします。

③《年齢調べの対象》となるフィールドは、「最終出荷日」を選択します。

④「締切日」に、基準日となる「2017 年 12 月 31 日」を入力します。

⑤「年齢調べ間隔」に、「0,30,60,90,120」を改行しながら入力します。

⑥《小計フィールド》は、「金額」を選択します。

⑦《出力》タブの「出力先」で「画面」を選択します。

⑧《OK》をクリックします。

■参考：生成されるスクリプトの一例

```
OPEN AM01_在庫マスター
AGE ON 最終出荷日 CUTOFF 20171231 INTERVAL 0,30,60,90,120 SUBTOTAL 金額 TO SCREEN
```

7.

〈解答〉（B）

※下図参照

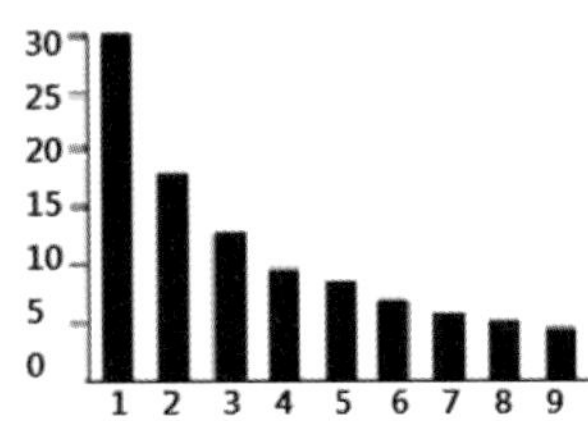

解答と解説

4-2.(2)「データ」メニュー

1.

〈解答〉4 個

〈解説〉

■使用する ACL の機能、コマンド

機能	コマンド
検証 (48、64 頁参照)	VERIFY

■手順

①「AT01_売上データ」テーブルを開きます。

②《データ》メニューの《検証》をクリックします。

③《検証フィールド》をクリックし、全てのフィールドを選択して《OK》をクリックします。

④《詳細》タブで、エラー制限を「100」とします。

※デフォルト値は「10」となっていますが、エラー数が「10」を超えることも考えられるため、あらかじめ大きめの数を設定してください。

⑤「出力先」に「画面」を選択し、《OK》をクリックします。

■参考：生成されるスクリプトの一例

```
OPEN AT01_売上データ
VERIFY FIELDS 売上番号 計上日 商品No 数量 仕入単価 販売単価 金額 営業担当者 入力担当者
入力日時 ERRORLIMIT 100 TO SCREEN
```

2.

〈解答〉

K4302_売上データ_抽出

	売上番号	計上日	商品No	数量	仕入単価	販売単価	金額	営業担当者	入力担当者	入力日時
1	11509	2017/01/01	30202001	4	801	2800	11200	0038	0036	2017/01/01 15:51:52
2	11510	2017/01/01	30604002	5	1092	5000	25000	0038	0036	2017/01/01 16:32:19
3	11511	2017/01/01	30103006	55	734	3000	165000	0052	0058	2017/01/01 07:37:42
4	11512	2017/01/02	30105002	36	161	680	24480	0045	0047	2017/01/03 14:39:48
5	11513	2017/01/02	30202004	3	534	1800	5400	0021	0036	2017/01/03 08:48:13
6	11514	2017/01/04	30104002	1	1170	4500	4500	0024	0036	2017/01/04 16:36:45
7	11515	2017/01/05	30301012	54	1628	6000	324000	0045	0047	2017/01/05 08:46:01
8	11516	2017/01/05	30301001	7	172	600	4200	0052	0058	2017/01/05 11:10:45

〈解説〉

■使用する ACL の機能、コマンド

機能	コマンド
抽出 (64 頁参照)	EXTRACT

■手順

①「AT01_売上データ」テーブルを開きます。

②《データ》メニューの《抽出》をクリックします。

③タイプは「フィールド」を選択します。

④《抽出フィールド》をクリックし、フィールドの一覧から、「数量」、「仕入単価」、「販売単価」を除いたフィールドを選択します。

⑤《保存先》にテーブル名を入力し、《OK》をクリックします。

■参考：生成されるスクリプトの一例

OPEN AT01_売上データ

EXTRACT FIELDS 売上番号 計上日 商品No 金額 営業担当者 入力担当者 入力日時 TO "K4302_売上データ_抽出" OPEN

※上記のスクリプト例では、保存先のテーブル名を「K4302_売上データ_抽出」としています。

3.

〈解答〉下図のような Excel ファイルが作成されます。

	A	B
1	商品No	商品名
2	30103001	春の彩
3	30103002	夏の賑い
4	30103003	秋の調べ
5	30103004	冬の祈り
6	30103005	四季の調べ
7	30103006	四季の調べSpecial Box
8	30103007	四季の調べPREMIUM BOX

〈解説〉

■使用する ACL の機能、コマンド

機能	コマンド
エクスポート（65 頁参照）	EXPOPRT

■手順

①「AM02_商品マスター」テーブルを開きます。

②《データ》メニューの《エクスポート》をクリックします。

③タイプは「フィールド」を選択します。

④《エクスポートフィールド》の一覧から「商品 No」と「商品名」を選択します。

⑤「エクスポート形式」の一覧から「Excel(*xlsx)」を選択します。

⑥《保存先》にファイル名を入力し、《OK》をクリックします。

■参考：生成されるスクリプトの一例

OPEN AM02_商品マスター

EXPORT FIELDS 商品No 商品名 XLSX TO " AM02_商品マスター" WORKSHEET AM02_商品マスター

※上記のスクリプト例では、保存先のファイル名を「AM02_商品マスター.xlsx」としています。

4.

〈解答〉2017 年 12 月 10 日

〈解説〉

■使用する ACL の機能、コマンド

機能	コマンド
並べ替え（66 頁参照）	SORT

解答と解説

■手順

①「AM01_在庫マスター」テーブルを開きます。

②《データ》メニューの《並べ替え》をクリックします。

③《並べ替えの対象》をクリックし、「最終仕入日」を選択します。

▼で降順に設定し、《OK》をクリックします。

④「タイプ」で「レコード」を選択します。

⑤《保存先》にファイル名を入力し、《OK》をクリックします。

■参考：生成されるスクリプトの一例

```
OPEN AM01_在庫マスター
SORT ON 最終仕入日 D TO "K4304_在庫マスター_並べ替え" OPEN ISOLOCALE ja_JP
```

※上記のスクリプト例では、保存先のファイル名を「"K4304_在庫マスター_並べ替え」としています。

5.

〈解答〉336 件

〈解説〉

■使用する ACL の機能、コマンド

機能	コマンド
最後に追加（67 頁参照）	APPEND

■手順

①《データ》メニューの《最後に追加》をクリックします。

②「AT03_売上データ_上期」テーブルをダブルクリックします。

③「AT04_売上データ_下期」テーブルをダブルクリックします。

④《保存先》に「K4305_売上データ_通期」と入力し、《OK》をクリックします。

⑤出力したテーブルを開き、ステータスバーの件数を確認します。

■参考：生成されるスクリプトの一例

```
APPEND AT03_売上データ_上期 AT04_売上データ_下期 TO "K4305_売上データ_通期"
```

6.

〈解答〉

	売上番号	計上日	商品No	数量	仕入単価	販売単価	金額	営業担当者	入力担当者	入力日時	商品名	販売区分
1	11524	2017/01/12	30103001	15	247	800	12000	0045	0047	2017/01/12 08:46:24	春の彩	1
2	11549	2017/02/16	30103001	95	247	800	76000	0052	0058	2017/02/16 14:47:08	春の彩	1
3	11551	2017/02/23	30103001	46	247	800	36800	0045	0047	2017/02/23 15:56:59	春の彩	1
4	11609	2017/04/25	30103001	372	247	800	297600	0052	0058	2017/04/25 08:47:38	春の彩	1
5	11525	2017/01/13	30103002	15	263	800	12000	0052	0058	2017/01/13 11:01:38	夏の賑い	1
6	11615	2017/05/03	30103002	40	263	800	32000	0052	0058	2017/05/03 14:46:44	夏の賑い	1
7	11519	2017/01/06	30103003	977	177	800	781600	0052	0058	2017/01/06 14:47:45	秋の調べ	1
8	11560	2017/03/03	30103003	93	177	800	74400	0024	0047	2017/03/03 13:33:36	秋の調べ	1

〈解説〉

■使用する ACL の機能、コマンド

機能	コマンド
結合（70 頁参照）	JOIN

■手順

①「AT01_売上データ」テーブルを開きます。

②《データ》メニューの《結合》をクリックします。

③「副テーブル」から「AM02_商品マスター」を選択します。

④「主キー」から副テーブルと紐づけるフィールドとして、「商品 No」を選択します。

⑤「副キー」から主テーブルと紐づけるフィールドとして、「商品 No」を選択します。

⑥「結合タイプ」で**「すべての主レコードと、キーに一致する副レコード」**を選択します。

⑦「主フィールド」はすべてのフィールドを選択します。

⑧「副フィールド」から「商品名」、「販売区分」を選択します。

⑨《保存先》にテーブル名を入力し、《OK》をクリックします。

■参考：生成されるスクリプトの一例

OPEN AT01_売上データ

OPEN AM02_商品マスター SECONDARY

JOIN PKEY 商品 No FIELDS 売上番号 計上日 商品 No 数量 仕入単価 販売単価 金額 営業担当者 入力担当者 入力日時 SKEY 商品 No WITH 商品名 販売区分 **PRIMARY** TO "K4306_売上データ_商品_結合 1" OPEN PRESORT SECSORT ISOLOCALE ja_JP

※上記のスクリプト例では、保存先のファイル名を「K4306_売上データ_商品_結合 1」としています。

7.

〈解答〉11843

〈解説〉

■使用する ACL の機能、コマンド

機能	コマンド
結合（70 頁参照）	JOIN

■手順

①「AT01_売上データ」テーブルを開きます。

②《データ》メニューの《結合》をクリックします。

③「副テーブル」から「AM02_商品マスター」を選択します。

④「主キー」から副テーブルと紐づけるフィールドとして、「商品 No」を選択します。

⑤「副キー」から主テーブルと紐づけるフィールドとして、「商品 No」を選択します。

⑥「結合タイプ」で**「主テーブル上の不一致レコードのみを出力」**を選択します。

⑦「主フィールド」はすべてのフィールドを選択します。

⑧《保存先》にテーブル名を入力し、《OK》をクリックします。

■参考：生成されるスクリプトの一例

OPEN AT01_売上データ

OPEN AM02_商品マスター SECONDARY

JOIN PKEY 商品 No FIELDS 売上番号 計上日 商品 No 数量 仕入単価 販売単価 金額 営業担当者 入力担当者 入力日時 SKEY 商品 No **UNMATCHED** TO " K4307_売上データ_商品_結合 2" OPEN PRESORT SECSORT ISOLOCALE ja_JP

※上記のスクリプト例では、保存先のファイル名を「K4307_売上データ_商品_結合 2」としています。

解答と解説

8.

〈解答〉30104001、30301006、30301009

〈解説〉

■使用する ACL の機能、コマンド

機能	コマンド
結合（70 頁参照）	JOIN

■手順

①「AM02_商品マスター」テーブルを開きます。

②《データ》メニューの《結合》をクリックします。

③「副テーブル」から「AT01_売上データ」を選択します。

④「主キー」から副テーブルと紐づけるフィールドとして、「商品 No」を選択します。

⑤「副キー」から主テーブルと紐づけるフィールドとして、「商品 No」を選択します。

⑥「結合タイプ」で**「主テーブル上の不一致レコードのみを出力」**を選択します。

⑦「主フィールド」はすべてのフィールドを選択します。

⑧《保存先》にテーブル名を入力し、《OK》をクリックします。

■参考：生成されるスクリプトの一例

OPEN AM02_商品マスター

OPEN AT01_売上データ SECONDARY

JOIN PKEY 商品No FIELDS 商品No 商品名 販売単価 販売区分 販売区分名 SKEY 商品No **UNMATCHED** TO "K4308_売上データ_商品_結合 3" OPEN PRESORT SECSORT ISOLOCALE ja_JP

※上記のスクリプト例では、保存先のファイル名を「K4308_売上データ_商品_結合 3」としています。

4-2.(3)「サンプリング」メニュー

1.

〈解答〉B

〈解説〉

■使用する ACL の機能、コマンド

機能	コマンド
サイズの計算（72 頁参照）	SIZE

予想される逸脱率は許容誤謬率より小さい必要があります。

解答と解説

4-2.(4)フィルター

1.

〈解答〉27 件

〈解説〉

■使用する ACL の機能、コマンド

機能	コマンド
フィルター（74 頁参照）	SET FILTER、COUNT

■手順

①「AT01_売上データ」テーブルを開きます。

②フィルターの fx をクリックし、式ビルダーを起動します。

③「式」に 販売単価 >= 5000 と入力します。

④《検証》をクリックします。入力した式が正しければ《OK》をクリックします。

⑤式ビルダーの《OK》をクリックします。

⑥フィルターが実行されている状態で、《分析》メニューの《カウント》をクリックします。

⑦《OK》をクリックします。

⑧ステータスバーでレコード件数を確認します。

■参考：生成されるスクリプトの一例

```
OPEN AT01_売上データ
SET FILTER
SET FILTER TO 販売単価 >= 5000
COUNT
```

4-2.(5)演算フィールド

1.

〈解答〉

	売上番号	計上日	商品No	数量	仕入単価	販売単価	金額	営業担当者	入力担当者	入力日時	検算
1	11509	2017/01/01	30202001	4	801	2800	11200	0038	0036	2017/01/01 15:51:52	0
2	11510	2017/01/01	30604002	5	1092	5000	25000	0038	0036	2017/01/01 16:32:19	0
3	11511	2017/01/01	30103006	55	734	3000	165000	0052	0058	2017/01/01 07:37:42	0
4	11512	2017/01/02	30105002	36	161	680	24480	0045	0047	2017/01/03 14:39:48	0
5	11513	2017/01/02	30202004	3	534	1800	5400	0021	0036	2017/01/03 08:48:13	0
6	11514	2017/01/04	30104002	1	1170	4500	4500	0024	0036	2017/01/04 16:36:45	0
7	11515	2017/01/05	30301012	54	1628	6000	324000	0045	0047	2017/01/05 08:46:01	0
8	11516	2017/01/05	30301001	7	172	600	4200	0052	0058	2017/01/05 11:10:45	0

〈解説〉

■使用する ACL の機能、コマンド

機能	コマンド
演算フィールド（76 頁参照）	DEFINE FIELD

■手順

①「AT01_売上データ」テーブルを開きます。

②《編集》メニューの《テーブルレイアウト》をクリックします。

③《fx》をクリックします。

④「名前」に「検算」と入力します。

⑤f(x)をクリックして、式ビルダーを起動します。

⑥「式」に、金額 - 数量 * 販売単価 と入力します。

⑦《検証》をクリックします。入力した式が正しければ《OK》をクリックします。

⑧式ビルダーの《OK》をクリックします。

⑨《✓》をクリックします。

⑩テーブルレイアウトに演算フィールドが追加されていることを確認し、テーブルレイアウトを閉じます。

■参考：生成されるスクリプトの一例

OPEN AT01_売上データ

DEFINE FIELD 検算 COMPUTED 金額 - 数量 * 販売単価

4-2.(6)条件付き演算フィールド

1.

〈解答〉

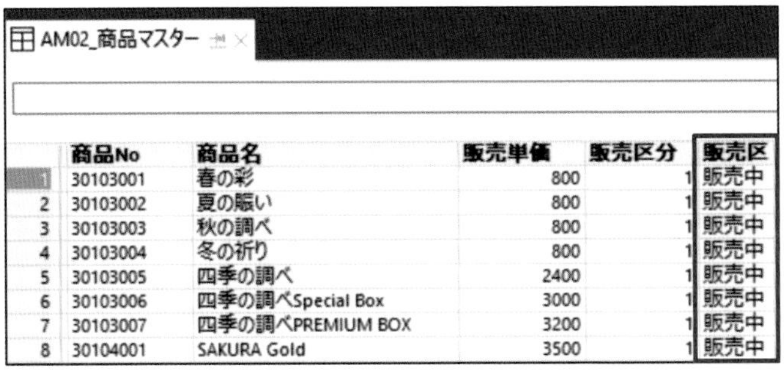

AM02_商品マスター

	商品No	商品名	販売単価	販売区分	販売区
1	30103001	春の彩	800	1	販売中
2	30103002	夏の賑い	800	1	販売中
3	30103003	秋の調べ	800	1	販売中
4	30103004	冬の祈り	800	1	販売中
5	30103005	四季の調べ	2400	1	販売中
6	30103006	四季の調べSpecial Box	3000	1	販売中
7	30103007	四季の調べPREMIUM BOX	3200	1	販売中
8	30104001	SAKURA Gold	3500	1	販売中

〈解説〉

■使用する ACL の機能、コマンド

機能	コマンド
条件付き演算フィールド （78 頁参照）	DEFINE FIELD

■手順

①「AM02_商品マスター」テーブルを開きます。

②《編集》メニューの《テーブルレイアウト》をクリックします。

③《fx》をクリックします。

④「名前」に「販売区分名」と入力します。

⑤「デフォルト値」に、「″不明″」と入力します。※文字は「“」で囲んでください。

⑥《＋》をクリックします。

⑦《条件》をクリックします。

⑧「式」に、販売区分 = 1 と入力します。※「販売区分」フィールドは、数値型フィールドです。

⑨《検証》をクリックします。入力した式が正しければ《OK》をクリックします。

⑩《値》に「"販売中"」と入力し、《OK》をクリックします。

⑪《条件のコピー》ボタンをクリックし、1つ目の式をコピーして、コピーした式をダブルクリックします。条件に「販売区分= 2」と入力します。

⑫《値》に「"販売停止"」と入力します。

⑬《OK》をクリックします。

⑭《✓》をクリックします。

⑮テーブルレイアウトに演算フィールドが追加されていることを確認し、テーブルレイアウトを閉じます。

■参考：生成されるスクリプトの一例

```
OPEN AM02_商品マスター
DEFINE FIELD 販売区分名          COMPUTED

 "販売中" IF 販売区分 = 1
 "販売停止" IF 販売区分 = 2
 "不明"
```

4-2.(7)関数

1.

〈解答〉4 個

※下図参照

AM02_商品マスター

FIND("セット",商品名)

	商品No	商品名	販売単価	販売区分	販売区分名
32	30301005	ハンドタオル 4色セット	2400	1	販売中
39	30301012	ハンドタオル（白）10枚セット	6000	1	販売中
58	30604001	スペシャルリラックスセット	5000	1	販売中
59	30604002	スペシャルヒーリングセット	5000	1	販売中
	<< ファイルの終わり >>				

〈解説〉

■使用する ACL の機能、コマンド、関数

機能	コマンド	関数
フィルター（74 頁参照）	SET FILTER 、COUNT	FIND

■手順

①「AM02_商品マスター」テーブルを開きます。

②フィルターの ⓕⓧ をクリックし、式ビルダーを起動します。

③関数の一覧から《FIND》をダブルクリックします。

④式を入力します。FIND("セット",商品名)

解答と解説

⑤《OK》をクリックします。（下図「結果のデフォルトビュー」参照）

⑥《分析》メニューから《カウント》をクリックします。

⑦《OK》をクリックします。

⑧ステータスバーでレコード件数を確認します。

■参考：生成されるスクリプトの一例

OPEN AM02_商品マスター

SET FILTER

SET FILTER TO FIND("セット",商品名)

COUNT

2.

〈解答〉30301005

※下図参照

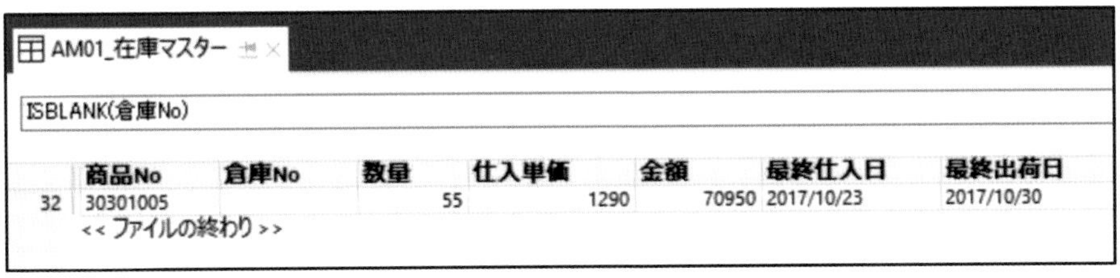

AM01_在庫マスター

ISBLANK(倉庫No)

	商品No	倉庫No	数量	仕入単価	金額	最終仕入日	最終出荷日
32	30301005		55	1290	70950	2017/10/23	2017/10/30

<< ファイルの終わり >>

〈解説〉

■使用するACLの機能、関数

機能	コマンド	関数
フィルター	SET FILTER	ISBLANK

■手順

①「AM01_在庫マスター」テーブルを開きます。

②フィルターのⓕⓧをクリックし、式ビルダーを起動します。

③関数の一覧から《ISBLANK》をダブルクリックします。

④式を入力します。ISBLANK(倉庫No)

⑤《OK》をクリックします。

■参考：生成されるスクリプトの一例

OPEN AM01_在庫マスター

SET FILTER

SET FILTER TO ISBLANK(倉庫No)

3.

〈解答〉3件

※下図参照

AM01_在庫マスター

NOT MAP(倉庫No ,"99-9")

	商品No	倉庫No	数量	仕入単価	金額	最終仕入日	最終出荷日
32	30301005		55	1290	70950	2017/10/23	2017/10/30
40	30401001	03	800	423	338400	2017/08/10	2017/09/30
41	30402001	03	610	384	234240	2017/08/10	2017/09/30

<< ファイルの終わり >>

〈解説〉

■使用するACLの機能、コマンド、関数

機能	コマンド	関数
フィルター	SET FILTER、COUNT	MAP

■手順

①「AM01_在庫マスター」テーブルを開きます。

②ⓕⓧをクリックし、式ビルダーを起動します。

③関数の一覧から《MAP》をダブルクリックします。

④式を入力します。NOT MAP(倉庫 No,"99-9")

⑤《OK》をクリックします。

⑥《分析》メニューから《カウント》をクリックします。

⑦《OK》をクリックします。

⑧ステータスバーでレコード件数を確認します。

■参考：生成されるスクリプトの一例

```
OPEN AM01_在庫マスター
SET FILTER
SET FILTER TO NOT MAP(倉庫 No,"99-9")
COUNT
```

4.

〈解答〉

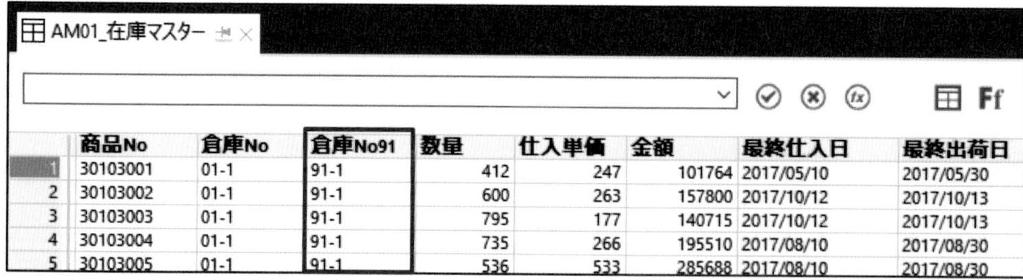

AM01_在庫マスター

	商品No	倉庫No	倉庫No91	数量	仕入単価	金額	最終仕入日	最終出荷日
1	30103001	01-1	91-1	412	247	101764	2017/05/10	2017/05/30
2	30103002	01-1	91-1	600	263	157800	2017/10/12	2017/10/13
3	30103003	01-1	91-1	795	177	140715	2017/10/12	2017/10/13
4	30103004	01-1	91-1	735	266	195510	2017/08/10	2017/08/30
5	30103005	01-1	91-1	536	533	285688	2017/08/10	2017/08/30

※列の見出しをドラッグすると、列の順番を入れ替えることができます。

〈解説〉

■使用する ACL の機能、関数

機能	コマンド	関数
演算フィールド（76 頁参照）	DEFINE FIELD	REPLACE

■手順

①「AM01_在庫マスター」テーブルを開きます。

②《編集》メニューから《テーブルレイアウト》をクリックします。

③《fx》をクリックします。

④「名前」に、追加するフィールド名（ここでは「倉庫 No91」）を入力します。

⑤f(x)をクリックして、式ビルダーを起動します。

⑥関数の一覧から《REPLACE》をダブルクリックします。

⑦「式」を入力します。REPLACE(倉庫 No,“01",“91")

⑧《OK》をクリックします。

⑨《✓》をクリックします。

⑩テーブルレイアウトに演算フィールドが追加されていることを確認し、テーブルレイアウトを閉じます。

■参考：生成されるスクリプトの一例

```
OPEN AM01_在庫マスター
DEFINE FIELD 倉庫 No91          COMPUTED   REPLACE(倉庫 No,"01","91")
```

5.

〈解答〉

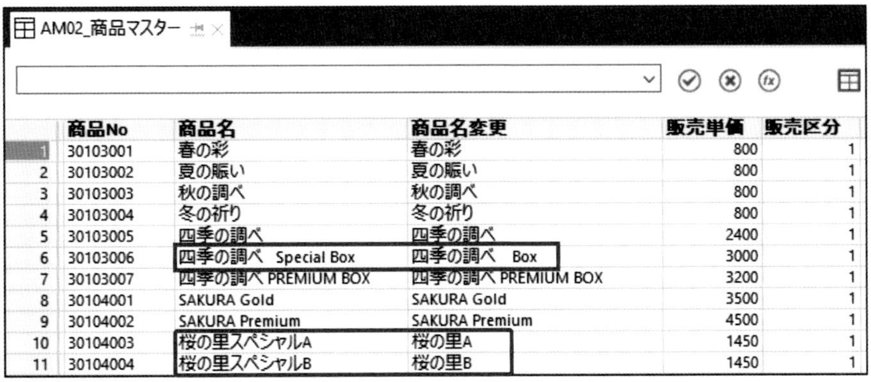

AM02_商品マスター

	商品No	商品名	商品名変更	販売単価	販売区分
1	30103001	春の彩	春の彩	800	1
2	30103002	夏の賑い	夏の賑い	800	1
3	30103003	秋の調べ	秋の調べ	800	1
4	30103004	冬の祈り	冬の祈り	800	1
5	30103005	四季の調べ	四季の調べ	2400	1
6	30103006	四季の調べ Special Box	四季の調べ Box	3000	1
7	30103007	四季の調べ PREMIUM BOX	四季の調べ PREMIUM BOX	3200	1
8	30104001	SAKURA Gold	SAKURA Gold	3500	1
9	30104002	SAKURA Premium	SAKURA Premium	4500	1
10	30104003	桜の里スペシャルA	桜の里A	1450	1
11	30104004	桜の里スペシャルB	桜の里B	1450	1

〈解説〉

■使用する ACL の機能、コマンド、関数

機能	コマンド	関数
演算フィールド	DEFINE FIELD	OMIT

■手順

①「AM02_商品マスター」テーブルを開きます。

②《編集》メニューから《テーブルレイアウト》をクリックします。

③《fx》をクリックします。

④「名前」に、追加するフィールド名（ここでは「商品名変更」）を入力します。

⑤f(x)をクリックして、式ビルダーを起動します。

⑥関数の一覧から《OMIT》をダブルクリックします。

⑦「式」を入力します。OMIT(商品名,"スペシャル,Special")

⑧《OK》をクリックします。

⑨《✓》をクリックします。

⑩テーブルレイアウトに演算フィールドが追加されていることを確認し、テーブルレイアウトを閉じます。

■参考：生成されるスクリプトの一例

```
OPEN AM02_商品マスター
DEFINE FIELD 商品名変更 COMPUTED OMIT(商品名,"スペシャル,Special")
```

6.

〈解答〉

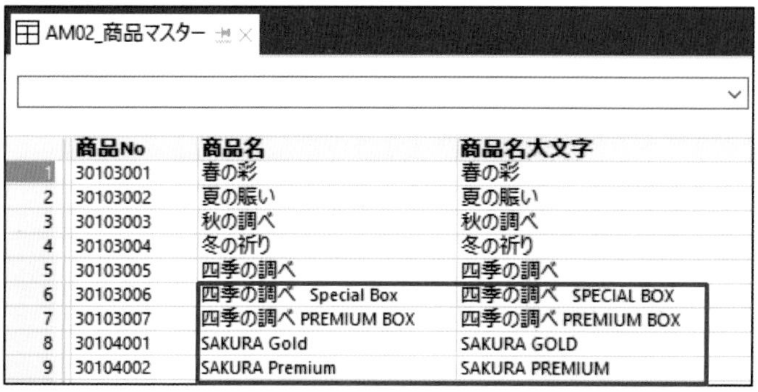

AM02_商品マスター

	商品No	商品名	商品名大文字
1	30103001	春の彩	春の彩
2	30103002	夏の賑い	夏の賑い
3	30103003	秋の調べ	秋の調べ
4	30103004	冬の祈り	冬の祈り
5	30103005	四季の調べ	四季の調べ
6	30103006	四季の調べ Special Box	四季の調べ SPECIAL BOX
7	30103007	四季の調べ PREMIUM BOX	四季の調べ PREMIUM BOX
8	30104001	SAKURA Gold	SAKURA GOLD
9	30104002	SAKURA Premium	SAKURA PREMIUM

〈解説〉

■使用する ACL の機能、コマンド、関数

機能	コマンド	関数
演算フィールド	DEFINE FIELD	UPPER

■手順

①「AM02_商品マスター」テーブルを開きます。

②《編集》メニューから《テーブルレイアウト》をクリックします。

③《fx》をクリックします。

④「名前」に、追加するフィールド名（ここでは「商品名大文字」）を入力します。

⑤f(x)をクリックして、式ビルダーを起動します。

⑥関数の一覧から《UPPER》をダブルクリックします。

⑦「式」を入力します。UPPER(商品名)

⑧《OK》をクリックします。

⑨《✓》をクリックします。

⑩テーブルレイアウトに演算フィールドが追加されていることを確認し、テーブルレイアウトを閉じます。

■参考：生成されるスクリプトの一例

```
OPEN AM02_商品マスター
DEFINE FIELD 商品名大文字 COMPUTED UPPER(商品名)
```

解答と解説

7.

〈解答〉

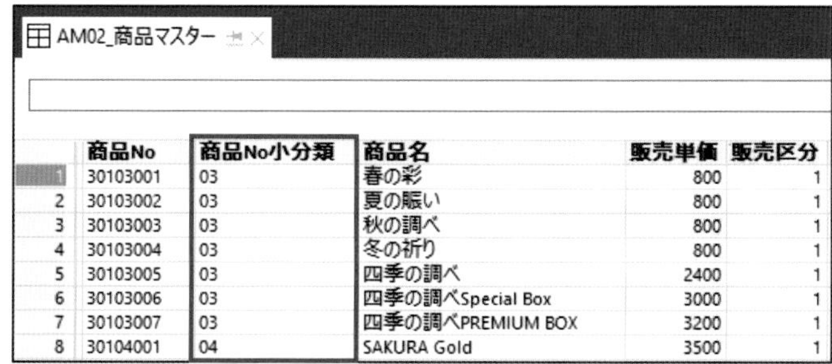

AM02_商品マスター

	商品No	商品No小分類	商品名	販売単価	販売区分
1	30103001	03	春の彩	800	1
2	30103002	03	夏の賑い	800	1
3	30103003	03	秋の調べ	800	1
4	30103004	03	冬の祈り	800	1
5	30103005	03	四季の調べ	2400	1
6	30103006	03	四季の調べSpecial Box	3000	1
7	30103007	03	四季の調べPREMIUM BOX	3200	1
8	30104001	04	SAKURA Gold	3500	1

〈解説〉

■使用するACLの機能、コマンド、関数

機能	コマンド	関数
演算フィールド	DEFINE FIELD	SUBSTR、ALLTRIM

■手順

①「AM02_商品マスター」テーブルを開きます。

②《編集》メニューから《テーブルレイアウト》をクリックします。

③《fx》をクリックします。

④「名前」に、追加するフィールド名（ここでは「商品No小分類」）を入力します。

⑤f(x)をクリックして、式ビルダーを起動します。

⑥関数の一覧から《SUBSTR》をダブルクリックします。

⑦「式」を入力します。SUBSTR(ALLTRIM(商品No),4,2)

※ALLTRIM関数は、文字列の前後の半角スペースを除去し、正しい値を取り出すために使用します。

⑧《OK》をクリックします。

⑨《✓》をクリックします。

⑩テーブルレイアウトに演算フィールドが追加されていることを確認し、テーブルレイアウトを閉じます。

■参考：生成されるスクリプトの一例

```
OPEN AM02_商品マスター
DEFINE FIELD 商品No小分類    COMPUTED  SUBSTR(ALLTRIM(商品No),4,2)
```

8.

〈解答〉4件

※下図参照

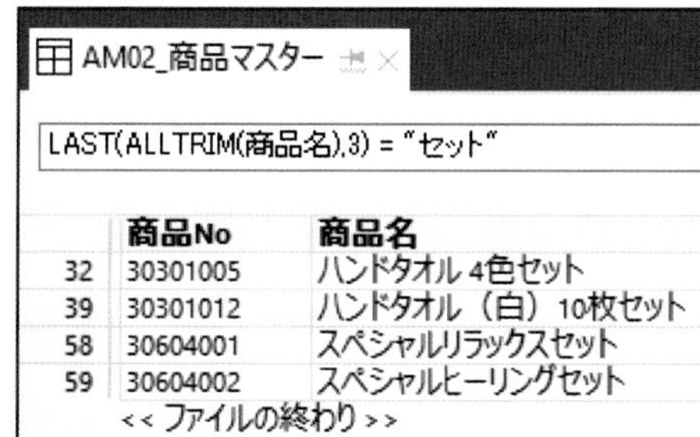

AM02_商品マスター

LAST(ALLTRIM(商品名),3) = "セット"

	商品No	商品名
32	30301005	ハンドタオル 4色セット
39	30301012	ハンドタオル（白）10枚セット
58	30604001	スペシャルリラックスセット
59	30604002	スペシャルヒーリングセット
	<< ファイルの終わり >>	

〈解説〉

■使用する ACL の機能、コマンド、関数

機能	コマンド	関数
フィルター	SET FILTER、COUNT	LAST、ALLTRIM

■手順

①「AM02_商品マスター」テーブルを開きます。

②ⓕⓧをクリックし、式ビルダーを起動します。

③関数の一覧から《LAST》をダブルクリックします。

④式を入力します。LAST(ALLTRIM(商品名),3)="セット"

※ALLTRIM 関数は、文字列の前後の半角スペースを除去し、正しい値を取り出すために使用します。

⑤《OK》をクリックします。

⑥《分析》メニューから《カウント》をクリックします。

⑦《OK》をクリックします。

⑧ステータスバーでレコード件数を確認します。

■参考：生成されるスクリプトの一例

```
OPEN AM02_商品マスター
SET FILTER
SET FILTER TO LAST(ALLTRIM(商品名),3) = "セット"
COUNT
```

9.

〈解答〉3件

※下図参照

AM02_商品マスター

LENGTH(ALLTRIM(商品名)) >= 15

	商品No	商品名
6	30103006	四季の調べ Special Box
7	30103007	四季の調べ PREMIUM BOX
39	30301012	ハンドタオル（白） 10枚セット
	<< ファイルの終わり >>	

〈解説〉

■使用する ACL の機能、コマンド、関数

機能	コマンド	関数
フィルター	SET FILTER、COUNT	LENGTH、ALLTRIM

■手順

①「AM02_商品マスター」テーブルを開きます。

②ⓕⓧをクリックし、式ビルダーを起動します。

③関数の一覧から《LENGTH》をダブルクリックします。

解答と解説

④式を入力します。LENGTH(ALLTRIM(商品名))>=15

※ALLTRIM 関数は、文字列の前後の半角スペースを除去し、正しい値を取り出すために使用します。

⑤《OK》をクリックします。

⑥《分析》メニューから《カウント》をクリックします。

⑦《OK》をクリックします。

⑧ステータスバーでレコード件数を確認します。

■参考：生成されるスクリプトの一例

```
OPEN AM02_商品マスター
SET FILTER
SET FILTER TO LENGTH(ALLTRIM(商品名)) >= 15
COUNT
```

10.

〈解答〉3 件

※下図参照

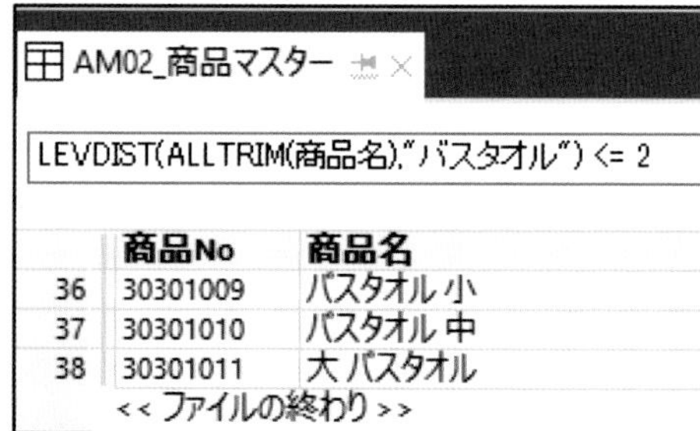

AM02_商品マスター

LEVDIST(ALLTRIM(商品名),"バスタオル") <= 2

	商品No	商品名
36	30301009	バスタオル 小
37	30301010	バスタオル 中
38	30301011	大 バスタオル
	<< ファイルの終わり >>	

〈解説〉

■使用する ACL の機能、コマンド、関数

機能	コマンド	関数
フィルター	SET FILTER、COUNT	LEVDIST、ALLTRIM

■手順

①「AM02_商品マスター」テーブルを開きます。

② fx をクリックし、式ビルダーを起動します。

③関数の一覧から《LEVDIST》をダブルクリックします。

④式を入力します。LEVDIST(ALLTRIM(商品名),"バスタオル") <= 2

※ALLTRIM 関数は、文字列の前後の半角スペースを除去し、正しい値を取り出すために使用します。

⑤《OK》をクリックします。

⑥《分析》メニューから《カウント》をクリックします。

⑦《OK》をクリックします。

⑧ステータスバーでレコード件数を確認します。

■参考：生成されるスクリプトの一例

```
OPEN AM02_商品マスター
SET FILTER
```

```
SET FILTER TO LEVDIST(ALLTRIM(商品名),"バスタオル") <= 2
COUNT
```

11.

〈解答〉

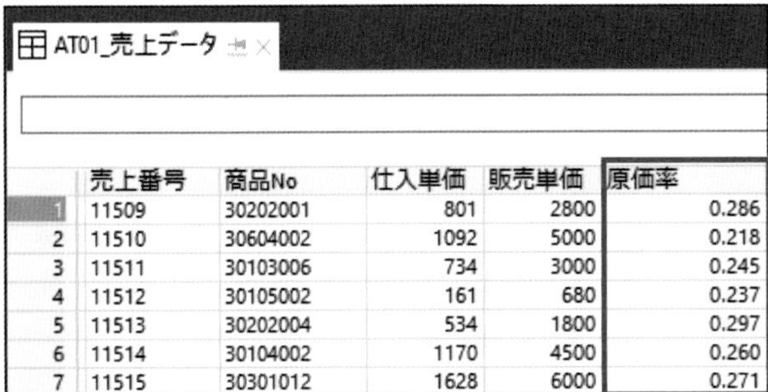
AT01_売上データ

	売上番号	商品No	仕入単価	販売単価	原価率
1	11509	30202001	801	2800	0.286
2	11510	30604002	1092	5000	0.218
3	11511	30103006	734	3000	0.245
4	11512	30105002	161	680	0.237
5	11513	30202004	534	1800	0.297
6	11514	30104002	1170	4500	0.260
7	11515	30301012	1628	6000	0.271

〈解説〉

■使用する ACL の機能、コマンド、関数

機能	コマンド	関数
演算フィールド	DEFINE FIELD	DEC

■手順

①「AT01_売上データ」テーブルを開きます。

②《編集》メニューから《テーブルレイアウト》をクリックします。

③《fx》をクリックします。

④「名前」に、追加するフィールド名（ここでは「原価率」）を入力します。

⑤f(x)をクリックして、式ビルダーを起動します。

⑥関数の一覧から《DEC》をダブルクリックします。

⑦「式」を入力します。DEC(仕入単価,3) / 販売単価

※DEC 関数は式の要素のひとつに付けます。

※式全体に DEC 関数をつけると正しい値が算出されない場合があります。

⑧《OK》をクリックします。

⑨《✓》をクリックします。

⑩テーブルレイアウトに演算フィールドが追加されていることを確認し、テーブルレイアウトを閉じます。

■参考：生成されるスクリプトの一例

```
OPEN AT01_売上データ
DEFINE FIELD 原価率                COMPUTED   DEC(仕入単価,3) / 販売単価
```

解答と解説

12.

〈解答〉

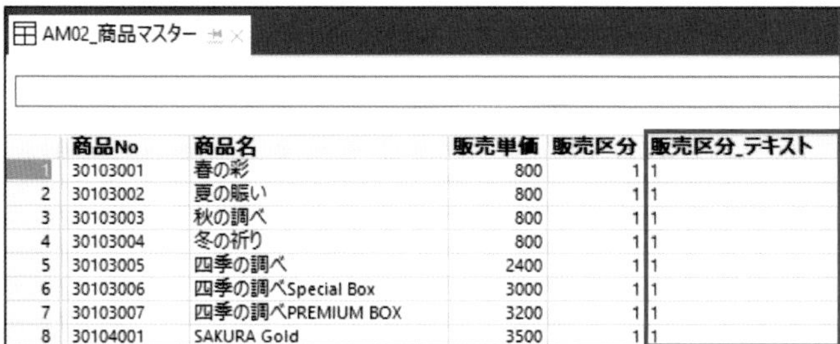

AM02_商品マスター

	商品No	商品名	販売単価	販売区分	販売区分_テキスト
1	30103001	春の彩	800	1	1
2	30103002	夏の賑い	800	1	1
3	30103003	秋の調べ	800	1	1
4	30103004	冬の祈り	800	1	1
5	30103005	四季の調べ	2400	1	1
6	30103006	四季の調べSpecial Box	3000	1	1
7	30103007	四季の調べPREMIUM BOX	3200	1	1
8	30104001	SAKURA Gold	3500	1	1

〈解説〉

■使用する ACL の機能、コマンド、関数

機能	コマンド	関数
演算フィールド	DEFINE FIELD	STRING

■手順

①「AM02_商品マスター」テーブルを開きます。

②《編集》メニューから《テーブルレイアウト》をクリックします。

③《fx》をクリックします。

④「名前」に、追加するフィールド名（ここでは「販売区分_テキスト」）を入力します。

⑤f(x)をクリックして、式ビルダーを起動します。

⑥関数の一覧から《STRING》をダブルクリックします。

⑦「式」を入力します。STRING(販売区分,1)

⑧《OK》をクリックします。

⑨《✓》をクリックします。

⑩テーブルレイアウトに演算フィールドが追加されていることを確認し、テーブルレイアウトを閉じます。

■参考：生成されるスクリプトの一例

OPEN AM02_商品マスター

DEFINE FIELD 販売区分_テキスト　COMPUTED　STRING(販売区分,1)

13.

〈解答〉

AM02_商品マスター

	商品No	商品名	販売単価	販売区分	販売区分_00追加
1	30103001	春の彩	800	1	001
2	30103002	夏の賑い	800	1	001
3	30103003	秋の調べ	800	1	001
4	30103004	冬の祈り	800	1	001
5	30103005	四季の調べ	2400	1	001
6	30103006	四季の調べSpecial Box	3000	1	001
7	30103007	四季の調べPREMIUM BOX	3200	1	001
8	30104001	SAKURA Gold	3500	1	001

〈解説〉

■使用する ACL の機能、コマンド、関数

機能	コマンド	関数
演算フィールド	DEFINE FIELD	ZONED、BINTOSTR

■手順

①「AM02_商品マスター」テーブルを開きます。

②《編集》メニューから《テーブルレイアウト》をクリックします。

③《fx》をクリックします。

④「名前」に、追加するフィールド名（ここでは「販売区分_00 追加」）を入力します。

⑤f(x)をクリックして、式ビルダーを起動します。

⑥関数の一覧から《BINTOSTR》をダブルクリックします。

⑦「式」を入力します。BINTOSTR(ZONED(販売区分,3),"A")

⑧《OK》をクリックします。

⑨《✓》をクリックします。

⑩テーブルレイアウトに演算フィールドが追加されていることを確認し、テーブルレイアウトを閉じます。

■参考：生成されるスクリプトの一例

```
OPEN AM02_商品マスター
DEFINE FIELD 販売区分_00 追加 COMPUTED BINTOSTR(ZONED(販売区分,3),"A")
```

14.

〈解答〉

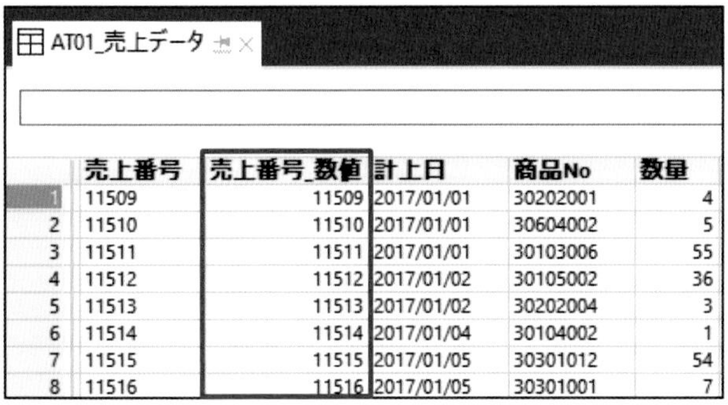

AT01_売上データ

	売上番号	売上番号_数値	計上日	商品No	数量
1	11509	11509	2017/01/01	30202001	4
2	11510	11510	2017/01/01	30604002	5
3	11511	11511	2017/01/01	30103006	55
4	11512	11512	2017/01/02	30105002	36
5	11513	11513	2017/01/02	30202004	3
6	11514	11514	2017/01/04	30104002	1
7	11515	11515	2017/01/05	30301012	54
8	11516	11516	2017/01/05	30301001	7

〈解説〉

■使用する ACL の機能、コマンド、関数

機能	コマンド	関数
演算フィールド	DEFINE FIELD	VALUE

■手順

①「AT01_売上データ」テーブルを開きます。

②《編集》メニューから《テーブルレイアウト》をクリックします。

③《fx》をクリックします。

④「名前」に、追加するフィールド名（ここでは「売上番号_数値」）を入力します。

⑤f(x)をクリックして、式ビルダーを起動します。

⑥関数の一覧から《VALUE》をダブルクリックします。

⑦「式」を入力します。VALUE(売上番号,0)

※変換元の数字が整数のため、小数位を 0 に設定しています。

⑧《OK》をクリックします。

⑨《✓》をクリックします。

⑩テーブルレイアウトに演算フィールドが追加されていることを確認し、テーブルレイアウトを閉じます。

■参考：生成されるスクリプトの一例

OPEN AT01_売上データ

DEFINE FIELD 売上番号_数値 COMPUTED VALUE(売上番号,0)

15.

〈解答〉

	売上番号	計上日	計上年月
1	11509	2017/01/01	2017/01
2	11510	2017/01/01	2017/01
3	11511	2017/01/01	2017/01
4	11512	2017/01/02	2017/01
5	11513	2017/01/02	2017/01
6	11514	2017/01/04	2017/01
7	11515	2017/01/05	2017/01
8	11516	2017/01/05	2017/01

〈解説〉

■使用する ACL の機能、コマンド、関数

機能	コマンド	関数
演算フィールド	DEFINE FIELD	DATE

■手順

①「AT01_売上データ」テーブルを開きます。

②《編集》メニューから《テーブルレイアウト》をクリックします。

③《fx》をクリックします。

④「名前」に、追加するフィールド名（ここでは「計上年月」）を入力します。

⑤f(x)をクリックして、式ビルダーを起動します。

⑥関数の一覧から《DATE》をダブルクリックします。

⑦「式」を入力します。DATE(計上日,“YYYY/MM”)

⑧《OK》をクリックします。

⑨《✓》をクリックします。

⑩テーブルレイアウトに演算フィールドが追加されていることを確認し、テーブルレイアウトを閉じます。

■参考：生成されるスクリプトの一例

OPEN AT01_売上データ

DEFINE FIELD 計上年月 COMPUTED DATE(計上日,"YYYY/MM")

解答と解説

16.

〈解答〉8 件

〈解説〉

■使用する ACL の機能、コマンド、関数

機能	コマンド	関数
フィルター	SET FILTER、COUNT	BETWEEN

■手順

①「AM01_在庫マスター」テーブルを開きます。

② fx をクリックし、式ビルダーを起動します。

③関数の一覧から《BETWEEN》をダブルクリックします。

④式を入力します。BETWEEN(最終仕入日,`20171001`,`20171031`)

⑤《OK》をクリックします。

⑥《分析》メニューから《カウント》をクリックします。

⑦《OK》をクリックします。

⑧ステータスバーでレコード件数を確認します。

■参考：生成されるスクリプトの一例

OPEN AM01_在庫マスター
SET FILTER
SET FILTER TO BETWEEN(最終仕入日,`20171001`,`20171031`)
COUNT

17.

〈解答〉

（1）

AT01_売上データ

	売上番号	計上日	次レコード計上日
1	11509	2017/01/01	2017/01/01
2	11510	2017/01/01	2017/01/01
3	11511	2017/01/01	2017/01/02
4	11512	2017/01/02	2017/01/02
5	11513	2017/01/02	2017/01/04
6	11514	2017/01/04	2017/01/05
7	11515	2017/01/05	2017/01/05
8	11516	2017/01/05	2017/01/05

（2）5 件

※下図参照

AT01_売上データ

計上日 > 次レコード計上日 AND 次レコード計上日 <>`19000101`

	売上番号	計上日	次レコード計上日
217	11723	2017/09/08	2017/09/04
234	11741	2017/10/03	2017/10/02
268	11775	2017/11/09	2017/10/11
305	11812	2017/12/13	2017/12/10
335	11845	2017/12/31	2017/12/28

<< ファイルの終わり >>

〈解説〉

■使用するACLの機能、コマンド、関数

機能	コマンド	関数
演算フィールド、フィルター	DEFINE FIELD、SET FILTER、COUNT	RECOFFSET

■手順

（1）

①「AT01_売上データ」テーブルを開きます。

②《編集》メニューから《テーブルレイアウト》をクリックします。

③《fx》をクリックします。

④「名前」に、追加するフィールド名（ここでは「次レコード計上日」）を入力します。

⑤f(x)をクリックして、式ビルダーを起動します。

⑥関数の一覧から《RECOFFSET》をダブルクリックします。

⑦「式」を入力します。RECOFFSET(計上日,1)

⑧《OK》をクリックします。

⑨《✓》をクリックします。

⑩テーブルレイアウトに演算フィールドが追加されていることを確認し、テーブルレイアウトを閉じます。

（2）

⑪ fx をクリックし、式ビルダーを起動します。

⑫式を入力します。計上日 > 次レコード計上日 AND 次レコード計上日 <> `19000101`

※次レコード計上日がないレコード(末尾)は、結果が空白となるため除きます。

⑬《OK》をクリックします。

⑭《分析》メニューから《カウント》をクリックします。

⑮《OK》をクリックします。

⑯ステータスバーでレコード件数を確認します。

■参考：生成されるスクリプトの一例

```
OPEN AT01_売上データ
DEFINE FIELD 次レコード計上日 COMPUTED RECOFFSET(計上日,1)
SET FILTER
SET FILTER TO 計上日 > 次レコード計上日 AND 次レコード計上日 <> `19000101`
COUNT
```

解答と解説

第 4 章 ICCP 試験 Part1 対策問題

解答と解説

ここでは、
第 4 章の対策問題の解答と解説を掲載します。

1．CAATs の概要
2．倫理規範
3．内部統制
4．データベース関連
5．ACL のコマンドと関数

本書で使用するサンプルデータは下記よりダウンロードしてください。
https://www.icaeajp.or.jp/files/data_for_iccp_textbook_202012/dwl_page.htm

1．CAATsの概要

1．

〈解答〉E

〈解説〉ⅠからⅥまでの項目はすべて情報システム監査指針G3に例示されています。

2.

〈解答〉D

〈解説〉高性能パソコンを使えることがCAATsの利点ではありません。

3.

〈解答〉C

〈解説〉PCAOB 監査基準2401号には、ⅠとⅢの例示は含まれません。

4.

〈解答〉B

〈解説〉国際監査基準 240号には、ⅢとⅤの例示は含まれません。

5.

〈解答〉D

〈解説〉ⅠからⅤまでの項目はすべてCAATsツールの有効性の例示と言えます。

6.

〈解答〉C

〈解説〉CAATsツールは、問題となる直接的な証拠を得るための唯一のツールではありません。

2．倫理規範

1.

〈解答〉A

2.

〈解答〉E

3.

〈解答〉E

4.

〈解答〉A

〈解説〉独立性が保たれない可能性があります。

5.

〈解答〉D

〈解説〉担当部署に相談して対応することが求められます。

6.

〈解答〉C

3．内部統制

1.

〈解答〉B

〈解説〉IT への対応は基本要素の一つであって、統制活動の例ではありません。債務明細表と買掛金ファイルとの比較と売掛金の残高確認は多重チェックに該当するため、統制活動の例になります。

2.

〈解答〉D

3.

〈解答〉A

4．データベース関連

1.

〈解答〉B

2.

〈解答〉D

3.

〈解答〉C

〈解説〉ファイルデータソースは、テキストファイルに接続情報を保存する方式のため、当該テキストファイルを共有することで、複数人が接続情報(ODBC)を共有することができます。

4.

〈解答〉B

5．ACL のコマンドと関数

1.

〈解答〉A

〈解説〉レコードが一意であるということは、重複がないということです。

2.

〈解答〉C

〈解説〉「STATISTICS」 コマンドは、上位および下位のデータを特定できるため、データの日付範囲を調べることができます。

3.

〈解答〉D

4.

〈解答〉E

5.

〈解答〉B

〈解説〉演算フィールドを値に変換して新規テーブルを作成する場合には、出力のタイプで「フィールド」を選択します。

6.

〈解答〉D

〈解説〉「EXPORT コマンド」には、「レコード」タイプがないため、正解は D になります。

7.

〈解答〉C

〈解説〉「CLASSIFY コマンド」は日付フィールドの値を集計キーにできないため、正解は C になります。

8.

〈解答〉A

9.

〈解答〉B

10.

〈解答〉D

第 5 章 ICCP 試験 Part2 対策問題

解答と解説

ここでは、
第 5 章の対策問題の解答と解説を掲載します。

- ケーススタディ 1．購買プロセスのリスク評価
- ケーススタディ 2．請求データのテスト
- ケーススタディ 3．在庫のテスト

ケーススタディ１．購買プロセスのリスク評価

１.

〈解答〉493 件

〈解説〉

■使用する ACL の機能、コマンド

機能	コマンド
インポート、カウント	IMPORT EXCEL、COUNT

■手順

①ACL を起動して、新規プロジェクトを作成します。ファイル名は「購買プロセスのリスク評価」などとして、ソースファイルが保存されている「ケーススタディ１」フォルダーに保存してください。

※試験では、ファイル名やテーブル名などはご自分がわかりやすい名前で構いません。

②「購買プロセスのリスク評価」プロジェクトが開いている状態で、メニューバーの《インポート》から《ファイル》をクリックします。

③「ケーススタディ１」フォルダーから、「Vendor.xlsx」ファイルを選択し、《開く》をクリックします。

④データ定義ウィザードが起動します。「ファイル形式」の画面で、「Excel ファイル」を選択し、《次へ》をクリックします。

⑤「データソース」の画面で、以下の項目を選択し、《次へ》をクリックします。

✓VENDOR.xlsx（ファイル名）

✓先頭の行をフィールド名として使用する

型と長さを検出する対象：◉先頭 100 レコード

⑥「Excel インポート」の画面で、フィールドの名前、長さ、型、入力書式を定義し、《次へ》をクリックします。

※テーブルレイアウトを参照し、すべてのフィールドを定義してください。

⑦「データファイルを別名で保存」の画面で、ファイル名に「AM01_Vendor」と入力し、《保存》をクリックします。

⑧「最終」の画面で、定義した内容を確認し、《完了》をクリックします。

⑨テーブル名として「AM01_Vendor」と表示されていることを確認し、《OK》をクリックします。

⑩作成されたテーブルの画面で、ステータスバーのレコード件数を確認します。または、《分析》メニューの《カウント》で、件数を確認してください。

■参考：生成されるスクリプトの一例

処理	スクリプト
Vendor.xlsx をインポートする。	IMPORT EXCEL TO AM01_Vendor "AM01_Vendor.fil" FROM "Vendor.xlsx" TABLE "Sheet1$" KEEPTITLE FIELD "VENDOR_NO" C WID 6 AS "" FIELD "VENDOR_NAME" C WID 40 AS "" FIELD "STREET" C WID 50 AS "" FIELD "CITY" C WID 40 AS "" FIELD "STATE" C WID 20 AS "" FIELD "COUNTRY" C WID 20 AS "" FIELD "ZIP" C WID 12 AS "" FIELD "CreateDate" D WID 10 PIC "MM/DD/YYYY" AS "" FIELD "CreatedByEmpID" C WID 5 AS ""
件数をカウントする。	OPEN AM01_Vendor COUNT

2.

〈解答〉2,000 件

〈解説〉

■使用する ACL の機能、コマンド

機能	コマンド
インポート、カウント	IMPORT DELIMITED、COUNT

■手順

①問題 1 で作成した「購買プロセスのリスク評価」プロジェクトが開いている状態で、メニューバーの《インポート》から《ファイル》をクリックします。

②「ケーススタディ 1 」フォルダーから、「EMPLOYEE.csv」ファイルを選択し、《開く》をクリックします。

③データ定義ウィザードが起動します。「文字セット」の画面で、「エンコードされたテキスト」の「932 ANSI/OEM-日本語 Shift-JIS」を選択し、《次へ》をクリックします。

④「ファイル形式」の画面で、「区切り文字付きテキストファイル」を選択し、《次へ》をクリックします。

⑤「区切り文字付きファイルのプロパティ」の画面で以下を選択し、《次へ》をクリックします。

✓先頭の行をフィールド名として使用する

フィールドの区切り文字：◉カンマ

文字列の引用符：◉二重引用符

※フィールドの幅はテーブルレイアウトを参照し、すべてのフィールドを定義してください。

⑥「データファイルを別名で保存」の画面で、ファイル名に「AM02_EMPLOYEE」と入力し、《保存》をクリックします。

⑦「フィールドプロパティの編集」の画面で、テーブルレイアウトに合わせて、すべてのフィールドの名前、型、入力書式を定義し、《次へ》をクリックします。

⑧「最終」の画面で、定義した内容を確認し、《完了》をクリックします。

⑨テーブル名として「AM02_EMPLOYEE」と表示されていることを確認し、《OK》をクリックします。

⑩作成されたテーブルの画面で、ステータスバーのレコード件数を確認します。または、《分析》メニューの《カウント》で、件数を確認してください。

■参考：生成されるスクリプトの一例

処理	スクリプト
EMPLOYEE.csv をインポートする。	IMPORT DELIMITED TO AM02_EMPLOYEE "AM02_EMPLOYEE.fil" FROM "EMPLOYEE.csv" 3 932 SEPARATOR "," QUALIFIER '"' CONSECUTIVE STARTLINE 1 KEEPTITLE FIELD "EMP_NO" C AT 1 DEC 0 WID 10 PIC "" AS "" FIELD "FIRST_NAME" C AT 11 DEC 0 WID 40 PIC "" AS "" FIELD "LAST_NAME" C AT 51 DEC 0 WID 40 PIC "" AS "" FIELD "STREET" C AT 91 DEC 0 WID 160 PIC "" AS "" FIELD "CITY" C AT 251 DEC 0 WID 80 PIC "" AS "" FIELD "STATE"

解答と解説

処理	スクリプト
	C AT 331 DEC 0 WID 40 PIC "" AS "" FIELD "COUNTRY" C AT 371 DEC 0 WID 40 PIC "" AS ""
件数をカウントする。	OPEN AM02_EMPLOYEE COUNT

3.

〈解答〉18,432 件

〈解説〉

■使用する ACL の機能、コマンド

機能	コマンド
インポート、カウント	–、COUNT

■手順

①問題 1 で作成した「購買プロセスのリスク評価」プロジェクトが開いている状態で、メニューバーの《インポート》から《ファイル》をクリックします。

②「ケーススタディ 1 」フォルダーから、「AP_TRANS.txt」ファイルを選択し、《開く》をクリックします。

③データ定義ウィザードが起動します。「文字セット」の画面で、「エンコードされたテキスト」の「932 ANSI/OEM-日本語 Shift-JIS」を選択し、《次へ》をクリックします。

④「ファイル形式」の画面で、「その他のファイル形式」を選択し、《次へ》をクリックします。

⑤「データファイルを別名で保存」の画面で、ファイル名に「AT01_AP_TRANS」と入力し、《保存》をクリックします。

⑥「ファイルプロパティ」の画面では、データがずれていないことを確認したら、ウィザード推奨設定のまま《次へ》をクリックします。

⑦「ファイルの種類」の画面で、「データファイル（単一レコードタイプ） 」を選択し、《次へ》をクリックします。

⑧「フィールドの識別」の画面では、テーブルレイアウトの「長さ」に合わせて、区切り線を変更し、《次へ》をクリックします。

⑨「フィールドプロパティの編集」画面で、テーブルレイアウトに合わせて、すべてのフィールドの名前、型、入力書式、小数点以下の桁数を定義し、《次へ》をクリックします。

⑩「最終」の画面で、定義した内容を確認し、《完了》をクリックします。

⑪テーブル名として「AT01_AP_TRANS」と表示されていることを確認し、《OK》をクリックします。

⑫作成されたテーブルの画面で、ステータスバーの件数を確認します。または、《分析》メニューの《カウント》で、件数を確認してください。

■参考：生成されるスクリプトの一例

処理	スクリプト
AP_TRANS.txt をインポートする。	固定長データの場合、インポート処理のスクリプトは生成されません。
件数をカウントする。	OPEN AT01_AP_TRANS COUNT

解答と解説

4.

〈解答〉28 個

〈解説〉

■使用する ACL の機能、コマンド

機能	コマンド
検証	VERIFY

■処理概要

「AT01_AP_TRANS」テーブルを対象に、《検証》を実行します。

■手順

①《データ》メニューから《検証》をクリックします。

②《メイン》タブの画面で、《検証フィールド》をクリックし、すべてのフィールドを選択して、《OK》をクリックします。

③《詳細》タブをクリックします。「エラー制限」のデフォルトは、「10」ですが、エラーが「10」を超えることもあるため、大きめの数（1000 など）に設定し、《OK》をクリックします。

④実行結果の画面で、エラーの個数を確認します。

■参考：生成されるスクリプトの一例

処理	スクリプト
AT01_AP_TRANS のすべてのフィールドを対象に《検証》を実行する。	OPEN AT01_AP_TRANS VERIFY FIELDS SEQNO DATE AMOUNT VEN_ID TXT ERRORLIMIT 1000 TO SCREEN

5.

〈解答〉13 件

〈解説〉

■使用する ACL の機能、コマンド

機能	コマンド
順番検査	SEQUENCE

■処理概要

「AM01_Vendor」テーブルを対象に、《順番検査》を実行します。

■手順

①《分析》メニューから《順番検査》をクリックします。

②《順番検査の対象》となるフィールドは、「VENDOR_NO」を選択します。

③《詳細》タブをクリックします。「エラー制限」のデフォルトは、「10」ですが、エラーが「10」を超えることもあるため、大きめの数(1000 など)に設定し、《OK》をクリックします。

④実行結果の画面で、エラーの個数を確認します。

■参考：生成されるスクリプトの一例

処理	スクリプト
AM01_Vendor で「VENDOR_NO」を対象に《順番検査》を実行する。	OPEN AM01_Vendor SEQUENCE ON VENDOR_NO ERRORLIMIT 1000 TO SCREEN ISOLOCALE ja_JP

6.

〈解答〉7 件

〈解説〉

■使用する ACL の機能、コマンド

機能	コマンド
ギャップ	GAPS

■処理概要

「AM01_Vendor」テーブルを対象に、《ギャップ》を実行します。

■手順

①《分析》メニューから《ギャップ》をクリックします。

②《ギャップの対象》となるフィールドは、「VENDOR_NO」を選択します。

③「出力タイプ」は、「ギャップの幅を列挙する」、または「欠落している項目を列挙する」のどちらかを選択し、《OK》をクリックします。ここでは、「ギャップの幅を列挙する」を選択しています。

④実行結果の画面で、欠落項目の個数を確認します。

■参考：生成されるスクリプトの一例

処理	スクリプト
AM01_Vendor で、「VEN_NO」を対象に《ギャップ》を実行する。	OPEN AM01_Vendor GAPS ON VENDOR_NO PRESORT TO SCREEN

7.

〈解答〉491 件

〈解説〉

■使用する ACL の機能、コマンド

機能	コマンド
分類化、フィルター、カウント	CLASSIFY、SET FILTER、COUNT

■処理概要

「AM01_Vendor」テーブルを対象に、《分類化》で、仕入先の国名の表記を確認します。次に、フィルターを使用し、インドとシンガポール以外のデータを抽出します。なお、仕入先の国は、「COUNTRY」フィールドで確認できます。

■手順

①《分析》メニューから《分類化》をクリックします。

②《分類化の対象》となるフィールドは、「COUNTRY」を選択し、《OK》をクリックします。

③実行結果の画面で、インドとシンガポールの表記が、「INDIA」、「SINGAPORE」となっていることを確認します。

④「AM01_Vendor」テーブルで、フィルターのⓕⓧをクリックし、次のような条件式を入力し、《OK》をクリックします。

「国名が INDIA でない、かつ、国名が SINGAPORE でない」
（式は下記のスクリプトを参照）

⑤フィルターを実行した結果のテーブルで、《分析》メニューから《カウント》を実行し、ステータスバーで件数を確認します。

■参考：生成されるスクリプトの一例

処理	スクリプト
AM01_Vendor で、「COUNTRY」を対象に《分類化》を実行する。	OPEN AM01_Vendor CLASSIFY ON COUNTRY TO SCREEN
条件式を入力し、フィルターを実行する。	SET FILTER SET FILTER TO COUNTRY <> "INDIA" AND COUNTRY <>"SINGAPORE"
件数をカウントする。	COUNT

8.

〈解答〉16 件

〈解説〉

■使用する ACL の機能、コマンド

機能	コマンド
重複、カウント	DUPLICATES、COUNT

■処理概要

「AM01_Vendor」テーブルを対象に、《重複》を実行します。

住所は「STREET」、「CITY」、「STATE」、「COUNTRY」のフィールドに分かれています。これら 4 つすべてのフィールドの値が重複するレコードを「住所が全く同一」とみなします。

■手順

①《分析》メニューから《重複》をクリックします。

②《重複の対象》となるフィールドは、「STREET」、「CITY」、「STATE」、「COUNTRY」を選択します。

③《フィールドの一覧》は、「VENDOR_NAME」を選択します。

④《出力》タブの「出力先」で「ファイル」を選択します。

⑤名前に「K08_住所重複」と入力し、《OK》をクリックします。

⑥作成されたテーブルの画面で、ステータスバーの件数を確認します。または、《分析》メニューの《カウント》で、件数を確認してください。

■参考：生成されるスクリプトの一例

処理	スクリプト
AM01_Vendorの「STREET」、「CITY」、「STATE」、「COUNTRY」を対象に《重複》を実行する。	OPEN AM01_Vendor DUPLICATES ON STREET CITY STATE COUNTRY OTHER VENDOR_NAME PRESORT OPEN TO "K08_住所重複.FIL" ISOLOCALE ja_JP
件数をカウントする。	COUNT

9.

〈解答〉7件(7グループ)

〈解説〉

■使用するACLの機能、コマンド

機能	コマンド
あいまい重複	FUZZYDUP

■処理概要

「AM01_Vendor」テーブルを対象に、《あいまい重複》を実行します。

■手順

①《分析》メニューから《あいまい重複》をクリックします。

②《あいまい重複の対象》となるフィールドは、「VENDOR_NAME」を選択します。

③《フィールドの一覧》は、ここでは特に選択する必要はありません。

④「相違のしきい値」に1、「相違のパーセント」に60を入力します。

⑤「結果サイズ」は指定がないので、デフォルトのままにしておきます。

⑥「完全な重複を含める」に✓をつけます。

⑦「保存先」のファイル名は「K09_あいまい重複」とし、《OK》をクリックします。

⑧ナビゲーター上のログ をダブルクリックすると、ログの一覧が表示されますので、ログの一覧から、「FUZZYDUP」コマンドのログをダブルクリックします。

⑨実行結果の画面で、グループ数を確認します。

■参考：生成されるスクリプトの一例

処理	スクリプト
AM01_Vendorの「VEN_NO」を対象に《あいまい重複》を実行する。	OPEN AM01_Vendor FUZZYDUP ON VENDOR_NAME LEVDISTANCE 1 DIFFPCT 60 EXACT TO "K09_あいまい重複" OPEN

解答と解説

10.

〈解答〉

CreatedByEmpID	登録件数	件数の割合
01432	7	1.42
01392	5	1.01
01062	4	0.81

〈解説〉

■使用する ACL の機能、コマンド

機能	コマンド
分類化	CLASSIFY

■処理概要

「AM01_Vendor」テーブルを対象に、《分類化》を実行します。

※《要約》を実行しても構いません。その場合、「カウントの%」に✓をつけることに注意してください。

■手順

①《分析》メニューから《分類化》をクリックします。

②《分類化の対象》となるフィールドは、「CreatedByEmpID」を選択します。

※「AM01_Vendor」テーブルには数値型のフィールドがないため、《小計フィールド》には何も表示されていません。

③結果のテーブルでソートをかける必要があるため、出力タブで、「ファイル」を選択します。

④出力先のファイル名を「K10_従業員の登録件数」とし、《OK》をクリックします。

⑤「K10_従業員の登録件数」のテーブルで「カウント」フィールドの列見出しを右クリックし、「クイックソート降順」を実行します。

■参考：生成されるスクリプトの一例

処理	スクリプト
AM01_Vendor で、「CreatedByEmpID」を対象に《分類化》を実行する。	OPEN AM01_Vendor CLASSIFY ON CreatedByEmpID TO "K10_従業員の登録件数.FIL" OPEN

11.

〈解答〉243 件

〈解説〉

■使用する ACL の機能、コマンド

機能	コマンド
結合、カウント	JOIN、COUNT

■処理概要

購買取引データの件数を問われているため、「AT01_AP_TRANS」を主テーブルとし、「AM01_Vendor」を副テーブルとして結合します。

解答と解説

■手順

①AT01_AP_TRANS を開きます。（主テーブルとなるテーブルを先に開きます。）

②《データ》メニューの《結合》をクリックします。

③「副テーブル」から、AM01_Vendor を選択します。

④「主キー」は「VEN_ID」、「副キー」は「VENDOR_NO」を選択します。

⑤結合タイプは「主テーブル上の不一致レコードのみを出力」を選択します。

⑥「主フィールド」はすべてのフィールドを選択します。

※結合タイプに「主テーブル上の不一致レコードのみを出力」を選択したため、副フィールドは選択できません。

⑦「保存先」のファイル名は「K11_仕入先マスターに登録されていない仕入先の購買取引」とし、《OK》をクリックします。

⑧作成されたテーブルの画面で、ステータスバーの件数を確認します。または、《分析》メニューの《カウント》で、件数を確認してください。

■参考：生成されるスクリプトの一例

処理	スクリプト
AT01_AP_TRANS に AM01_Vendor を結合する。「主キー」は「VEN_ID」、「副キー」は「VENDOR_NO」とする。	OPEN AT01_AP_TRANS OPEN AM01_Vendor SECONDARY JOIN PKEY VEN_ID FIELDS SEQNO DATE AMOUNT VEN_ID TXT SKEY VENDOR_NO UNMATCHED TO "K11_仕入先マスターに登録されていない仕入先の購買取引" OPEN PRESORT SECSORT ISOLOCALE ja_JP
件数をカウントする。	COUNT

12.

〈解答〉6 件

〈解説〉

■使用する ACL の機能、コマンド

機能	コマンド
結合、カウント	JOIN、COUNT

■処理概要

「AM01_Vendor」テーブルと「AM02_EMPLOYEE」テーブルそれぞれに、「STREET」、「CITY」、「STATE」、「COUNTRY」の 4 つのフィールドを連結した「住所」フィールドを作成します。次に、「AM01_Vendor」テーブルに「AM02_EMPLOYEE」テーブルを「住所」フィールドをキーにして結合します。

■手順

①「AM01_Vendor」テーブルを開いた状態で、《編集》メニューの《テーブルレイアウト》をクリックします。

②《fx》をクリックし、「名前」に「住所」と入力します。

③f(x)をクリックして、式ビルダーを起動します。

④式を入力し、《OK》をクリックします。（式は下記のスクリプトを参照）

式の入力にあたっては、次の点に注意してください。

解答と解説

・ACL は大文字と小文字を区別するため、UPPER 関数を使用して大文字に揃えます。

・各フィールドの両端のスペースを除去するため、ALLTRIM 関数を使用します。

⑤《✔》をクリックし、「名前」と「式」の入力を受け入れます。

⑥テーブルレイアウトに、「住所」フィールドが追加されたことを確認し、テーブルレイアウトを閉じます。

⑦同様に「AM02_EMPLOYEE」テーブルにも「住所」フィールドを作成します。

⑧「AM01_Vendor」テーブルを開きます。

⑨《データ》メニューの《結合》をクリックします。

⑩《副テーブル》は「AM02_EMPLOYEE」テーブルを選択します。

⑪「主キー」、「副キー」はそれぞれ「住所」を選択します。

⑫結合タイプは「一致した主レコードおよび副レコード(最初の副一致)」を選択します。

⑬「主フィールド」はすべてのフィールドを選択します。

⑭「副フィールド」は、ここでは「EMP_NO」、「FIRST_NAME」、「LAST_NAME」を選択しています。

⑮「保存先」のファイル名は「K12_従業員と同じ住所の仕入先」とし、《OK》をクリックします。

⑯「住所」フィールドの長さが異なるため、警告が表示されますが、そのまま《OK》をクリックすると、ACL は自動で長さを調整します。

⑰作成されたテーブルの画面で、ステータスバーの件数を確認します。または、《分析》メニューの《カウント》で、件数を確認してください。

■参考：生成されるスクリプトの一例

処理	スクリプト
AM01_Vendor に「住所」フィールドを作成する。	OPEN AM01_Vendor DEFINE FIELD 住所 COMPUTED UPPER(ALLTRIM(STREET) + ALLTRIM(CITY) + ALLTRIM(STATE) + ALLTRIM(COUNTRY))
AM02_EMPLOYEE に「住所」フィールドを作成する。	OPEN AM02_EMPLOYEE DEFINE FIELD 住所 COMPUTED UPPER(ALLTRIM(STREET) + ALLTRIM(CITY) + ALLTRIM(STATE) + ALLTRIM(COUNTRY))
AM01_Vendor に AM02_EMPLOYEE を「住所」をキーにして結合する。	OPEN AM01_Vendor OPEN AM02_EMPLOYEE SECONDARY JOIN PKEY 住所 FIELDS VENDOR_NO VENDOR_NAME STREET CITY STATE COUNTRY ZIP CreateDate CreatedByEmpID 住所 SKEY 住所 WITH EMP_NO FIRST_NAME LAST_NAME TO "K12_従業員と同じ住所の仕入先" OPEN PRESORT SECSORT ISOLOCALE ja_JP
件数をカウントする。	COUNT

解答と解説

13.

〈解答〉21,6841.00

〈解説〉

■使用する ACL の機能、コマンド

機能	コマンド
結合、要約	JOIN、SUMMARIZE

■処理概要

「AT01_AP_TRANS」テーブルに、問題 12 で作成した「K12_従業員と同じ住所の仕入先」テーブルを結合します。結合したテーブルで、《要約》を実行し、「AMOUNT」を集計します。※《分類化》を実行しても構いません。

■手順

①「AT01_AP_TRANS」テーブルを開いた状態で、《データ》メニューから《結合》をクリックします。
②「副テーブル」から、「K12_従業員と同じ住所の仕入先」を選択します。
③主キーは「VEN_ID」、副キーは「VENDOR_NO」を選択します。
④結合タイプは、「一致した主レコードおよび副レコード（最初の副一致）」を選択します。
⑤「主フィールド」からすべてのフィールドを選択します。「副フィールド」から「VENDOR_NAME」を選択します。
⑥保存先のファイル名は「W13_従業員と同じ住所の仕入先の購買取引」とし、《OK》をクリックします。
⑦「W13_従業員と同じ住所の仕入先の購買取引」テーブルを開いた状態で、《分析》メニューから《要約》をクリックします。
⑧《要約の対象》となるフィールドは、仕入先を特定できる「仕入先コード」である「VEN_ID」を選択します。
《小計フィールド》は、「AMOUNT」を選択します。
《その他のフィールド》は、ここでは特に選ぶ必要はありません。
⑨出力タブに切り替え、出力先のファイル名は「K13_従業員と同じ住所の仕入先の購買取引_VEN_ID 集計」とし、《OK》をクリックします。
⑩「K13_従業員と同じ住所の仕入先の購買取引_VEN_ID 集計」テーブルで、「AMOUNT」の列見出しを右クリックし、クイックソート降順を実行します。

■参考：生成されるスクリプトの一例

処理	スクリプト
AT01_AP_TRANS に K12_従業員と同じ住所の仕入先を結合する。主キーは「VEN_ID」、副キーは「VENDOR_NO」とする。	OPEN AT01_AP_TRANS OPEN K12_従業員と同じ住所の仕入先 SECONDARY JOIN PKEY VEN_ID FIELDS SEQNO DATE AMOUNT VEN_ID TXT SKEY VENDOR_NO WITH VENDOR_NAME TO "W13_従業員と同じ住所の仕入先の購買取引" OPEN PRESORT SECSORT ISOLOCALE ja_JP
W13_従業員と同じ住所の仕入先の購買取引で「VEN_ID」を対象に「AMOUNT」を集計する。	OPEN W13_従業員と同じ住所の仕入先の購買取引 SUMMARIZE ON VEN_ID SUBTOTAL AMOUNT TO "K13_従業員と同じ住所の仕入先の購買取引_VEN_ID 集計.FIL" OPEN PRESORT ISOLOCALE ja_JP

解答と解説

14.

〈解答〉4,678 件

〈解説〉

■使用する ACL の機能、コマンド

機能	コマンド
フィルター、カウント	SET FILTER、COUNT

■処理概要

「AT01_AP_TRANS」テーブルの「TXT」フィールドに支払情報が登録されています。請求書払いは「payment on invoice」のことです。

■手順

①「AT01_AP_TRANS」テーブル を開いた状態で、フィルターのⓕⓧをクリックし、次のような条件式を入力し、《OK》をクリックします。

「「TXT」から請求書払い（payment on invoice）のみを取り出す」

※文字列を取り出す関数を使用する際は両端のスペースを除去する ALLTRIM 関数を使用してください。

（式は下記のスクリプトを参照）

②フィルターを実行した結果のテーブルで、《分析》メニューの《カウント》を実行し、ステータスバーで件数を確認します。

■参考：生成されるスクリプトの一例

処理	スクリプト
条件式を入力し、フィルターを実行する。	OPEN AT01_AP_TRANS SET FILTER SET FILTER TO ALLTRIM(TXT) = "payment on invoice"
件数をカウントする。	COUNT

15.

〈解答〉20 件

〈解説〉

■使用する ACL の機能、コマンド

機能	コマンド
重複、カウント	DUPLICATES、COUNT

■処理概要

請求書払いの取引は問題 14 の解答を参照してください。

請求書払いの取引のうち、「VEN_ID」と「AMOUNT」が重複しているレコードを取り出します。

■手順

①問題 14 の①、②の手順を実行します。

②《分析》メニューから《重複》をクリックします。

③《重複の対象》となるフィールドは、「VEN_ID」と「AMOUNT」を選択します。

※《フィールドの一覧》は、ここではすべてのフィールドを選択します。

④出力タブに切り替え、出力先のファイル名は「K15_二重払いで請求書払いの購買取引」とし、《OK》をクリックします。

⑤「K15_二重払いで請求書払いの購買取引」テーブルの画面で、ステータスバーの件数を確認します。または、《分析》メニューの《カウント》で、件数を確認してください。

■参考：生成されるスクリプトの一例

処理	スクリプト
請求書払いの取引を取り出す。	OPEN AT01_AP_TRANS SET FILTER SET FILTER TO ALLTRIM(TXT) = "payment on invoice"
請求書払いの取引のうち、「VEN_ID」と「AMOUNT」が重複しているレコードを取り出す。	DUPLICATES ON VEN_ID AMOUNT OTHER SEQNO DATE AMOUNT VEN_ID TXT PRESORT OPEN TO "K15_二重払いで請求書払いの購買取引.FIL" ISOLOCALE ja_JP
件数をカウントする。	COUNT

16.

〈解答〉4,5,6,7,8,9

〈解説〉

■使用する ACL の機能、コマンド

機能	コマンド
ベンフォード	BENFORD

■処理概要

「AT01_AP_TRANS」テーブルを対象に、《ベンフォード》を実行します。

■手順

①《分析》メニューから《ベンフォード》を選択します。

②《ベンフォードの対象》となるフィールドは、「AMOUNT」を選択します。

③「分析する先頭桁数」は「 1 」とし、《OK》をクリックします。

④結果の画面を見て、予測数より実数が大きい先頭桁を確認してください。

■参考：生成されるスクリプトの一例

処理	スクリプト
AT01_AP_TRANS で、「AMOUNT」を対象に《ベンフォード》を実行する。	OPEN AT01_AP_TRANS BENFORD ON AMOUNT LEADING 1 TO SCREEN

解答と解説

ケーススタディ２．請求データのテスト

1.

〈解答〉19,637 件

〈解説〉

■使用する ACL の機能、コマンド

機能	コマンド
インポート、カウント	IMPORT EXCEL、COUNT

■手順

①ACL を起動して、新規プロジェクトを作成します。ファイル名は「請求データのテスト」などとして、ソースファイルが保存されている「ケーススタディ 2」フォルダーに保存してください。

※試験では、ファイル名やテーブル名などはご自分がわかりやすい名前で構いません。

②「請求データのテスト」プロジェクトが開いている状態で、メニューバーの《インポート》から《ファイル》をクリックします。

③「ケーススタディ 2 」フォルダーから、「Invoice.xlsx」ファイルを選択し、《開く》をクリックします。

④データ定義ウィザードが起動します。「ファイル形式」の画面で、「Excel ファイル」を選択し、《次へ》をクリックします。

⑤「データソース」の画面で、以下の項目を選択し、《次へ》をクリックします。

✓Invoice.xlsx(ファイル名)

✓先頭の行をフィールド名として使用する

型と長さを検出する対象：◉先頭 100 レコード

⑥「Excel インポート」の画面で、フィールドの名前、長さ、型、入力書式を定義し、《次へ》をクリックします。

テーブルレイアウトを参照し、すべてのフィールドを定義してください。

※ソースデータの Excel では、「Approved_By」列には、「A00056」のようなデータが表示されています。これは、Excel で書式設定されたものですが、ACL には Excel の書式はインポートされません。ACL にインポートすると、書式設定されていない実際の値「56」が表示されます。（31 頁参照）

※日付データに時刻が含まれず、「00:00:00」と表示されている場合、「入力書式」を「YYYY-MM-DD」とすると、日付のみをインポートできます。

⑦「データファイルを別名で保存」の画面で、ファイル名に「AT01_Invoice」と入力し、《保存》をクリックします。

⑧「最終」の画面で、定義した内容を確認し、《完了》をクリックします。

⑨テーブル名として「AT01_Invoice」と表示されていることを確認し、《OK》をクリックします。

⑩作成されたテーブルの画面で、ステータスバーのレコード件数を確認します。または、《分析》メニューから《カウント》をクリックし、件数を確認してください。

■参考：生成されるスクリプトの一例

処理	スクリプト
Invoice.xlsx をインポートする。	IMPORT EXCEL TO AT01_Invoice "AT01_Invoice.fil" FROM "Invoice.xlsx" TABLE "Sheet1$" KEEPTITLE FIELD "Invoice_Num" N WID 6 DEC 0 AS "" FIELD "Sales_Date" D WID 19 PIC "YYYY-MM-DD" AS "" FIELD "Amount_Due" N WID 9 DEC 0 AS "" FIELD "Approved_By" C WID 6 AS ""

解答と解説

処理	スクリプト
	FIELD "Customer_Num" N WID 7 DEC 0 AS "" FIELD "Credit_Limit" N WID 7 DEC 0 AS "" FIELD "Due_Date" D WID 19 PIC "YYYY-MM-DD" AS "" FIELD "Payment_Date" D WID 19 PIC "YYYY-MM-DD" AS "" FIELD "Remit_Num" N WID 6 DEC 0 AS ""
件数をカウントする。	OPEN AT01_Invoice COUNT

2.

〈解答〉3 個

〈解説〉

■使用する ACL の機能、コマンド

機能	コマンド
検証	VERIFY

■処理概要

「AT01_ Invoice」テーブルを対象に、《検証》を実行します。

■手順

①《データ》メニューから《検証》をクリックします。

②《メイン》タブの画面で、《検証フィールド》をクリックし、すべてのフィールドを選択して、《OK》をクリックします。

③《詳細》タブをクリックします。「エラー制限」のデフォルトは、「10」ですが、エラーが「10」を超えることもあるため、大きめの数（1000 など）に設定し、《OK》をクリックします。

④実行結果の画面で、エラーの個数を確認します。

■参考：生成されるスクリプトの一例

処理	スクリプト
すべてのフィールドを対象に《検証》を実行する。	OPEN AT01_AP_TRANS VERIFY FIELDS Invoice_Num Sales_Date Amount_Due Approved_By Customer_Num Credit_Limit Due_Date Payment_Date Remit_Num ERRORLIMIT 1000 TO SCREEN

3.

〈解答〉12 件

〈解説〉

■使用する ACL の機能、コマンド

機能	コマンド
順番検査	SEQUENCE

■処理概要

「AT01_Invoice」テーブルを対象に、《順番検査》を実行します。

■手順

①《分析》メニューから《順番検査》をクリックします。

②《順番検査の対象》となるフィールドで、「Invoice_Num」を選択します。

③《詳細》タブをクリックします。「エラー制限」のデフォルトは、「10」ですが、エラーが「10」を超えることもあるため、大きめの数(1000 など)に設定し、《OK》をクリックします。

④実行結果の画面で、エラーの個数を確認します。

■参考：生成されるスクリプトの一例

処理	スクリプト
AT01_Invoice で 「Invoice_Num」を対象に 《順番検査》を実行する。	OPEN AT01_Invoice SEQUENCE ON Invoice_Num ERRORLIMIT 1000 TO SCREEN ISOLOCALE ja_JP

4.

〈解答〉12 件

〈解説〉

■使用する ACL の機能、コマンド

機能	コマンド
ギャップ	GAPS

■処理概要

「AT01_Invoice」を対象に、《ギャップ》を実行します。

■手順

①《分析》メニューから《ギャップ》をクリックします。

②《ギャップの対象》となるフィールドで、「Invoice_Num」を選択します。

③「出力タイプ」は、「ギャップの幅を列挙する」、または「欠落している項目を列挙する」のどちらかを選択し、《OK》をクリックします。ここでは、「ギャップの幅を列挙する」を選択しています。

④実行結果の画面で、欠落項目の個数を確認します。

■参考：生成されるスクリプトの一例

処理	スクリプト
AT01_Invoice で、 「Invoice_Num」を対象に 《ギャップ》を実行する。	OPEN AT01_Invoice GAPS ON Invoice_Num PRESORT TO SCREEN

解答と解説

5.

〈解答〉Invoice_Num：200434、201270

Approved_By：26

〈解説〉

■使用するACLの機能、コマンド

機能	コマンド
重複、要約	DUPLICATES、 SUMMARIZE

■処理概要

「AT01_Invoice」テーブルを対象に、《重複》を実行します。次に、《重複》の実行結果のテーブルで「Invoice_Num」と「Approved_By」の内容を確認するため、《要約》を実行します。

※複数のフィールドを対象に集計するため、《要約》を選択してください。

■手順

①《分析》メニューから《重複》をクリックします。

②《重複の対象》で対象となるフィールドで、「Invoice_Num」を選択します。

③ここでは、「フィールドの一覧」で、すべてのフィールドを選択します。

④出力したテーブルから「Invoice_Num」と「Approved_By」の内容を確認する必要があるため、出力タブに切り替え、「出力先」は「ファイル」を選択します。「出力先」のファイル名は「W05_Invoice_Num 重複」とし、《OK》をクリックします。

⑤「W05_Invoice_Num 重複」テーブルを開いた状態で、《分析》メニューから《要約》をクリックします。

⑥《要約の対象》となるフィールドは、「Invoice_Num」と「Approved_By」を選択します。
《小計フィールド》、《その他のフィールド》は、ここでは特に選ぶ必要はありません。

⑦《出力》タブをクリックします。「出力先」で「ファイル」を選択します。出力先のファイル名は「K05_Invoice_Num 重複の要約」とし、《OK》をクリックします。

⑧実行結果の画面で、「Invoice_Num」と「Approved_By」を確認してください。

■参考：生成されるスクリプトの一例

処理	スクリプト
AT01_Invoiceで、「Invoice_Num」を対象に《重複》を実行する。	OPEN AT01_Invoice DUPLICATES ON Invoice_Num OTHER Sales_Date Amount_Due Approved_By Customer_Num Credit_Limit Due_Date Payment_Date Remit_Num PRESORT OPEN TO "W05_Invoice_Num 重複.FIL" ISOLOCALE ja_JP
W05_Invoice_Num 重複で、「Invoice_Num」と「Approved_By」を集計する。	OPEN W05_Invoice_Num 重複 SUMMARIZE ON Invoice_Num Approved_By TO "K05_Invoice_Num 重複の要約.FIL" OPEN PRESORT ISOLOCALE ja_JP

6.

〈解答〉最大値:1,999,698

最小値:515

〈解説〉

■使用する ACL の機能、コマンド

機能	コマンド
統計	STATISTICS

■処理概要

「AT01_Invoice」テーブルを対象に、《統計》を実行します。

■手順

①《分析》メニューから《統計》を選択します。

②《統計の対象》となるフィールドは、「Credit_Limit」を選択し、《OK》をクリックします。

③結果の画面で、「上限」と「下限」の値を確認します。

■参考：生成されるスクリプトの一例

処理	スクリプト
AT01_Invoice で、「Credit_Limit」を対象に《統計》を実行する。	OPEN AT01_Invoice STATISTICS ON Credit_Limit TO SCREEN NUMBER 5

7.

〈解答〉1 件

〈解説〉

■使用する ACL の機能、コマンド

機能	コマンド
フィルター、カウント	SET FILTER、COUNT

■処理概要

問題 5 で出力した「W05_Invoice_Num 重複」テーブルを使用します。

■手順

①「W05_Invoice_Num 重複」テーブルを開いた状態で、フィルターのⓕⓧをクリックし、次のような条件式を入力します。

「Amount_Due が Credit_Limit よりも大きい」かつ「Payment_Date が Due_Date よりも遅い」

②入力した式を検証し、正しければ《OK》をクリックします。（式は下記のスクリプトを参照）

③フィルターを実行した結果のテーブルで、《分析》メニューから《カウント》をクリックし、件数を確認します。

■参考：生成されるスクリプトの一例

処理	スクリプト
W05_Invoice_Num 重複で、二つの条件を満たした式を入力し、フィルターを実行する。	OPEN W05_Invoice_Num 重複 SET FILTER TO Amount_Due > Credit_Limit AND Payment_Date > Due_Date
件数をカウントする。	COUNT

ケーススタディ３．在庫のテスト

1.

〈解答〉10,599 件

〈解説〉

■使用する ACL の機能、コマンド

機能	コマンド
インポート、カウント	IMPORT DELIMITED、COUNT

■手順

①ACL を起動して、新規プロジェクトを作成します。ファイル名は「在庫のテスト」などとして、ソースファイルが保存されている「ケーススタディ 3」フォルダーに保存してください。

※試験では、ファイル名やテーブル名などはご自分がわかりやすい名前で構いません。

②「在庫のテスト」プロジェクトが開いている状態で、メニューバーの《インポート》から《ファイル》をクリックします。

③「ケーススタディ 3」フォルダーから、「Inventory.csv」ファイルを選択し、《開く》をクリックします。

④データ定義ウィザードが起動します。「文字セット」の画面で、「エンコードされたテキスト」の「932 ANSI/OEM-日本語 Shift-JIS」を選択し、《次へ》をクリックします。

⑤「ファイル形式」の画面で、「区切り文字付きテキストファイル」を選択し、《次へ》をクリックします。

※最初のフィールド名が文字化けしているため、④の「文字セット」の選択画面に戻り、「エンコードされたテキスト」の「65001（UTF-8）」に変更してください。

⑥「区切り文字付きファイルのプロパティ」の画面で以下を選択し、《次へ》をクリックします。

✓先頭の行をフィールド名として使用する

◉カンマ

◉二重引用符

※**カンマ（,）**が使用されているデータに、**二重引用符（”）**が入力されているため、「文字列の引用符」が「なし」になっていると、エラーとして認識され、データが黒く表示されます。「文字列の引用符」は**二重引用符**を選択してください。

※フィールドの幅はテーブルレイアウトを参照し、すべてのフィールドを定義してください。

⑦「データファイルを別名で保存」の画面で、ファイル名に「AM01_Inventory」と入力し、《保存》をクリックします。

⑧「フィールドプロパティの編集」の画面で、テーブルレイアウトに合わせて、すべてのフィールドの名前、型、小数点以下の桁数を定義し、《次へ》をクリックします。

⑨「最終」の画面で、定義した内容を確認し、《完了》をクリックします。

⑩テーブル名として「AM01_Inventory」と表示されていることを確認し、《OK》をクリックします。

⑪作成されたテーブルの画面で、ステータスバーのレコード件数を確認します。または、《分析》メニューから《カウント》をクリックし、件数を確認してください。

■参考：生成されるスクリプトの一例

処理	スクリプト
Inventory.csv をインポートする。	IMPORT DELIMITED TO AM01_Inventory "AM01_Inventory.fil" FROM "Inventory.csv" 3 65001 SEPARATOR "," QUALIFIER '"' CONSECUTIVE STARTLINE 1 KEEPTITLE FIELD "Product_No" N AT 1 DEC 0 WID 16 PIC "" AS "" FIELD "Quan_On_Hand" N AT 17 DEC 0 WID 10 PIC "" AS "" FIELD "Sale_Price" N AT 27 DEC 0 WID 14 PIC "" AS "" FIELD "Unit_Cost" N AT 41 DEC 0 WID 12 PIC "" AS "" FIELD "Value_at_Cost" N AT 53 DEC 0 WID 16 PIC "" AS "" FIELD "Market_Value" N AT 69 DEC 0 WID 16 PIC "" AS "" FIELD "Ven_No" C AT 85 DEC 0 WID 10 PIC "" AS "" FIELD "Ven_Name" C AT 95 DEC 0 WID 60 PIC "" AS "" FIELD "Ven_Zip" N AT 155 DEC 0 WID 14 PIC "" AS "" FIELD "Ven_Address" C AT 169 DEC 0 WID 120 PIC "" AS ""
件数をカウントする。	COUNT

2.

〈解答〉10,658 件

〈解説〉

■使用する ACL の機能、コマンド

機能	コマンド
インポート、カウント	IMPORT EXCEL、COUNT

■手順

①問題 1 で作成した「在庫のテスト」プロジェクトが開いている状態で、メニューバーの《インポート》から《ファイル》をクリックします。

②「ケーススタディ 3」フォルダーから、「Voucher.xlsx」ファイルを選択し、《開く》をクリックします。

③データ定義ウィザードが起動します。「ファイル形式」の画面で、「Excel ファイル」を選択し、《次へ》をクリックします。

④「データソース」の画面で、以下の項目を選択し、《次へ》をクリックします。

☑Voucher.xlsx(ファイル名)

☑先頭の行をフィールド名として使用する

◉先頭 100 レコード

⑤「Excel インポート」の画面で、フィールドの名前、長さ、型、入力書式、小数点以下の桁数を定義し、《次へ》をクリックします。テーブルレイアウトを参照し、すべてのフィールドを定義してください。

※日付データに時刻が含まれていない場合、「入力書式」を「YYYY-MM-DD」とすると、日付のみをインポートできます。

⑥「データファイルを別名で保存」の画面で、ファイル名に「AT01_Voucher」と入力し、《保存》をクリックします。

⑦「最終」の画面で、定義した内容を確認し、《完了》をクリックします。

⑧テーブル名として「AT01_Voucher」と表示されていることを確認し、《OK》をクリックします。

⑨作成されたテーブルの画面で、ステータスバーのレコード件数を確認します。または、《分析》メニューから《カウント》をクリックし、件数を確認してください。

■参考：生成されるスクリプトの一例

処理	スクリプト
Voucher.xlsx をインポートする。	IMPORT EXCEL TO AT01_Voucher "AT01_Voucher.fil" FROM "Voucher.xlsx" TABLE "Sheet1$" KEEPTITLE FIELD "Voucher_No" C WID 6 AS "" FIELD "Check_No" N WID 6 DEC 0 AS "" FIELD "Ship_Invoice" N WID 9 DEC 0 AS "" FIELD "Due_Date" D WID 19 PIC "YYYY-MM-DD" AS "" FIELD "Ven_No" C WID 5 AS "" FIELD "Product_No" N WID 8 DEC 0 AS "" FIELD "Full_Amount" N WID 8 DEC 2 AS ""
件数をカウントする。	OPEN AT01_Voucher COUNT

3.

〈解答〉3,598 件

〈解説〉

■使用する ACL の機能、コマンド

機能	コマンド
フィルター、カウント	SET FILTER、COUNT

■処理概要

「AM01_Inventory」テーブルを対象に、フィルターを実行します。

■手順

①「AM01_Inventory」テーブルを開いた状態で、フィルターの ⓕⓧ をクリックし、次のような条件式を入力し、《OK》をクリックします。

「Market_Value が Value_at_Cost よりも低い」

（式は下記のスクリプトを参照）

②フィルターを実行した結果のテーブルで、《分析》メニューから《カウント》をクリックし、件数を確認します。

■参考：生成されるスクリプトの一例

処理	スクリプト
AM01_Inventory で、条件式を入力し、フィルターを実行する。	OPEN AM01_Inventory SET FILTER SET FILTER TO Market_Value < Value_at_Cost
件数をカウントする。	COUNT

解答と解説

4.

〈解答〉758 件

〈解説〉

■使用する ACL の機能、コマンド

機能	コマンド
フィルター、カウント	SET FILTER、COUNT

■処理概要

「AM01_Inventory」テーブルを対象に、フィルターを実行します。

■手順

①「AM01_Inventory」テーブルを開いた状態で、フィルターのⓕⓧをクリックし、次のような条件式を入力し、《OK》をクリックします。

「Sale_Price が Unit_Cost の 20%を足した金額より小さい」
（式は下記のスクリプトを参照）

②フィルターを実行した結果のテーブルで、《分析》メニューから《カウント》をクリックし、件数を確認します。

■参考：生成されるスクリプトの一例

処理	スクリプト
AM01_Inventory で、条件式を入力し、フィルターを実行する。	OPEN AM01_Inventory SET FILTER TO Sale_Price < Unit_Cost * 1.2
件数をカウントする。	COUNT

5.

〈解答〉5 件

〈解説〉

■使用する ACL の機能、コマンド

機能	コマンド
結合、カウント	JOIN、COUNT

■処理概要

「AM01_Inventory」を主テーブル、「AT01_Voucher」を副テーブルとして結合します。

■手順

①AM01_Inventory を開きます。（主テーブルとなるテーブルを先に開きます。）

②《データ》メニューから《結合》をクリックします。

③「副テーブル」から、「AT01_Voucher」を選択します。

④「主キー」、「副キー」は「Product_No」を選択します。

⑤結合タイプは、Inventory.csv（在庫マスター）のみに登録されている「Product_No」を問われているため、「主テーブル上の不一致レコードのみを出力」を選択します。

⑥「主フィールド」からすべてのフィールドを選択します。
※結合タイプに「主テーブル上の不一致レコードのみを出力」を選択したため、副フィールドは選択できません。

解答と解説

⑦「保存先」のファイル名は「K05_証票データにない在庫マスターの Product_No」とし、《OK》をクリックします。

⑧作成されたテーブルの画面で、ステータスバーの件数を確認します。または、《分析》メニューから《カウント》をクリックし、件数を確認してください。

■参考：生成されるスクリプトの一例

処理	スクリプト
AM01_Inventory に AT01_Voucher を結合する。「主キー」、「副キー」は「Product_No」とする。	OPEN AM01_Inventory OPEN AT01_Voucher SECONDARY JOIN PKEY Product_No FIELDS Product_No Description Quan_On_Hand Sale_Price Unit_Cost Value_at_Cost Market_Value Ven_No Ven_Name Ven_Zip Ven_Address SKEY Product_No UNMATCHED TO "K05_証票データにない在庫マスターの Product_No" OPEN PRESORT SECSORT ISOLOCALE ja_JP
件数をカウントする。	COUNT

6.

〈解答〉Ven_Address : GIFUKEN TOKISHI MIYUKICHO2-2-3

Ven_Name : Maruyama SEKKEI Corp.
Nishiyama SEIKI Co.,Ltd.
Takayama SEKKEI Corp.

Ven_Address : NIIGATAKEN UONUMASHI TADO1

Ven_Name : Nagata MOKUZAI Co.,Ltd.
Nagato MOKUZAI Co.,Ltd.

〈解説〉

■使用する ACL の機能、コマンド

機能	コマンド
要約、重複	SUMMARIZE、DUPLICATES

■処理概要

「AM01_Inventory」テーブルで「Ven_Name」を対象に《要約》を実行します。要約したテーブルで、「Ven_Address」を対象に《重複》を実行します。

■手順

①《分析》メニューから《要約》をクリックします。

②《要約の対象》となるフィールドは、「Ven_Name」を選択します。
《その他のフィールド》は、「Ven_Address」を選択します。
《小計フィールド》は、ここでは特に選ぶ必要はありません。

解答と解説

③《出力》タブをクリックします。「出力先」は「ファイル」を選択します。出力先のファイル名は、「W06_Ven_Name 要約」とし、《OK》をクリックします。

④「W06_Ven_Name 要約」テーブルを開いた状態で、《分析》メニューから《重複》をクリックします。

⑤《重複の対象》となるフィールドは、「Ven_Address」を選択します。
《フィールドの一覧》は、「Ven_Name」を選択します。

⑥《出力》タブをクリックします。「出力先」は「ファイル」を選択します。出力先のファイル名は「K06_Ven_Address 重複」とし、《OK》をクリックします。

⑦実行結果の画面で、「Ven_Address」と「Ven_Name」を確認してください。

■参考：生成されるスクリプトの一例

処理	スクリプト
AM01_Inventory で、「Ven_Name」を対象に《要約》を実行する。	OPEN AM01_Inventory SUMMARIZE ON Ven_Name OTHER Ven_Address TO "W06_Ven_Name 要約.FIL" OPEN PRESORT ISOLOCALE ja_JP
上記の処理で出力された W06_Ven_Name 要約で、「Ven_Address」を対象に、《重複》を実行する。	OPEN "W06_Ven_Name 要約" DUPLICATES ON Ven_Address PRESORT OPEN TO "K06_Ven_Address 重複.FIL" ISOLOCALE ja_JP

7.

〈解答〉グループの数：1

Ven_Name : Nagata MOKUZAI Co.,Ltd.
Nagato MOKUZAI Co.,Ltd.

〈解説〉

■使用する ACL の機能、コマンド

機能	コマンド
要約、あいまい重複	SUMMARIZE、 FUZZYDUP

■処理概要

問題 6 で出力した「W06_Ven_Name 要約」テーブルで、「Ven_Name」を対象に《あいまい重複》を実行します。

■手順

①「W06_Ven_Name 要約」テーブルを開いた状態で、《分析》メニューから《あいまい重複》をクリックします。

②《あいまい重複の対象》となるフィールドは、「Ven_Name」を選択します。

③《フィールドの一覧》は、ここでは特に選択する必要はありません。

④「相違のしきい値」に 1 、「相違のパーセント」に 50 を入力します。

⑤「結果サイズ」は指定がないので、デフォルトのままにしておきます。

⑥「完全な重複を含める」はチェックがついていない状態のままにしておきます。

解答と解説

⑦「保存先」のファイル名は「K07_Ven_Name_あいまい重複」とし、《OK》をクリックします。

⑧「K07_Ven_Name_あいまい重複」テーブルで、Ven_Name を確認します。

⑨グループ数を確認するため、ナビゲーター上のログ をダブルクリックし、ログの一覧から、「FUZZYDUP」コマンドのログをダブルクリックします。

⑩実行結果の画面で、グループ数を確認します。

■参考：生成されるスクリプトの一例

処理	スクリプト
W06_Ven_Name 要約で、「Ven_Name」を対象に《あいまい重複》を実行する。	OPEN W06_Ven_Name 要約 FUZZYDUP ON Ven_Name LEVDISTANCE 1 DIFFPCT 50 TO "K07_Ven_Name_あいまい重複" OPEN

解答と解説

〈監修者紹介〉

弓場 啓司 (ゆみば けいじ)

三恵ビジネスコンサルティング株式会社　代表取締役社長
一般社団法人 国際コンピュータ利用監査教育協会 代表理事
・公認会計士、国際認定 CAATs 技術者（ICCP）
・元中央青山監査法人パートナー、元有限責任監査法人トーマツパートナー

1992 年、当時の中央新光監査法人に入所。金融・商社・メーカー等の監査業務に従事。
公認会計士として、25 年以上にわたり監査実務でコンピュータ利用監査技法を実践。その傍ら、監査法人内の情報システムの企画、開発、導入、運用業務を行い、海外の提携ファームが開発した監査調書作成支援システムの日本導入を主導。 2006 年には教育研修の本部長として監査法人内の人材育成を主導。
2007 年、有限責任監査法人トーマツに移籍。パートナーとして監査法人内の人材育成に携わる一方で、データ監査推進委員会登員長を務める (2010 年～ 2011 年)。
2011 年、トーマツ e ラーニングソリューションズ株式会社の専務取締役に就任 (2015 年～ 2016 年は代表取締役社長)。
2017 年、トーマツを退職後、三恵ビジネスコンサルティング株式会社および一般社団法人 国際コンピュータ利用監査教育協会を設立し、代表取締役社長および代表理事に就任して現在に至る。
コンピュータ利用監査技法、IT 活用による業務改善に関する講演実績多数。

以下は日本公認会計士協会での活動.
・中小事務所等施策調査会 中小事務所ＩＴ対応支援専門委員会専門委員 (2019 年～現在)
・継続的専門研修制度協議会 企画専門委員会教材作成専門部会専門部会員 (2016 年～ 2019 年)
・継続的専門研修制度協議会 企画専門委員会教材作成専門部会専門委員 (2011 年～ 2016 年)
・継続的専門研修制度推進センター委員 (2010 年～ 2016 年)
・継続的専門研修制度協議会 企画専門委員会教材作成専門部会専門部会長 (2010 年～ 2011 年)
・継続的専門研修制度協議会 企画専門委員会専門委員 (2007 年～ 2016 年)
・継続的専門研修制度推進センター 第三部会部会員 (2007 年～ 2010 年)
・監査・保証実務委員会 内部統制検討専門委員会専門委員 (2005 年～ 2007 年)
・ＩＴ委員会 監査ＩＴ対応専門委員会専門委員 (2004 年～ 2007 年)
・情報基盤整備特別委員会（近畿会）副委員長 (2001 年～ 2002 年)

〈監修者紹介〉

上野　哲司 (うえの てつし)

一般社団法人 国際コンピュータ利用監査教育協会 専務理事
三恵ビジネスコンサルティング株式会社　マネージャー
・公認会計士、国際認定 CAATs 技術者（ICCP）、システム監査技術者

2003 年、株式会社オービックビジネスコンサルタントに入社後、開発部に所属して奉行シリーズの開発に携わる。
2008 年、公認会計士試験に合格後、当時の新日本有限責任監査法人に入所。製造・小売・情報・メーカー等の監査業務に従事。
公認会計士として、11 年以上にわたり財務諸表・内部統制監査、業務・システム改善支援、内部統制構築支援等に従事。その傍ら、監査法人内の研修講師として人材育成にも携わる。
2017 年、有限責任監査法人トーマツに移籍。
2020 年、トーマツを退職後、三恵ビジネスコンサルティング株式会社に入社し、一般社団法人国際コンピュータ利用監査教育協会にて、CAATs に関する教育研修や研究会の運営を担当している。また、三恵ビジネスコンサルティング株式会社においては、3 つのサービス（内部監査支援、CAATs 導入支援、業務改善支援）を通じて、IT を活用したソリューションを提供している。

以下は日本公認会計士協会での活動.
・ＩＴ委員会　未来の監査専門委員会専門委員 (2016 年～ 2017 年)
・ＩＴ委員会　電子化対応専門委員会専門委員 (2015 年～ 2016 年)

〈著者紹介〉

弓場 多恵子 (ゆみば たえこ)

大手家電メーカーのショールームアテンダントとして、お客様のサポートや製品を使用したイベントの企画・運営、エレクトロニクスショーでの製品説明などに携わる。結婚退職後、ヴァイオリニストの Yumiba Sisters(*) を育てることに専念。2019 年より ICAEA JAPAN で研修サポート業務に携わる傍ら、CAATs ツールを一から勉強し、ICCP 試験に合格。試験勉強で気づいたことを生かし、初心者目線での執筆を心がける。CAATs キャラクターのデザインや ICAEA JAPAN の運営会社である三恵ビジネスコンサルティング株式会社のホームページ作成なども手がけている。

＊ ICAEA JAPAN の研修休憩時間に Yumiba Sisters の音楽をお聴きいただけます。

ICCP国際認定CAATs技術者

1冊で学べる！

ICCP試験対策テキスト

定価（本体3200円+税）

2021年3月24日初版第1刷印刷
2021年3月31日初版第1刷発行
監　修　弓場啓司・上野哲司
著　者　弓場多恵子
発行者　百瀬精一
発行所　鳥影社 (www.choeisha.com)
〒160-0023 東京都新宿区西新宿3-5-12トーカン新宿7F
電話 03-5948-6470, FAX 0120-586-771
〒392-0012 長野県諏訪市四賀229-1(本社・編集室)
電話 0266-53-2903, FAX 0266-58-6771
印刷・製本　シナノ印刷

ISBN978-4-86265-876-0 C2034

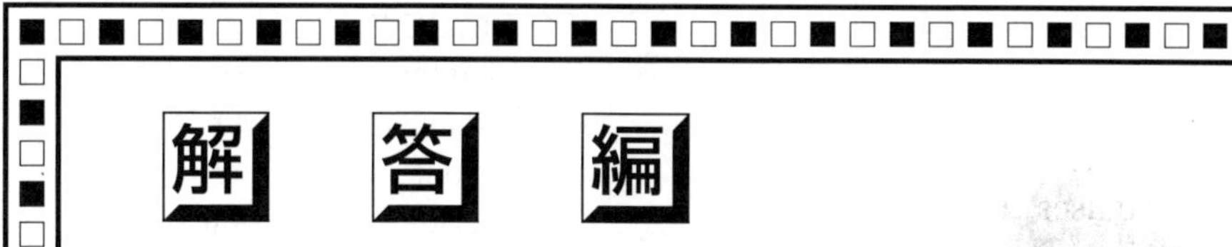

筆記問題編

ページ

1 語彙に関する問題

3 **出題例**
(1) merci (2) Bon (3) plaisir
(4) question

5 ***EXERCICE 1***
(1) content(e) (2) comment
(3) bonjour (4) heureuse (5) bientôt
(6) suite (7) Tout (8) rien (9) demain
(10) monde

7 ***EXERCICE 2***
(1) retard (2) dommage
(3) rendez-vous (4) manquerai
(5) année (6) voyage (7) mauvais
(8) bonne (9) week-end (10) bonne

9 ***EXERCICE 3***
(1) mieux (2) ensemble (3) Comme
(4) Sans (5) question (6) possible
(7) plus (8) égal (9) place (10) sûr

11 ***EXERCICE 4***
(1) dois (2) addition (3) carte
(4) santé (5) occasion (6) autre
(7) table (8) comme (9) autres
(10) même

13 ***EXERCICE 5***
(1) loin (2) pièces (3) Fumeurs
(4) marché (5) horaire (6) vol
(7) passe (8) chère (9) droit
(10) perdu(e)

15 ***EXERCICE 6***
(1) temps (2) longtemps (3) toujours
(4) tôt (5) dernière (6) tombes
(7) première (8) temps (9) tard

ページ

(10) dernier

17 ***EXERCICE 7***
(1) mode (2) plutôt (3) préféré
(4) pensez (5) mal (6) délicieux
(7) Quelle (8) exagère (9) complet
(10) mieux

19 ***EXERCICE 8***
(1) importe (2) arrive (3) marche
(4) mal (5) instant (6) panne
(7) rien (8) comme (9) prêts
(10) mieux

21 ***EXERCICE 9***
(1) chance (2) écoute (3) air
(4) passe (5) part (6) quelque
(7) fort (8) part (9) envie
(10) répondeur

23 ***EXERCICE 10***
(1) suffit (2) fois (3) trop (4) peu
(5) plus (6) moins (7) environ
(8) tiers (9) coup (10) bouteilles

24 **まとめの問題**
1 (1) monnaie (2) aussi (3) monde
(4) anniversaire
2 (1) dernière (2) Quel (3) parlent
(4) plus
3 (1) bons (2) faute (3) Pas
(4) coup
25 **4** (1) ensemble (2) aucun
(3) essayer (4) Tôt
5 (1) vraiment (2) pis
(3) quelqu'un (4) trop
6 (1) libre (2) tout (3) problème
(4) taille

ページ

2　動詞の活用

27 **出題例**

(1) prends (2) a mis
(3) se sont amusés (4) allait
(5) voyagerais

(1) 「ふだん,君はどうやって通勤するの？」「バスに乗ってる」
(2) 「万年筆が見あたらないんだけど」「君のお母さんがさっきそれらをテーブルのうえに置いたよ」
(3) 「子どもたちはテレビを見たの？」「いいえ，彼らは外で遊んでいた」
(4) 「今晩なにをしようか？」「踊りに行かない？」
(5) 「もしお金持ちなら，あなたはなにをするだろうか？」「私は1年間旅行するだろう」

31 ***EXERCICE 1***

(1) vient (2) préfère (3) pouvez
(4) partent (5) bois (6) voyez
(7) attends (8) doit (9) font (10) vais

(1) 「アランは運転できるのですか？」「はい，ついこのまえ免許をとったところです」
(2) 「あなたはコーヒーをどんな風にして飲むのが好きですか？」「私はブラックコーヒーのほうがいいです」
(3) 「あいにくきょうはもうふさがっている」「それじゃあ，あすは来ることができますか？」
(4) 「彼らはヴァカンスをとらないのですか？」「いいえ，まもなくコート・ダジュールへでかけます」
(5) 「とても喉が渇いた。なにか飲みものはある？」「水を飲む？　それともビール？」
(6) 「C棟はどこにありますか？」「つきあたりの右側にある入り口が見えますか？あそこです」
(7) 「荷物ももたないで君はいったいここでなにをしているの？」「ニースから私に会いにくる従兄弟を待ってるんだよ」
(8) 「この車の価格はいくらなんだろう」「それはとても高いにちがいない」
(9) 「今年彼らはアヌシー湖へ行かないの？」「いや行くよ，でも毎年あちらでなにをするんだろう？」
(10) 「ご両親はあなたがあす試験を受けることをご存じですか？」「いいえ，でも彼らには今夜にでも電話します」

ページ

EXERCICE 2

33 (1) vous intéressez (2) reste
(3) me souviens (4) pleut
(5) se lèvent (6) nous écrivons
(7) se passe (8) ne se voit pas
(9) te sers (10) m'appelle

(1) 「私はスポーツも，音楽も，映画も好きではありません」「それじゃあ，何に興味があるのですか？」
(2) 「私は7時まで仕事です」「なにをやり残しているのですか？」
(3) 「ぼくに初めて会ったのはいつだった？」「日付は忘れたわ，でも雪が降っていたのを覚えている！」
(4) 「なんていやな天気だろう！」「そうね，1週間まえから毎日雨が降っている」
(5) 「子どもたちはまだ寝てるの？」「はい，彼らは毎朝8時に起きる」
(6) 「彼(女)から便りはある？」「はい，私たちはお互いにしょっちゅう手紙を書いている」
(7) 「変な音が聞こえる？」「うん。どうしたんだろう？」
(8) 「ジャックにはよく会うの？」「いいえ，私たちは彼の仕事のせいであまり会えない」
(9) 「自転車のタイヤがパンクした」「ぼくの自転車を使う？」
(10) 「あなたの名前は何ですか？」「ミシェル・フォンテーヌといいます」

35 ***EXERCICE 3***

(1) Dites (2) Soyez (3) Brosse-toi
(4) t'inquiète (5) Va
(6) Asseyez-vous / Assoyez-vous
(7) Mets (8) répondez (9) Prenons
(10) Aie

(1) 「それではおいとまします。さよなら」「さよなら。あなたのお母さんへよろしく言ってください」
(2) 「会議は何時に始まりますか？」「3時です。時間を守ってくださいね」
(3) 「おやすみなさい！　眠たいからベッドに入ります」「寝るまえに歯をみがくのよ」
(4) 「急いで，学校に遅刻するよ」「心配しないで，定刻には着くから」
(5) 「私は明朝6時に起きなければならない」「もう12時だよ。すぐに行って寝なさい」
(6) 「遅刻してすみません」「そのように立っ

ページ

35 たままでいないでください。おかけください」

(7) 「母さん，ジャックは疲れているようだよ」「彼を寝かせて。彼には睡眠が必要です」

(8) 「ランティエ社から問い合わせがきています」「そう，彼らに返事を書いてください」

(9) 「バスに乗る？　それとも地下鉄にする？」「地下鉄に乗りましょう，そのほうが早い」

(10) 「私は試験に合格すると思う？」「自信をもちなさい，万事うまくゆくでしょう」

38 **EXERCICE 4**

(1) s'est passé (2) sont partis

(3) a reçu (4) sont arrivées

(5) ont pris (6) sommes resté(e)s

(7) a dit (8) t'es trompé(e)

(9) se sont connus (10) ai vu

(11) suis née (12) avez fait

(13) sommes allé(e)s (14) est sortie

(15) s'est mis (16) ai lu (17) n'ai pas eu

(18) a plu (19) est morte (20) ai visitée

(1) 「こんにちは，盗難届けを出しにきました」「はい。それはどんな状況で起こったんですか？」

(2) 「カトリーヌとジャンはいないの？」「はい，彼らは散歩にでかけました」

(3) 「このジャーナリストは最近よくテレビにでている」「そう，彼は先月最優秀ルポルタージュ賞を受賞した」

(4) 「どのくらいまえから彼女たちはフランスにいるのですか？」「2ヶ月まえです，彼女たちは9月にやって来た」

(5) 「彼らはもう出発したのですか？」「はい，21時20分の列車に乗りました」

(6) 「遅刻してすみません」「私たちは30分君を待っていた」

(7) 「彼は1時間遅刻してやって来た」「彼は君に遅刻を釈明するために何て言ったの？」

(8) 「約束の場所にはだれもいなかった」「当然だよ，君は日付をまちがえたんだから！」

(9) 「彼らはいつから親しいの？」「休暇中に知り合って以来だよ」

(10) 「ジャックはもう日本から帰国したの？」「はい，私は先週彼に会って，いっしょに夕食を食べた」

(11) 「ジャンヌ，あなたの誕生日はいつ？」「私は1990年2月9日に生まれた」

(12) 「私はきのう2時間しか授業がありませんでした」「あなたは放課後なにをしましたか？」

(13) 「あなたたちは夏の休暇をどこで過ごしましたか？」「私たちはブルターニュ地方へ行きました」

(14) 「アリーヌはどこ？」「彼女は買いものをしにでかけた」

(15) 「散歩をしに行かない？」「いいよ。でも雨が降り始めた」

(16) 「君が読んでいた小説は読み終えた？」「いや，半分読んだところ」

(17) 「ジャンに話をした？」「とんでもない，彼に会う時間がなかったんだ」

(18) 「スペインで楽しいヴァカンスを過ごした？」「はい，スペインは気に入った」

(19) 「おばあさんのことは覚えているの？」「いいえ。彼女は私が2歳のときに他界したので」

(20) 「この町のことは詳しいんですか？」「はい，たしか数年まえに行ったことがあります」

41 **EXERCICE 5**

(1) aura (2) fera (3) réussiras

(4) verrez (5) rappellerai

(6) pourrez (7) aurez fini (8) irai

(9) serons (10) seront rentrés

(1) 「彼は車はもってるの？」「いや，でもバカロレアがすんだらバイクを買うでしょう」

(2) 「どうしても私のおばさんに電話しなければなりません」「あすそうしましょう」

(3) 「私は去年バカロレアに失敗した」「今年は合格するでしょう，熱心に勉強しているから」

(4) 「私はあすマリーと約束があります」「それじゃあ，彼女に会ったら，私に電話するように言ってください」

(5) 「あいにくです。ソフィーはきょうお休みです」「わかりました，あすまた電話します。ありがとう」

(6) 「今お母さんと話すことができますか？」「いいえ，でも今晩なら話すことができるでしょう」

(7) 「きょうは会社を早退したいのですが」「この仕事が終わったら，帰ってもいいですよ」

(8) 「授業が終わったらなにをするの？」「コンサートへ行きます」

(9) 「あすはなにをしますか？」「私たちは1日中家にいます」

(10) 「ご両親は不在ですか？」「はい，でも7時までには帰宅しているでしょう」

ページ

43 **EXERCICE 6**

(1) voulait (2) avions (3) saviez
(4) avait vérifiée (5) était tombée
(6) habitais (7) étaient (8) dormais
(9) allait (10) faisais

(1) 「アランから電話があったよ」「どんな用事だった？（←彼はなにを望んでいた？）」
(2) 「急ぎましょう！　あまり時間がない」「でも君はさっき，時間はあると言ったじゃない」
(3) 「ここでは夏は毎日嵐になります」「そうですね，ただしこんなに頻繁だと知っていましたか？」
(4) 「自動車修理工は自動車を修理してくれた？」「はい，私が着いたとき，彼は点検を終えていた」
(5) 「マリー，なぜ君は実家へ帰るの？」「母が病気になったときのう電話があったからよ」
(6) 「君はどこで少年時代を過ごしたの？」「トゥールーズに近い田舎に住んでいました」
(7) 「彼らはいつ知り合ったの？」「彼らがパリで銀行員だったころだよ」
(8) 「帰宅したとき,君はぼくを起こした？」「いいえ，君はぐっすり眠っていた」
(9) 「今週末はなにをしようか？」「海へ行かない？」
(10) 「君は事故にあったの？」「はい，サイクリングをしていたときに」

45 **EXERCICE 7**

(1) aimerais (2) serions (3) saurait
(4) attendant (5) arriveriez
(6) pourrait (7) faisant (8) sortant
(9) prenant (10) achèterais

(1) 「モロッコへ行かない？」「私としてはエジプトへ行くほうがいいんだけど」
(2) 「なにを使ってでかけるの，飛行機それとも列車？」「飛行機だよ。列車で旅行したら，着くまえに疲れてしまうよ」
(3) 「彼女はめったに新聞を読まない」「新聞を読む習慣が身につけば，彼女は世界でなにが起こっているのかもっとよくわかるのに」
(4) 「ルネを探しているんだけど。君は会った？」「うん。バスを待っているときに会った」
(5) 「私は一度も飛行機に乗ったことがありません。少し不安なのです」「飛行機を使えば，より早く目的地に着くのですが」
(6) 「ぼくは今週末はとても忙しい」「残念です。日曜日に映画館へ行けば，いい映画を見ることができるのに」
(7) 「でも，腕は！　どうしたの？」「スキーをしているときころんだんだ」
(8) 「そのレストランはどこにありますか？」「ホテルを出たら，目のまえの左側にあります」
(9) 「ルーヴル美術館へはどう行くのですか？」「通りを右へ行けば，そこに出ます」
(10) 「私の立場ならどうしますか？」「私なら，どちらかといえば，この白い車のほうを買いますが」

47 **EXERCICE 8**

(1) ne puissions pas (2) ailles
(3) veniez (4) finissiez
(5) me dépêche (6) prenne (7) soit
(8) écrivent (9) travaille (10) fasse

(1) 「さよなら，みんな」「私たちがもっといることができないのは残念です」
(2) 「悪寒がする，風邪をひいたのにちがいない」「医者に診てもらいに行かなければ」
(3) 「あすお伺いしてもよろしいですか？」「はい，でも家へ来るのは午前中にしてもらいたいのですが」
(4) 「車の修理には2日間の作業を要するでしょう」「週末までには終えてもらいたいのですが」
(5) 「もう列車が出ます。楽しい旅を！」「おやおや！　急いで乗車しなければならない」
(6) 「バスに乗りますか？　それとも地下鉄？」「地下鉄に乗るほうがいい。それが一番速い」
(7) 「ピエールは具合が悪い」「そう，彼が病気だなんて残念です」
(8) 「子どもたちから便りはある？」「いや。彼らにはもっと頻繁に手紙を書いてほしい」
(9) 「ヴァレリーはよく勉強していると思う？」「彼女がよく勉強しているかどうか確信はない」
(10) 「あすヴァカンスへでかけるのですか？」「はい，天気がよければ」

48 **まとめの問題**

1 (1) ferons (2) Permettez
(3) revenant (4) s'est marié
(5) allais

ページ

48 (1)「今ではコンピュータで何でもできてしまう」「まもなく私たちは家からでないで，あらゆる買いものをするようになるだろう」

(2)「こんにちは」「こんにちは。私の姉[妹]を紹介させていただきます」

(3)「君はいつドゥニーズに会ったの？」「きのう，スーパーから帰ってくるときに」

(4)「ルノーが新しい奥さんを紹介してくれたよ」「またかい！　彼はもう何回結婚したことになる？」

(5)「おばさんのことを覚えていますか？」「はい，家へ行くたびに彼女はキャンデーをくれたものでした」

2 (1) partes (2) verra (3) achèterais (4) est venue (5) apprenons

(1)「私はアランと5時に約束がある」「それなら，君はすぐにでかけなければならない」

(2)「職を探しているんだ，3ヶ月まえから失業中なもので」「気をもむことはないさ，まあ様子を見てみましょう」

(3)「ロトで当たったらなにをしますか？」「私はあこがれの家を買うでしょう」

(4)「ソフィーに会った？」「はい，彼女は昨晩家に来た」

(5)「あなたたちは今年の夏，モスクワでヴァカンスを過ごすのですか？」「はい。私たちは今ロシア語を習っています」

49 **3** (1) ayant (2) verrait (3) changeais (4) viens (5) se sont rencontrés

(1)「地下鉄に傘を忘れた」「運がよければ，見つかるでしょう」

(2)「誕生日おめでとう，愛するリュシー！」「幸いにも誕生日がある，さもないと，私たちはけして君に会えないでしょう」

(3)「私のパソコンはもう5年になる」「パソコンをかえたら？」

(4)「おや，新しい眼鏡ですか？」「はい，買ったばかりです」

(5)「ポーリーヌとピエールが結婚することを知ってる？」「もちろん。彼らは2年まえにパリで出会ったんだ」

4 (1) savais (2) connaissez (3) aille (4) sera (5) avons mis

ページ

(1)「妻は運転免許の試験に合格したよ」「知らなかったよ」

(2)「私たちはデュポン家の人たちに夕食へ招待されている」「あなたたちは彼らと知り合いなのですか？」

(3)「あす来ることができる？」「だめよ！おじさんに会いに行かなければならない」

(4)「スペイン語は好き？」「はい。国際レベルでますます役立つだろうと思います」

(5)「君たちはこんなに長いあいだ私を待たせた」「ごめんなさい。私たちは渋滞のせいで来るのに1時間かかった」

50 **5** (1) pourrait (2) travailliez (3) descendant (4) a compris (5) buvons

(1)「彼はそれほど若くないので，外国に何週間も滞在できない」「彼が5歳若ければ，私たちといっしょに今度の旅行をできるのだが」

(2)「なぜあなたは怒っているのですか？」「あなたにもっと勉強してもらいたいのです」

(3)「君は脚をどうしたの？」「階段を降りるときころんだの」

(4)「あなたはドゥニに全部説明しましたか？」「もちろん。彼はすぐに理解してくれたよ」

(5)「ワインは好きではないのですか？」「いいえ，でもふつう食事中は水を飲むことにしています」

6 (1) faisant (2) téléphonerai (3) était parti (4) voyons (5) a eu

(1)「ダニエルは私より太っていた。しかし今では彼女のほうがやせている」「彼女は厳しいダイエットをしてやせた」

(2)「君は消息を知らせると約束してくれる？」「約束する，電話するよ！」

(3)「17時10分の列車に乗り遅れたのですか？」「はい，私が駅に着いたとき，その列車はもう出発していた」

(4)「最近ジャンヌと話した？」「いいえ，私たちは1週間まえから彼女に会っていない」

(5)「その若い作家を知っていますか？」「はい，彼の処女作は去年大当たりしました」

ページ

3　代名詞に関する問題

51 **出題例**

(1) ③　(2) ②　(3) ①　(4) ③

(1) お腹がへっていなかったので，私はなにも食べなかった。
(2) 私は忘れものをした。家にひき返さなければならない。
(3) ワインは健康にいい，しかし飲み過ぎてはいけない。
(4) ポールはけして嘘をつかない。私は彼を信頼している。

53 ***EXERCICE 1***

(1) moi　(2) toi　(3) vous　(4) moi
(5) eux　(6) lui　(7) toi　(8) elles
(9) nous　(10) elle

(1) 私をおいていらしてください。今晩は外出したくないんです。
(2) このプレゼントは君へです。きょうは君の誕生日です。
(3) この本を私に勧めてくれたのはあなたです。
(4) 最初に着いたのはぼくです。
(5) あれらの俳優はとても人気がある。しかし，この女優は彼らより有名です。
(6) 彼女はまもなくジャンと結婚する。彼女は彼しか愛していない。
(7) 君のおかげでうまくいったよ，君がいろいろと助けてくれたから。
(8) 私の従姉妹たち，彼女たちはとても料理がじょうずです。
(9) 私たちはプールに行く。私たちといっしょに来ない？
(10) ステファニーはとても感じがいい。だから彼は彼女に関心がある。

56 ***EXERCICE 2***

(1) l'　(2) le　(3) te　(4) les　(5) la　(6) lui
(7) me　(8) leur　(9) la　(10) le

(1) 彼は彼女とテニスをするのが大好きです。そこで彼は日曜日に彼女を(テニスをするために)田舎へ誘います。
(2) 私は君にプレゼントを買った。今晩君にそれを渡します。
(3) 私は君を信じない。君は私にでたらめを言っている。
(4) 私の眼鏡が見あたらない。あっ，それはここにあった。
(5) モニック？　私は毎日彼女に会っている。
(6) あなたの計画を彼女に話してください。

ページ

彼女はきっと賛成するでしょう。
(7) できたら，駅へ私を迎えに来てください。そうでなければ，私はタクシーを使います。
(8) 両親に電話しなさい。そして，今晩来ることができるかどうか彼らにたずねなさい。
(9) おや，ジャックに手紙がきている。これを彼に渡してよ。
(10) 君はこの本が欲しかったの？　これをもっていっていいよ，ぼくは読み終えたから。

58 ***EXERCICE 3***

(1) se　(2) vous　(3) s'　(4) m'　(5) se
(6) toi　(7) se　(8) t'　(9) nous　(10) te

(1) ところで私たちはどこで会いますか？
(2) こんにちは，どうぞおかけください。
(3) それはどのように書くのですか？
(4) きょうはどんな服を着ようかしら？
(5) 彼女は疲れているようです。彼女は休息をとる必要がある。
(6) 10時過ぎてるよ，起きなさい！
(7) 彼らはニュースを交換するために毎日電話をかけあっている。
(8) 心配しないで，定刻に着くから。
(9) 私たちはよく森を散歩する。
(10) 寝なさい，遅いから。

60 ***EXERCICE 4***

(1) le　(2) y　(3) y　(4) y　(5) le　(6) y
(7) en　(8) en　(9) en　(10) en

(1) 彼女はあなたがそう思っているほど年上ではない。penser　は他動詞。qu'elle est âgée を le でうけます。ne は虚辞。
(2) だれも予想していなかったのに，雨が降った。s'attendre　à　cela そのことを予想する。à cela を y でうけます。
(3) 8時までに帰らなければならない。そのことを忘れないでください。penser　à　cela そのことを考える，覚えておく。à cela を y でうけます。
(4) 彼は私の質問を理解しなかった。だからそれに答えられなかった。répondre　à　ma　question 私の質問に答える。à　ma question を y でうけます。
(5) 大きな飛行機事故があった。あなたはそのことを知っていましたか？
(6) 私はヴェネチアを知りません。そこには1度も行ったことがないので。aller à Venise の à Venise を y でうけます。

ページ 60

(7) この辞書を君に貸すことはできない。私がそれを必要だから。avoir besoin de ce dictionnaire の de ce dictionnaire を en でうけます。

(8) 私の姉は 9 歳で，私は 6 歳です。six ans の ans を en でうけます。

(9) もしお金のもちあわせがあるなら，私に少し貸してちょうだい。un peu d'argent の d'argent を en でうけます。

(10) 今にわかるよ。アランは遅刻する。私はそのことに確信がある。être sûr de cela の de cela を en でうけます。

62 ***EXERCICE 5***

(1) ceux (2) ce (3) celui (4) la vôtre
(5) le sien (6) la tienne (7) celles
(8) ce (9) les miens (10) Celle

(1) 彼女は彼女を迎えに来た人たちとでかけた。

(2) なにが起こったのかわかる？

(3) 私は君の電話番号を知っている。しかし，マルクのものは知らない。le numéro de téléphone を celui でうけます。

(4) 私は車がない。あなたのを私に貸してくれませんか？ votre voiture を la vôtre でうけます。

(5) 私は私の傘をもって行く。ピエールも彼のものをもって行く。son parapluie を le sien でうけます。

(6) 私の母は50歳です。で君は，君のお母さんは何歳？ ta mère を la tienne でうけます。

(7) 私のスーツケースは車のなかにある。フィリップとアンヌのはどこにあるの？ les valises を celles でうけます。

(8) 彼女がなにを言っているのかだれにも聞こえない。

(9) 君は身分証明書をもってる？私のは見あたらない。mes papiers d'identité を les miens でうけます。

(10) あそこにいる 3 人の娘が見える？ 帽子をかぶっているのが私の娘だよ。la fille を celle でうけます。

64 ***EXERCICE 6***

(1) qui (2) laquelle / lesquelles
(3) Lequel (4) Lesquels (5) quoi
(6) laquelle (7) Qu'est-ce qui (8) Que
(9) Lequel (10) Qu'est-ce que

(1) 彼女はだれに手紙を書くのですか？
—ジャンに書きます。

(2) 君はあの娘たちのだれとデートするの？

ページ

女性複数名詞（ces filles）から女性単数名詞または女性複数名詞を選びます。

(3) これら 2 枚のレコードのなかのどれを聴きたい？男性複数名詞（ces deux disques）から男性単数名詞を選びます。

(4) これらの本のなかでどれがもっとも読みやすいですか？ 男性複数名詞（ces livres）から男性複数名詞を選びます。形容詞の形（les plus faciles）から主語は複数に一致しなければなりません。

(5) 君はなにを考えているの？
—ヴァカンスのことだよ。

(6) この映画には 3 人の女優が出演している。君の考えでは，だれがもっともきれいだと思う？ 女性複数名詞（trois actrices）から女性単数名詞を選びます。形容詞の形（la plus jolie）から主語は単数に一致しなければなりません。

(7) なにが若者の関心をひきますか？
—ロックです。

(8) あなたはなにを読んでいるのですか？
—推理小説を読んでいます。

(9) ここに新聞があります。どれがもっともおもしろいですか？ 男性複数名詞（des journaux）から男性単数名詞を選びます。形容詞の形（intéressant）から主語は単数に一致しなければなりません。

(10) あなたの職業は何ですか？
—私はエンジニアです。

66 ***EXERCICE 7***

(1) qui (2) dont (3) qui (4) dont
(5) où (6) qui (7) lequel (8) dont
(9) où (10) que

(1) こちらは私が車を売った隣の人です。

(2) これはみんながとても満足した旅行です。être content de ce voyage の de ce voyage を dont でうけます。

(3) 私は流行にのっているものがあまり好きではない。指示代名詞 ce が先行詞として使われています。

(4) 木々がすべて病気にかかっているいくつかの森がある。les arbres de ces forêts の de ces forêts を dont でうけます。

(5) 私は君が事故にあった日を決して忘れないでしょう。先行詞（le jour）は時を表わします。

(6) 彼が結婚する娘はカメラマンです。

(7) 君が座っている肘掛け椅子は私の祖父のものです。

(8) 私の祖母は，今もって彼女の記憶にあるその旅行のことをいつも話題にする。

(9) 私たちはそこで生活することを夢見てい

ページ

たスペインを旅行した。

66 (10) 君がこの夏に読んだ本はなに？

68 ***EXERCICE 8***

(1) tout (2) Chacun (3) personne

(4) quelqu'un (5) quelqu'un

(6) Personne (7) rien

(8) quelque chose (9) tous

(10) quelque chose

(1) 台所では，何でも清潔にしておく必要があるでしょう。
(2) クラスの学生たちは各自辞書をもっている。
(3) 休暇中私はだれにも手紙を書かなかった。
(4) プロヴァンス通りを見つけることができない。だれかにたずねてみます。
(5) 彼は仕事を手伝ってくれるだれか信頼できる人を探している。
(6) 私の不在中，だれからも電話はなかった？
(7) なにも食べるものはないの？お腹がすいたよ！
(8) 申告するものがなにかありますか？
(9) あなたはマンションの隣人を知っていますか？
－いいえ，全員は知りません！
(10) 今晩テレビでなにかおもしろいものがありますか？

69 **まとめの問題**

1 (1) ① (2) ② (3) ② (4) ③

(1) 彼は海辺に1軒の別荘を借りた。彼はそれにとても満足している。être content de cette villaのde cette villaをenでうけます。
(2) 私は彼(女)の新しい小説を買って，それを読んでいるところです。son dernier romanをleでうけます。
(3) フランスの人口は日本のそれほど過密ではない。
(4) 心配しないでください！　すべてうまくいくでしょう！

2 (1) ② (2) ③ (3) ① (4) ②

(1) だれかが公園のベンチに新聞を置き忘れた。
(2) 彼は駅のすぐ近くに住んでいる。彼は歩いてそこへ行くことができる。à la gareをyでうけます。
(3) 私はおばさんがエール・フランスで働いている友だちの家に住んでいます。la tante de mon amieのde mon amieをdontでうけます。
(4) ジュリアンは君よりたくさんのワインを飲んだ。queのあとの代名詞は強勢形人称代名詞です。

3 (1) ② (2) ② (3) ① (4) ①

(1) 彼らの車では広さが十分ではないでしょう。私たちのを使いましょう。notre voitureをla nôtreでうけます。
(2) 君のお母さんはまだ帰らないの？
－おや，やっと帰ってきた。直接目的語人称代名詞＋voilà。
(3) もしそうしたければ，私といっしょに来てもいいよ。leはvenir avec moiをうける中性代名詞です。
(4) あなたはバスに乗り遅れたのですか？それじゃあ，つぎのに乗ってください。l'autobusをceluiでうけます。

70 **4** (1) ① (2) ② (3) ③ (4) ②

(1) この桃は熟していない。べつのを食べなさい。une autre pêcheのpêcheをenでうけます。
(2) 君が話していた男の人は作家です。前置詞＋人は，前置詞＋quiでうけます。
(3) ピエールは彼らをとても嫌っている。だから彼は彼らに話しかけたがらない。
(4) 私になにか言うことがある？

5 (1) ③ (2) ① (3) ③ (4) ③

(1) あす7時に映画館のまえで，いいですか(←それはあなたに都合がいいですか)？
(2) 彼女はけしてとても高価なものは買わない。
(3) 私は彼女の家に立ち寄ったけれど，彼女は不在だった。chez elleをyでうけます。
(4) なにから始めましょうか？

6 (1) ① (2) ③ (3) ① (4) ①

(1) 私の子どもたちに泳ぎを教えてくれたのは彼です。c'estのあとの代名詞は強勢形人称代名詞です。動詞の活用形(a appris) から，主語は3人称単数です。
(2) エミールとニコラはお互いにしょっちゅう夕食に誘います。
(3) 君が何て書いているのかけして読むことができない。
(4) コーヒーを1袋買いに行ってよ，それがもうないんだよ。il n'y a plus de

ページ café の de café を en でうけます。

4　前置詞に関する問題

71 **出題例**

(1) ⑥　(2) ①　(3) ②　(4) ⑤

(1) 長時間雨のなかを歩かなければならなかった。
(2) 彼はよくテレビでサッカーの試合を見る。
(3) 私は君を弁護士宅まで送っていくよ。
(4) 私たちは週に1回テニスをする。

73 ***EXERCICE 1***

(1) à　(2) en　(3) pour　(4) de
(5) dans　(6) dans　(7) de　(8) en　(9) À
(10) en

(1) アランはジュネーヴで働いている。
(2) 彼女はイタリアへヴァカンスに行く。
(3) 10時ごろのパリ行きの飛行機はありますか？
(4) フランスから日本へ行くには13時間かかる。
(5) 彼らはタクシーに乗った。
(6) 私はきょうの新聞でその記事を読んだ。
(7) モニックは先週の月曜日に退院した。
(8) 部屋を散らかしっぱなしにするな。
(9) 君の立場だったら，私は田舎へ静養に行くところなんだが。
(10) あなたは町に住んでいるのですか？　それとも田舎ですか？

75 ***EXERCICE 2***

(1) derrière　(2) vers　(3) jusqu'à
(4) sur　(5) parmi　(6) sous　(7) chez
(8) devant　(9) entre　(10) par

(1) 映画館で私は，あいにく背の高い男の人のうしろに座ってしまった。
(2) この街道は北へ向かっている。
(3) 空港から家まで1時間かかる。
(4) 彼女は自分の部屋の壁に数枚のポスターを貼った。
(5) 私は出席者のなかからフランソワーズを見わけた。
(6) 私はきのうの朝君の部屋の窓のしたを通った。
(7) 私は今晩友だちの家へ夕食に行く。
(8) 私のまえに立たないで，なにも見えない。
(9) 教会は郵便局と市役所のあいだにある。
(10) あなたは南仏へ行くのにリヨンを通りますか？

ページ ***EXERCICE 3***

77 (1) À　(2) en　(3) pour　(4) entre
(5) dans　(6) vers　(7) de　(8) Dans
(9) pendant　(10) pour

(1) 私たちは6月10日の日にデュポン家に招待されている。
(2) 2時間かけて私は答を見つけた。
(3) 私はあすまでに片づけなければならない問題がある。
(4) 8時から9時までには着くでしょう。
(5) 私は君に1週間後に電話します。
(6) 4月15日ごろ会議を開きます，正確な日取りはのちほどお知らせします。
(7) イチゴがでまわるのは5月から7月にかけてです。
(8) 少女時代彼女は，ディジョンに近い田舎に住んでいた。
(9) 休暇中だれが君の猫の面倒をみるの？
(10) あなたはどれくらいの予定ででかけるのですか？

79 ***EXERCICE 4***

(1) jusqu'à　(2) Après　(3) dès
(4) depuis　(5) après　(6) depuis
(7) Depuis　(8) Jusqu'à　(9) avant
(10) Avant

(1) 私が帰って来るまで待っていてください。
(2) 宿題を終えてから，彼は遊びに行った。
(3) その映画は出だしから私の気に入った。
(4) 彼は2ヶ月まえから入院している。
(5) けさは授業が2時間ある。放課後，1時ごろなら君に会える。
(6) 私は1時間まえから君を待っている，急いで！
(7) ここへ来てから私のフランス語は上達した。
(8) 君は何歳まで学業を続けたの？
(9) 行動するまえによく考えてください。
(10) 出発するまえに，フロントに鍵を返すのを忘れないでください。

81 ***EXERCICE 5***

(1) à　(2) par　(3) en　(4) Avec　(5) avec
(6) avec　(7) par　(8) en　(9) à　(10) en

(1) アランは自転車に乗って，たったひとりで森へでかけた。
(2) この事故は君の過失によって起きた。
(3) この古い彫像は木製です。
(4) 眼鏡をかければ，彼はちゃんと読むことができる。

ページ (5) 彼はその映画を興味深く見た。
81 (6) 彼らは広い庭つきの家を買った。
(7) 私の娘は1日に1時間しか勉強しない。
(8) 私たちは湖を船で遊覧した。
(9) あなたはやることがまだなにか残っているのですか？
(10) このお金をユーロに両替してくださいますか？

83 ***EXERCICE 6***

(1) sur (2) comme (3) de (4) sur
(5) contre (6) de (7) Selon (8) Sans
(9) sans (10) pour

(1) 彼女は2日に1日働く。
(2) したいようにしなさい。
(3) 彼が君に話したことのなかに，ほんとうのことはひとつもない。
(4) 私はラシーヌの悲劇に関する講演を聞きに行った。
(5) 私は娘に対して腹を立てている。
(6) 飛行機は30分遅れている。
(7) 新聞によると，今年の夏はとても暑くなる。
(8) コートを着ないと，冬は寒い。
(9) ピエールはニースまでノンストップで車を走らせた。
(10) 君は頭がいいから私の言っていることがわかるでしょう，どう？

85 ***EXERCICE 7***

(1) en (2) à (3) à (4) de (5) de (6) de
(7) pour (8) de (9) pour (10) à

(1) この生徒はデッサンがとても得意です。
(2) このテキストは翻訳するのがじつにむずかしい。
(3) 彼女はやっと出発の準備ができた。
(4) 彼は30分足らずで宿題を終えた。
(5) その質問に答えるのはむずかしい。
(6) 彼らは息子を自慢に思っている。
(7) アルコールは健康によくない。
(8) 彼(女)の家は会社のすぐ近くです。
(9) 1日あれば，この美術館を見学するにはじゅうぶんです。
(10) 彼(女)の説明は理解しやすい。

87 ***EXERCICE 8***

(1) à (2) avec (3) à (4) de (5) de
(6) sur (7) Par (8) de (9) À (10) de

(1) 手をかして，ドアがなかなか開かない。
(2) アンヌはまもなくピアノの先生と結婚する。

ページ (3) 彼は火事から免れた。
(4) 私は彼(女)に，真夜中の12時に帰宅することを許可した。
(5) 雨は2日まえからずっと降り続いた。
(6) 私たちはあなたが会議に出席することをあてにしています。
(7) 私たちはどこから始めますか？
(8) 私の新しいワンピースをどう思う？
(9) この機械は何の役にたつのですか？
(10) ソフィーは7月にヴァカンスをとることにした。

88 **まとめの問題**

1 (1) ① (2) ⑥ (3) ④ (4) ⑤

(1) あなたに提案することはなにもありません。
(2) 私は雨のなかを外出したくはない。
(3) 君の時計は3分進んでいる。
(4) 今晩の計画はありますか？

2 (1) ② (2) ③ (3) ⑤ (4) ⑥

(1) アンヌはおもしろい仕事を見つけた，彼女は喜んで働いている。
(2) 冬は，この地域では雪が多い。
(3) 彼は家をでたところです。
(4) ベッドを壁にぴったりくっつけなさい！

3 (1) ⑤ (2) ④ (3) ① (4) ⑥

(1) 彼は8月15日以来失職している。
(2) 私の財布はバッグから落ちた。
(3) もしそのほうがいいなら，歩いて帰ってもいいよ。
(4) これら2国間の大きな違いがわかりますか？

89 **4** (1) ⑤ (2) ⑥ (3) ② (4) ①

(1) 彼らは年に1回芝居に行く。
(2) 私は旅行中君に絵はがきを書くよ。
(3) 1年後にはあなたもフランス語をとてもじょうずに話せるようになるでしょう。
(4) あなたはつぎの駅で降りてください。

5 (1) ④ (2) ① (3) ⑤ (4) ②

(1) 彼女は2年でドイツ語を習得した。
(2) 私の娘は歩きはじめたとき1歳でした。
(3) どうぞこちらをお通りください。
(4) 7時までに帰ってきなさい。

ページ 89 **6** (1)⑥ (2)① (3)② (4)⑤

(1) この男優にインタヴューするまえに，彼に関する情報が欲しいのですが。
(2) ちょうど私たちが外出しようとしていたとき，雨が降りだした。
(3) 飲みものはなにを召しあがりますか？
(4) ソフィーは傘ももたずに外出した。

5 単語を並べかえる問題

91 **出題例**

(1)⑤ (2)③ (3)③ (4)⑤

(1) Elle (a fini **par** comprendre ce) qu'elle devait faire. 彼女は最終的にはなにをしなければならないのかを理解した。
(2) Il (vaut mieux **que** tu partes) tout de suite. 君はすぐに出発するほうがいい。
(3) Je fais des courses (dans un **supermarché** qui vient) d'ouvrir. 私は開店したばかりのスーパーで買いものをする。
(4) Nous (les avons **vus** promener leur) chien. 私たちは彼らが犬を散歩させているのを見た。

93 ***EXERCICE 1***

(1)⑤ (2)④ (3)④ (4)④ (5)⑤ (6)⑤
(7)① (8)④ (9)③ (10)⑤

(1) Cette actrice (n'est **pas** encore connue). この女優はまだ有名ではない。
(2) Elle fait attention (à ne **pas** dépenser trop) d'argent. 彼女はお金を使いすぎないように注意する。
(3) Elle (ne donne **jamais** son adresse) à personne. 彼女はけしてだれにも住所を教えない。
(4) Elle (n'est **pas** très heureuse). 彼女はあまり幸せではない。
(5) Il (n'avait **pas** d'argent) sur lui. 彼はお金のもちあわせがなかった。
(6) Il (n'en **reste** plus guère). それはもうほとんど残っていない。
(7) Il (n'y **a** plus de) fromage dans le frigo. 冷蔵庫にはもうチーズは入っていない。
(8) Je (ne marche **plus** du tout). 私はもうまったく歩けない。
(9) Nous (ne sommes **pas** d'accord sur) ce point. 私たちはこの点について賛成できない。
(10) Nous (n'avons **que** deux pièces) dans notre appartement. 私たちのアパルトマンは2部屋しかない。

95 ***EXERCICE 2***

(1)① (2)① (3)④ (4)③ (5)⑤ (6)⑤
(7)① (8)⑤ (9)① (10)④

(1) Ce voyage, vous (ne vous **en** souvenez pas) ? あの旅行，あなたはそれを覚えていないのですか？
(2) Il (me l'**a** dit tout) à l'heure. 彼は私にさっきそう言った。
(3) J'ai fait de la confiture de fraises, tu (ne veux **pas** en mettre) sur tes tartines ? イチゴジャムを作ったの，これをあなたの薄切りパンにぬってみない？
(4) Je (vais leur **parler** de toi). 私は君のことを彼(女)らに話すことにします。
(5) Je (l'ai **vu** hier au) restaurant universitaire. 私はきのう大学の食堂で彼に会った。
(6) Le rock, je (ne m'**y** intéresse pas) beaucoup. ロックねえ，私はそれにあまり興味がない。
(7) Nous (leur avons **annoncé** cette nouvelle). 私たちは彼(女)らにこのニュースを知らせた。
(8) Oh, les belles oranges, (j'en **voudrais** trois kilos). あら，きれいなオレンジだわ，これを3キロください。
(9) Répondez-(moi quand **je** vous pose) une question. 私があなたに質問したら，答えてください。
(10) Tu (me le **rendras** dans une) semaine. 1週間後にそれを私に返してください。

97 ***EXERCICE 3***

(1)② (2)⑤ (3)⑤ (4)① (5)④ (6)⑤
(7)④ (8)① (9)⑤ (10)①

(1) Elle (regardait les **enfants** nager dans) la piscine. 彼女は子どもたちがプールで泳ぐのを見ていた。
(2) Hier, je (vous ai **vu** sortir du) cinéma. きのう私はあなたが映画館からでてくるのを見かけた。
(3) Il (va venir **vous** en parler). 彼はあなたにそのことを話しにくる。
(4) Il a (laissé son **fils** regarder la) télévision. 彼は息子にテレビを見させておいた。
(5) Il m'(a fait **terminer** ce travail). 彼は私にこの仕事を終えさせた。

ページ 97
(6) Il (faut que **tu** fasses tes) valises avant midi. 君は正午までにスーツケースに荷物をつめなければならない。
(7) Je (veux que **tu** conduises moins) vite. 私は君にもっとゆっくり運転して欲しい。
(8) Je (voudrais vous **offrir** un verre). あなたに1杯おごりたいのですが。
(9) Nous (avons fait **venir** notre cousin) chez nous. 私たちは従兄弟を家に来させた。
(10) Son père (la laissera **aller** en Italie). 父親は彼女をイタリアへ行かせてくれるだろう。

99 ***EXERCICE 4***

(1) ③ (2) ④ (3) ③ (4) ② (5) ② (6) ② (7)②
(8) ③ (9) ④ (10) ①

(1) Ça fait (une heure **que** je vous) attends. 私はあなたを待つこと1時間になる。
(2) C'est (moi qui **vais** vous chercher) à l'aéroport. 空港へあなたを迎えに行くのは私です。
(3) C'est à (Nice que **nous** avons passé) une semaine. 私たちが1週間を過ごしたのはニースでです。
(4) C'est (demain que **je** pars pour) Marseille. 私がマルセイユへ出発するのはあすです。
(5) Comment (s'appelle la **fille** qui était) assise à côté de toi ? 君のとなりに座っていた女の子の名前は何ていうの？
(6) Dis-moi (tout ce **que** tu sais). 君が知っていることを全部私に言いなさい。
(7) Il y a (longtemps que **je** n'ai pas) vu Pierre. 私は長らくピエールに会っていない。
(8) J'ai un (voisin dont **le** chat vient) souvent chez moi. 私には，そこの猫がよく家へくる隣人がいる。
(9) Je vais en (Italie où **mon** frère habite) avec sa famille. 私は兄［弟］が家族といっしょに住んでいるイタリアへ行く。
(10) Tiens, (voilà notre **ami** qui vient). おや，私たちの友だちがやって来た。

101 ***EXERCICE 5***

(1) ① (2) ① (3) ③ (4) ② (5) ⑤ (6) ④
(7) ① (8) ⑤ (9) ② (10) ④

ページ
(1) Daniel est parti (depuis plus **de** deux heures). ダニエルは2時間以上まえに出発した。
(2) Elle n'aime pas (les voyages **autant** que moi). 彼女は私ほど旅行が好きではない。
(3) Il n'est pas (aussi riche **que** vous croyez). 彼はあなたが思っているほど裕福ではない。
(4) Je n'ai jamais (lu autant **de** livres que) ces vacances. 私は今度の休暇ほど読書したことは今だかつてなかった。
(5) Je pense (que ce **vin** est meilleur) que l'autre. 私はこのワインのほうがもう一方よりおいしいと思う。
(6) Nous (allons nous **promener** moins souvent) qu'avant. 私たちは以前ほど散歩に行かない。
(7) Paris est la ville (que nous **aimons** le plus). パリは私たちが一番好きな町です。
(8) Quelle est la (montagne la **plus** haute de) France ? フランスでもっとも高い山は何ですか？
(9) Répondez à (cette lettre **le** plus vite) possible. できるだけ早くこの手紙に返事を書いてください。
(10) Voilà (une des **plus** belles maisons) du village.これは村でもっとも美しい家のひとつです。

103 ***EXERCICE 6***

(1) ④ (2) ④ (3) ⑤ (4) ② (5) ② (6) ①
(7) ② (8) ④ (9) ⑤ (10) ⑤

(1) Dis à tes enfants (de ne **pas** faire trop) de bruit. あまり騒がないように君の子どもたちに言いなさい。
(2) Dis-moi (ce que **tu** veux faire) quand tu seras grand. 大きくなったらなにをしたいのか教えてよ。
(3) Dites-(moi ce **qui** a causé) l'accident. なにが事故の原因だったか私に教えてください。
(4) Elle m'(a dit **de** lui écrire) vite. 彼女は私に，急いで彼(女)に手紙を書くようにと言った。
(5) Il nous a demandé (si nous **irions** au théâtre) avec lui. 彼は私たちに，彼といっしょに芝居へ行くかどうかたずねた。
(6) J'aimerais savoir (pourquoi tu **as** refusé mon) invitation. 私は君がなぜ私の招待を断ったのか知りたいのですが。

ページ 103

(7) Je ne sais pas (avec qui **elle** est sortie) hier. 私は彼女がきのうだれとでかけたのか知らない。

(8) Pourriez-vous me (dire comment **faire** pour aller) à l'aéroport ? 空港へ行くにはどうすればいいか教えていただけますか？

(9) Sophie m'a dit (que Paul **viendrait** me chercher) à la gare. ソフィーはポールが駅へ私を迎えにくると言った。

(10) Vous savez (combien de **temps** il restera) à Venise ? あなたは彼がどれくらいヴェネチアに滞在するかご存じですか？

105 ***EXERCICE 7***

(1) ④ (2) ③ (3) ⑤ (4) ② (5) ③ (6) ①
(7) ② (8) ③ (9) ④ (10) ②

(1) J'ai (l'intention de **passer** mes vacances) à Nice. 私はニースでヴァカンスを過ごすつもりです。

(2) Je n'ai pas (à vous **dire** ce que) je pense. 私がなにを考えているかをあなたに言う必要はない。

(3) Je n'ai pas (envie de **sortir** ce soir). 私は今晩外出したくない。

(4) Je n'ai pas(le courage **de** lui parler). 私には彼(女)に話す勇気がない。

(5) Ils (ont l'**habitude** de faire) la sieste. 彼らは昼寝をする習慣がある。

(6) Le dîner (est prêt **à** être servi). 夕食をだす準備ができている。

(7) Nous (avons peur **de** manquer le) train. 私たちは列車に乗り遅れるのではないかと心配です。

(8) Tu (as besoin **de** te reposer). 君は静養する必要がある。

(9) Vous (avez eu **raison** de refuser) sa proposition. あなたが彼(女)の提案を断ったのは正しかった。

(10) Vous aurez (à faire **des** efforts pour) réussir. あなたは合格[成功]するために努力しなければなりません。

107 ***EXERCICE 8***

(1) ③ (2) ③ (3) ① (4) ① (5) ⑤ (6) ⑤
(7) ⑤ (8) ② (9) ④ (10) ④

(1) Elle ne (se rend **pas** compte de) ce qu'elle dit. 彼女は自分がなにを言っているのかわかっていない。

ページ

(2) Il a fait (semblant de **ne** pas la) voir. 彼は彼女が目に入らないふりをした。

(3) Je ne (manquerai pas **de** lui en) parler. 私はかならず彼(女)にそのことを話します。

(4) Je vais essayer (de tenir **compte** des désirs) de chacun. 私は各自の希望を尊重するように努めます。

(5) Je veux (lui rendre **visite** un de) ces jours. 私は近いうちに彼(女)のところを訪れたい。

(6) Ne (faites pas **peur** aux enfants). 子どもたちを怖がらせないでください。

(7) Nous avons (entendu dire **qu'il** ira à) Moscou. 私たちは彼がモスクワへ行くという話を耳にした。

(8) Son (visage me **dit** quelque chose). 彼(女)の顔には見覚えがある。

(9) Tu ne peux (pas te **passer** de fumer) ? たばこを吸わないですますことはできないの？

(10) Tu trouves (que cette **robe** me va) ? このワンピースは私に似合うと思う？

109 ***EXERCICE 9***

(1) ① (2) ③ (3) ③ (4) ⑤ (5) ⑤ (6) ④
(7) ② (8) ① (9) ② (10) ②

(1) Demandez-lui (son avis **avant** de prendre) votre décision. 決めるまえに彼(女)の意見を聞いてみてください。

(2) Elle est (trop jeune **pour** se marier). 彼女は結婚するには若すぎる。

(3) Il est arrivé (avec vingt **minutes** de retard). 彼は20分遅刻した。

(4) Il (marche si **vite** que je) ne peux pas le suivre. 彼は歩くのがあまりに速いので私はついて行けない。

(5) Ils vont au (cinéma presque **tous** les dimanches). 彼らはほとんど日曜ごとに映画を見にいく。

(6) Je l'(ai vue **tout** à l'heure), elle était à la maison. 私はさっき彼女に会った，彼女は家にいた。

(7) Je (voudrais trois **kilos** de tomates), s'il vous plaît. トマトを3キロ欲しいのですが。

(8) La bibliothèque (est ouverte **à** partir de) neuf heures. 図書館は9時からあいています。

ページ (9) Les jeux Olympiques ont (lieu
109 tous **les** quatre ans). オリンピックは４年ごとに開催される。

(10) Mon frère a (deux ans **de** plus que) moi. 兄は私より２歳年上です。

110 **まとめの問題**

1 (1)① (2)① (3)④ (4)④

(1) Ce n'est pas (moi qui **ai** cassé la) télé. テレビをこわしたのは私ではない。

(2) Cet écrivain a (écrit plus **de** romans que) celui-là. この作家はあの作家よりたくさんの小説を書いた。

(3) Elle (les laisse **prendre** un bain) de mer. 彼女は彼らに海水浴をさせる。

(4) Je (n'ai **plus** du tout) froid. 私はもうまったく寒くない。

2 (1)① (2)③ (3)③ (4)②

(1) Dites-moi (si vous **avez** passé une) bonne soirée. あなたが楽しい夜を過ごしたかどうか教えてください。

(2) J'ai (l'intention de **le** lui dire). 私はそのことを彼(女)に言うつもりです。

(3) Julie (s'est **mise** à pleurer). ジュリーは泣きだした。

(4) Il (ne m'**en** a pas) demandé. 彼は私にそうして欲しいとは言わなかった。

3 (1)⑤ (2)③ (3)⑤ (4)①

(1) Elle (a acheté **deux** bouteilles de) jus de fruit. 彼女は２瓶のフルーツジュースを買った。

(2) Il (lui a **fait** apprendre le) français. 彼は彼(女)にフランス語を習わせた。

(3) Je (ne me **souviens** plus où) je l'ai vu. 私はもう彼とどこで会ったのか覚えていない。

(4) La femme (qui l'**accompagne** est sa) tante. 彼(女)に付き添っている女性は彼(女)のおばさんです。

111 **4** (1)④ (2)④ (3)⑤ (4)⑤

(1) C'est (dimanche dernier **que** je suis) allé à la pêche. 私が釣りに行ったのは先週の日曜日です。

(2) Demain, (ça ira **mieux** qu'aujourd'hui). あすはきょうよりよくなるでしょう。

ページ (3) Il demande (de ne **pas** arriver en) retard au cours. 彼は授業に遅刻しないようにと言う。

(4) Je n'avais pas (envie de **lui** dire bonjour). 私は彼(女)にはあいさつもしたくなかった。

5 (1)④ (2)③ (3)⑤ (4)②

(1) Il lui (a demandé **qui** elle verrait) le lendemain. 彼は彼女に，彼女が翌日だれに会うのかとたずねた。

(2) Je ne peux pas finir (ce travail **en** moins de) deux heures. 私は２時間以内でこの仕事を終えることはできない。

(3) L'ordinateur (que je **viens** d'acheter) marche mal. 買ったばかりのパソコンの調子が悪い。

(4) Ta voiture m'a (rendu service **pendant** que la) mienne était en panne. 君の車は，私のが故障しているあいだ私の役にたった。

6 (1)① (2)③ (3)④ (4)③

(1) Il n'y a pas d'avion (pour Londres **à** cause de) la tempête. 嵐のせいでロンドン行きの飛行機は飛ばない。

(2) Je me demande (pourquoi il **ne** me téléphone) pas. なぜ彼は電話をくれないのだろう。

(3) Parle-moi (du pays **où** tu es) née. 君が生まれた国のことを私に話してよ。

(4) Ton idée (me semble **meilleure** que la) sienne. 君の考えのほうが彼(女)のより良さそうに思える。

6 応答問題

113 **出題例**

(1)③ (2)② (3)② (4)①

(1) **A**：けさ自動車事故がありました。
B：＿＿＿＿＿＿＿＿＿＿
A：２名負傷しました。
① それはあなたの知っている人ですか？
② それはどこで？
③ それは大事故でしたか？

(2) **A**：８時のバスはもう通りましたか？
B：＿＿＿＿＿＿＿＿＿＿
A：仕方ない，次のを待ちます。
① いいえ，まだ８時ではありません。

ページ

113 ② はい，それは今しがた出発しました。

③ まだです，それは遅れています。

(3) **A**：コーヒーを飲みますか？

B：＿＿＿＿＿＿＿＿

A：それじゃあ，またの機会にしましょう。

① それはいい考えです。

② いいえ，あいにく，もう帰らなければなりません。

③ はい，とても喉が渇きました。

(4) **A**：私といっしょにあの歌手の歌を聞きに行かない？

B：＿＿＿＿＿＿＿＿

A：7月14日だよ。

① 期日はいつなの，そのコンサートは？

② 彼はあいかわらず元気かい？

③ 君はそんなに彼が好きなの？

115 ***EXERCICE 1***

(1) ③ (2) ③ (3) ① (4) ③

(1) **A**：おはよう！

B：＿＿＿＿＿＿＿＿

A：とんでもない。着いたばかりだよ。

① おはよう！ 元気？

② おはよう！ ぼくが約束の場所に最初に着いたんだ。

③ おはよう！ 長いこと待った？

(2) **A**：失礼ですが。どこかでお会いしませんでしたか？

B：＿＿＿＿＿＿＿＿

A：ぼくがわからないのですか？ ドゥニですよ。

① 私はあなたのことをとてもよく覚えています。

② あなたですか？しばらくぶりですね。

③ おまちがいだと思います。

(3) **A**：フランソワーズ，兄[弟]のピエールを紹介するわ。

B：＿＿＿＿＿＿＿＿

A：彼はあなたと同じようにクラシック音楽に関心があるの。

① こんにちは，ジャンヌ，彼女からよくあなたのことを聞いています。

② こんにちは。あなたはジャズが大好きだとジャンヌから聞いて知っています。

③ ほんと？私もそのレストランで働いています。

(4) **A**：君の誕生日にささやかなプレゼントをもって来たよ。

B：＿＿＿＿＿＿＿＿

A：どういたしまして。ぼくはもうそれを読んだんだけど，とてもおもしろいと思った。

① バラね。とてもきれいだわ。ありがとう。

② モーツァルトのCDね。私は彼のファンです。どうもありがとう。

③ カミュの小説ね。彼は大好きな作家よ。ありがとう。

117 ***EXERCICE 2***

(1) ③ (2) ② (3) ② (4) ③

(1) **A**：ねえ，きょうの午後はなにか予定がある？

B：＿＿＿＿＿＿＿＿

A：それじゃあ，映画を見に行かない？

① 私は授業に出なければならない。

② きょうの午後は約束がある。

③ とくになにも。どうして？

(2) **A**：あす旅行代理店に飛行機の切符をとりによるよ。

B：＿＿＿＿＿＿＿＿

A：でも今のうちに予約しておかないと，もう座席がなくなってしまうよ。

① わかった。あらかじめ予約する必要がある。

② 時間はあるさ。出発は1カ月後だよ。

③ 私たちは現地で車を借りることができるでしょう。

(3) **A**：私は8月にローマへヴァカンスにでかけます。

B：＿＿＿＿＿＿＿＿

A：もっと早く出発しなければならないかな？

① 飛行機ですか？ それとも列車ですか？

② 8月はホテルはほとんど満室ですよ。

③ 私としては7月をおすすめしますが。

(4) **A**：あなたはけっきょくマルセイユへ行くのですか？

B：＿＿＿＿＿＿＿＿

A：それでは，有給休暇をとることをおすすめします。

① ええ，そこへ行くのははじめてです。

② ええ，1ヵ月後に退職します。

③ ええ，2日間休みます。

119 ***EXERCICE 3***

(1) ③ (2) ② (3) ② (4) ①

(1) **A**：シャモニーへスキーに行くというの

ページ はどうですか？

119 B：＿＿＿＿＿＿＿＿

A：それは料金しだいです。

① よろこんで。どこにしますか？

② ありがとう。いくらになりますか？

③ いいですね。何日間？

(2) A：なんですって！　まだこの小説を読んでいないの？

B：＿＿＿＿＿＿＿＿

A：これはきっとあなたの気に入るわよ！

① はい，私はそれをあまりおもしろいとは思わなかった。

② うん，まだなんだ。時間がなくて。

③ いや，もう読んだよ。私はとても気に入ったよ。

(3) A：ぼくはスポーツが大好きだよ。

B：＿＿＿＿＿＿＿＿

A：あらゆるジャンルのスポーツだよ。

① 私に言わせれば，それはとても疲れる。

② どんなスポーツが好きなの？

③ 自分でもスポーツをやってるの？

(4) A：おや！　こんにちは，アンヌ。コーヒーでも飲みましょうか？

B：＿＿＿＿＿＿＿＿

A：仕方ない。いずれまた近いうちにね。

① だめなの。用事があるのよ。

② ええ，いいわよ。

③ 君はいいところに来てくれた。

121 **_EXERCICE 4_**

(1)①　(2)②　(3)③　(4)③

(1) A：75ユーロになります。

B：＿＿＿＿＿＿＿＿

A：そんなことはありません。勘定書を確認しました。

① まさか。それはまちがってると思います。

② このワンピースは75ユーロするのですか？

③ 私の本を全部数えましたか？

(2) A：ねえ，あなたのセーターはすてきだわ。きっと高かったでしょう。

B：＿＿＿＿＿＿＿＿

A：なんですって！　高すぎるわ。

① そうなの。あなたのほど高くはなかったわ。

② そうなの。これに150ユーロ払ったのよ。

③ そうなの。ブルーカード（フランスのキャッシュカード）で支払ったのよ。

(3) A：小切手で支払うことができますか？

ページ B：＿＿＿＿＿＿＿＿

A：もちろん！　どうぞ，私の運転免許証です。

① もちろんです。130ユーロになります。

② もちろんです。その場合は，5番レジへ行ってください.

③ もちろんです。身元を証明するものをおもちですか？

(4) A：胡椒をとっていただけますか？

B：＿＿＿＿＿＿＿＿

A：そんなことはありません。でも私はいつも胡椒をたくさんかけるんです。

① どうぞ。じゅうぶん入っていますよ。

② どうぞ。おや，もう入っていません。

③ いいですとも。胡椒が足りなかったかしら？

123 **_EXERCICE 5_**

(1)①　(2)③　(3)①　(4)①

(1) A：君がもっている本はいくら？

B：＿＿＿＿＿＿＿＿

A：どこでそれを買ったの？

① これは10ユーロの値札がついている。安売りなんだ。

② これは30キロの重さがある。

③ この近くの本屋だよ。

(2) A：美術館が何時に閉まるかわかりますか？

B：＿＿＿＿＿＿＿＿

A：仕方ない。明朝10時にでなおして来ます。

① 17時です。でも注意してください。あすは閉館です。

② 17時です。この美術館を見学するにはじゅうぶんな時間があります。

③ 10分後です。きょうはもうチケットの販売は終わっています。

(3) A：きょうの午後バッグをなくしました。私のバッグを探しているのですが。

B：＿＿＿＿＿＿＿＿

A：それは古くて，大きくて，黒い色です。

① あなたのバッグはどのようなものですか？

② あなたはそれをどこでなくしたんですか？

③ そのバッグのなかにはなにが入っていますか？

(4) A：市立美術館を探しているのですが。

B：＿＿＿＿＿＿＿＿

A：地下鉄に乗らなければなりませんか？

ページ
123 ① 歩いてだと，ここからかなり遠いですよ。
② ここから近いです。
③ あそこの信号が見えますか？信号のちょっと手前です。

125 **EXERCICE 6**

(1) ② (2) ① (3) ③ (4) ①

(1) **A**：部屋を予約したいのですが。
B：＿＿＿＿＿＿＿＿＿
A：大人２人と子ども１人です。
① どなたの名前でですか？
② 何名さまですか？
③ いつのご予定ですか？

(2) **A**：デュブロ氏にお会いしたいのですが。
B：＿＿＿＿＿＿＿＿＿
A：けっこうです。
① 火曜日の15時では？いかがですか？
② あなたはきょうの午後どこへ行くのですか？
③ あなたはいつ来たいのですか？

(3) **A**：あなたはフランスへ来るつもりはないのですか？
B：＿＿＿＿＿＿＿＿＿
A：それじゃあ，パリでの再会を期待しています。
① 約束するよ。
② １度でじゅうぶんだよ。
③ もちろん，ぜひそうしたいものです。

(4) **A**：来週までに車を修理することができますか？
B：＿＿＿＿＿＿＿＿＿
A：それじゃあ，まあ遅くとも２週間後ということで。
① もう少し時間をいただいたほうがいいのですが。
② 来週までと約束しました。
③ 車はいつ必要になるのですか？

127 **EXERCICE 7**

(1) ① (2) ① (3) ③ (4) ①

(1) **A**：この部屋は道路に面しています。しかし通りはさほどうるさくありません。
B：＿＿＿＿＿＿＿＿＿
A：100ユーロです。
① よさそうです。部屋代はいくらですか？
② 気に入りました，そのスカート。いくらですか？
③ いや，それほどではありません。

ページ
それは何階にあるのですか？

(2) **A**：このレストランは，あなたの気に入りましたか？
B：＿＿＿＿＿＿＿＿＿
A：こんなに狭いのが残念です。
① 私の考えでは，値段から考えて，この辺では一番です。
② 私は彼が大好きです。彼はとても勤勉だから。
③ 私は彼が厳しそうだと思う。

(3) **A**：私のワンルームマンションをどう思う？
B：＿＿＿＿＿＿＿＿＿
A：でも，台所が狭すぎるのよ。
① 私は君が幸せだと思う。
② 私はいつも君のワンルームマンションのことを考えている。
③ 私はとても明るいと思う。

(4) **A**：見て！この椅子はいつの時代のものだと思う？
B：＿＿＿＿＿＿＿＿＿
A：いや，私はもっと古いものだと思う。
① きっと18世紀のものだわ。
② 私はとても古いものだと思う。
③ 案内の人にたずねてみましょうか？

129 **EXERCICE 8**

(1) ① (2) ① (3) ② (4) ③

(1) **A**：シャルロットはまだ着いていない。
B：＿＿＿＿＿＿＿＿＿
A：彼女は具合が悪いのでしょう。
① 変だな。彼女は６時に着くはずだったのに。
② 変だな。彼女はきのうドイツへ出発した。
③ 変だな。私はけさ彼女に会ったけど，とても元気だった。

(2) **A**：隣に住んでいた男の人はどうしたの？
B：＿＿＿＿＿＿＿＿＿
A：彼は今どこに住んでいるの？
① 彼は引っ越して，パリを離れた。
② 彼は近くのカフェにいるはずだよ。
③ 彼は仕事でよく出張するんだ。

(3) **A**：日本へ発った友だちから便りはある？
B：＿＿＿＿＿＿＿＿＿
A：いい知らせ？
① いや，でも心配はしていない。
② はい，最近の手紙は１週間まえに受けとった。
③ はい，投函しなければならない手紙が１通ある。

ページ
129 (4) **A**：君はオリヴィエを知ってる？
B：＿＿＿＿＿＿＿＿
A：君は彼をどう思った？
① いいえ，昨晩は彼に会わなかった。
② はい，彼は最高に感じがいい。
③ はい，サミュエルの誕生日のとき彼に会った。

131 ***EXERCICE 9***

(1) ① (2) ③ (3) ③ (4) ②

(1) **A**：フランスを訪れたのはこれが初めてなんです。
B：＿＿＿＿＿＿＿＿
A：いいえ。私は日本から来ました。
① あなたは中国人ですか？
② あなたは日本から来たのですか？
③ あなたはいつまでここに滞在するのですか？

(2) **A**：ぼくはあしたの宿題がたくさんある。君は？
B：＿＿＿＿＿＿＿＿
A：君とかわりたいよ。
① ぼくも家でしなければならない宿題がある。
② いいえ，ぼくはまだ宿題を終えていない。
③ それほどじゃない。英語の宿題がひとつあるだけだから。

(3) **A**：リヨン行きの列車のダイヤはあるの？
B：＿＿＿＿＿＿＿＿
A：じゃあ，急いで。さもないと列車に乗り遅れるよ。
① いいえ，最終列車はすでに出発しました。
② はい，私は列車の旅が好きです。
③ うん，8時のに乗るよ。

(4) **A**：どこか痛いの？
B：＿＿＿＿＿＿＿＿
A：君は風邪をひいたのかもしれないね。
① うん，足がとても。
② うん，ちょっと喉が。
③ うん，ちょっと歯が。

133 ***EXERCICE 10***

(1) ③ (2) ② (3) ② (4) ①

(1) **A**：もしもし，アリス？　ジョルジュだよ。ジュリアンはいる？
B：＿＿＿＿＿＿＿＿
A：彼が帰ったら電話するように言ってくれる？
① 待って，彼はすぐ来るから。
② そのまま切らないで，彼と代わるから。
③ いいえ，彼は週末の予定で出かけた。

(2) **A**：もしもし，こんにちは，レストラン・シェ・ポールです，ご用件を承ります。
B：＿＿＿＿＿＿＿＿
A：承知しました。何名さまでしょうか？
① 4名用のテーブルを予約したいのですが。
② 土曜日のお昼のテーブルを予約したいのですが。
③ ルーアン行きの切符が欲しいのですが。

(3) **A**：もしもし。アンドレ・マルタンといいます。ジャンヌをお願いしたいのですが。
B：＿＿＿＿＿＿＿＿
A：こんなに遅く電話してごめんなさい。
① どなたですか？
② 本人ですが。
③ 番号ちがいです。ここにジャンヌという人はいません。

(4) **A**：こんにちは，ロベールさんと話したいのですが。
B：＿＿＿＿＿＿＿＿
A：仕方ない。彼に伝言を残してくださいますか？
① 申しわけありません。彼はきょう会社を休んでいます。
② そのままお待ちください。彼と代わりますから。
③ ちょっと待ってください。彼はすぐ来ますから。

134 **まとめの問題**

1 (1) ① (2) ③ (3) ③ (4) ②

(1) **A**：ジュリー，ドイツをどう思う？
B：＿＿＿＿＿＿＿＿
A：わかった，でもドイツ料理をおいしいと思う？
① 私はドイツが大好きよ。
② ドイツが，あなたのお気に入りなの？
③ ドイツ料理はあまり好きじゃないわ。

(2) **A**：ジャック，買いものに行ける？
B：＿＿＿＿＿＿＿＿
A：それじゃあ，今晩は食べるものがなにもないわよ。
① すぐ行きます。
② 言うことはなにもないよ。
③ だめなんだ。きょうは仕事がたく

ページ
さんある。

134 (3) **A**：喉が渇いたよ。
B：＿＿＿＿＿＿＿＿＿
A：そうだね，それはいい考えだ。
① お昼はレストランで食べました。
② 私はお腹がすいた。
③ ビールでも飲みに行かない？

(4) **A**：私はディジョンへ行きます。
B：＿＿＿＿＿＿＿＿＿
A：約２時間だよ。
① 定刻に着くためにはどうするの？
② そこへ行くにはどれくらいの時間がかかるの？
③ 飛行機に乗ってください。そのほうが速い。

135 **2** (1)③ (2)② (3)③ (4)①

(1) **A**：スカートを買いたいのですが。
B：＿＿＿＿＿＿＿＿＿
A：ええ，それにするわ。
① このブティックを，私はあなたに推薦します。
② 私はこの界隈にいいレストランを知っています。
③ これをおすすめします。流行の品です。

(2) **A**：私たちはあす私の両親に会いに行くのを忘れないでね。
B：＿＿＿＿＿＿＿＿＿
A：残念だわ。彼らはがっかりするでしょう。
① わかってる。あすは早く帰るよ。
② 申しわけない。あすはだめなんだ。
③ 絶対忘れないよ。

(3) **A**：今なにをしているの？
B：＿＿＿＿＿＿＿＿＿
A：今晩ぼくとでかけない？
① 私はニューヨークへ行くために，17時28分の飛行機に乗らなければならない。
② 着がえているところよ。18時にジャンと約束があるの。
③ 部屋の片づけよ。でももうすぐ終わるわ。

(4) **A**：もうデュラスの最新作を買った？
B：＿＿＿＿＿＿＿＿＿
A：それはありえない。出版されたばかりだもの。
① もちろん。２ヵ月まえに買ったよ。
② いいえ，私はバルザックの小説のほうがいい。
③ はい，彼は毎晩遊びに行く。

136 **3** (1)② (2)② (3)① (4)③

ページ
(1) **A**：こんにちは，ルイーズ。なぜ君はきのう約束の場所に来なかったの？
B：＿＿＿＿＿＿＿＿＿
A：君は何時に着いたの？
① ごめんなさい，きのう私は友だちの家へ夕食を食べに行ったの。
② でも私はあのカフェに行ったわよ。
③ でもあなたは私と会う約束をしていた？

(2) **A**：あすマルセイユで母とおちあうつもりだよ。
B：＿＿＿＿＿＿＿＿＿
A：いいよ。母も君に会えたら喜ぶよ。
① クレールを動物園へつれて行かない？
② ２人でいっしょに行かない？
③ １人でお母さんに会いに行ったら！

(3) **A**：浮かない顔をしてるね。具合でも悪いんじゃない？
B：＿＿＿＿＿＿＿＿＿
A：風邪をひいたのかもしれないね。
① そう，頭がとても痛いんだ。悪寒もするし。
② そう，けさから歯が１本とても痛むんだ。
③ いいえ，私は君が来てくれてうれしいよ。

(4) **A**：ちぇっ！雨が降ってる。ぬれるなあ。
B：＿＿＿＿＿＿＿＿＿
A：うん，きょうは晴れという予報だったから。
① それじゃあ，君は雨のなかをでかけるの？
② 雨はもうすぐやむかなあ？
③ 傘はもってないの？

137 **4** (1)② (2)③ (3)① (4)③

(1) **A**：外出するのはちょっと待ってください。まだ雨が降っています。
B：＿＿＿＿＿＿＿＿＿
A：でも近くにタクシー乗り場はありませんよ。
① べつにかまいません，傘をもって来たから。
② べつにかまいません，タクシーを使うから。
③ タクシー乗り場はここから２分のところにあります。

(2) **A**：何てこった！　きょうは法律学の授業が２時間ある！
B：＿＿＿＿＿＿＿＿＿
A：ぼくが好きじゃないのは先生だよ。気どってるんだもの。
① 君は２時にもうひとつ他の授業が

ページ

137

あるよ！

② 君はフランス語がとても得意じゃないか！

③ 君はそれが好きなようには見えない！

(3) **A**：きょうはとてもいい鶏肉があります。
B：＿＿＿＿＿＿＿＿＿
A：キロあたり7ユーロです。
① いくらですか？
② 2人前です。
③ ローストを見せてください。

(4) **A**：アベル通りにとてもきれいな2Kがあります。
B：＿＿＿＿＿＿＿＿＿
A：月に600ユーロです。
① おいくらですか？
② 勘定をお願いします。
③ 家賃はいくらですか？

138 **5** (1)② (2)② (3)② (4)③

(1) **A**：オペラ座のチケットが2枚あるんだ。いっしょに来ない？
B：＿＿＿＿＿＿＿＿＿
A：それじゃあ，劇場で会うことにしよう。
① 少し考えさせてください…うーん…
② もちろん，よろこんで！
③ これといった予定はなにもありません。

(2) **A**：フィリップといいます。君はアンジェでなにをしてるの？
B：＿＿＿＿＿＿＿＿＿
A：ぼくは心理学を勉強している。
① 私は友だちのソフィーを待っている。
② 私は文学部の学生よ。あなたは？
③ 私はきょうの午後テニスをしに行く。

(3) **A**：そこでなにしてるの？
B：＿＿＿＿＿＿＿＿＿
A：彼女はいつも遅刻するね。
① 私は30分も君を待っている。
② マルチーヌを待ってるのよ。
③ 私はバス停を探している。

(4) **A**：私たちは3時に会議があるのを知らないの？
B：＿＿＿＿＿＿＿＿＿
A：あとで会いましょう。
① その会議ならきのうあったよ。
② あいにく，その会議にはでることができないんだ。
③ うん，それはほんと？　忘れてた。

ページ

139 **6** (1)② (2)② (3)③ (4)③

(1) **A**：どうしたの？きょうは仕事に行かないの？
B：＿＿＿＿＿＿＿＿＿
A：それじゃ，田舎へドライブに行かない？
① うん，でもきょうは部屋の片づけをしなくては。
② うん，1週間の予定で休暇中だよ。
③ いや，1時に出勤だよ。

(2) **A**：2月ですか，ホテルは全部満室です。
B：＿＿＿＿＿＿＿＿＿
A：私としては1月末をおすすめしますが。
① まず料金を見るべきでしょうか？
② もっと早めにでかけるべきでしょうか？
③ ホテルに部屋を予約すべきでしょうか？

(3) **A**：あの雲を見て，もうすぐ降りだすと思うよ。
B：＿＿＿＿＿＿＿＿＿
A：仕方ない！　山の天気は変わりやすいから。
① それで，天気予報では何て言ってるの？
② べつにかまわないよ。レインコートをもってるから。
③ けさは晴れていたのに。

(4) **A**：もっと安いのはないのですか？
B：＿＿＿＿＿＿＿＿＿
A：2, 3日考えさせてください。
① 月に900ユーロです。
② いいでしょう，ほかを見に行きましょう。
③ きれいな4部屋の物件としては妥当な価格ですよ。

7　条件にあった語を選択する問題

141 **出題例**

(1)④ (2)① (3)⑧ (4)② (5)③ (6)⑤

(1) たくさんの子どもが**インフルエンザ**のために欠席していた。
(2) 彼女は銀行に**口座**を開いた。
(3) 彼は掃除しているとき，**グラス**をわった。
(4) 私は寒い。もう1枚**毛布**がいる。
(5) 私は彼らの話し**方**が好きではない。
(6) 私の父は11階建ての大きな**建物**に住んでいる。

143 ***EXERCICE 1***

1．(1)③ (2)⑦ (3)① (4)⑧ (5)⑥ (6)⑤

ページ 143
(1) それは，日本では1年のうちでもっとも暑い季節です。
(2) それは，人がたいていは眠っている1日の時間帯です。
(3) それは，人の誕生をお祝いする日です。
(4) それは，北の反対の方位です。
(5) それは，週の最初の日です。
(6) それは，5月と7月のあいだにくる，1年で6番目の月です。
① 誕生日　② 4月　③ 夏　④ 冬　⑤ 6月
⑥ 月曜日　⑦ 夜　⑧ 南

2．(1) ⑦　(2) ⑤　(3) ①　(4) ②　(5) ④　(6) ⑥

(1) 冬のあとで，**春**はくる。
(2) フランスでは，子どもたちは**水曜日**は学校へ行かない。
(3) **秋**になると，木の葉が散りはじめる。
(4) クリスマスは**12月**25日です。
(5) 1年は**1月**1日に始まる。
(6) 太陽は**西**に沈む。
① 秋　② 12月　③ 冬　④ 1月
⑤ 水曜日　⑥ 西　⑦ 春　⑧ 金曜日

145 ***EXERCICE 2***

1．(1) ④　(2) ②　(3) ⑤　(4) ①　(5) ⑥　(6) ⑦

(1) 彼はタクシーを運転する。
(2) 彼は家の設計図を描く。
(3) 彼は本を書く。
(4) 彼は芝居や映画で演じる。
(5) 彼は大学で勉学を続ける。
(6) 彼は病人を治療する。
① 男優　② 建築家　③ 弁護士
④ タクシードライバー　⑤ 作家　⑥ 学生
⑦ 医者　⑧ カメラマン

2．(1) ⑦　(2) ⑧　(3) ①　(4) ⑥　(5) ⑤　(6) ③

(1) 彼女は**肌**を守るためにクリームをぬる。
(2) 彼女は**目**を守るためにサングラスをかける。
(3) **パン屋**にはもうパンがなかった。
(4) 私の父もしくは母の兄弟は，私の**おじ**です。
(5) 人はそれぞれの**手**に5本の指がある。
(6) デュボワ氏は銀行員(銀行の**従業員**)です。
① パン屋　② 髪　③ 従業員　④ 農夫　⑤ 手
⑥ おじ　⑦ 肌　⑧ 目

147 ***EXERCICE 3***

1．(1) ⑧　(2) ②　(3) ③　(4) ⑥　(5) ⑦　(6) ①

(1) それは，喧噪や物音や話し声の聞こえない状態です。

ページ
(2) それは，食べたいという欲求です。
(3) それは，ズボンをしかるべき場所に留めておくためにつけるものです。
(4) それは，よく見えるようにかけるものです。
(5) それは，時間を知るために身につけるものです。
(6) それは，用事を何でも書き留めておくために使うものです。
① 手帳　② 食欲　③ ベルト　④ 勇気
⑤ 手袋　⑥ めがね　⑦ 腕時計　⑧ 静寂

2．(1) ⑦　(2) ④　(3) ⑥　(4) ⑧　(5) ①　(6) ②

(1) 彼女はパーティーへ行くためにイブニング**ドレス**を着る。
(2) とても寒い，厚手の**コート**を着なさい。
(3) 外国語を習得するには多くの**忍耐力**が必要です。
(4) 私はこの**スーツケース**のなかに私のすべての衣類をつめるつもりです。
(5) さわがないで(**うるさい音**をたてないで)，妹が眠ってるから。
(6) 出かけるときはドアに**鍵**をかけるのを忘れないでね。
① 騒音　② 鍵　③ ジーンズ　④ コート
⑤ ハンカチ　⑥ 忍耐　⑦ ドレス
⑧ スーツケース

149 ***EXERCICE 4***

1．(1) ①　(2) ⑤　(3) ⑧　(4) ③　(5) ⑥　(6) ②

(1) 単語の意味を調べるためにそれが必要です。
(2) 食物を冷やして保存するためにそれが必要です。
(3) 家を覆い，守るためにそれが必要です。
(4) 家のなかで上り下りするためにそれが必要です。
(5) 訪問者を迎えるためにそれが必要です。
(6) 体を洗うためにそれが必要です。
① 辞書　② シャワー　③ 階段　④ 薬
⑤ 冷蔵庫　⑥ 応接間　⑦ テーブル　⑧ 屋根

2．(1) ③　(2) ④　(3) ⑦　(4) ①　(5) ⑥　(6) ⑧

(1) 彼女は応接間に**掃除機**をかけた。
(2) 彼はホテルに**部屋**を予約した。
(3) 私は**パソコン**にUSBメモリを入れた。
(4) 私たちは2Kの**アパルトマン**を買った。
(5) ここは何て寒いんでしょう，**窓**を閉めなさい。
(6) あなたは封筒に**切手**を貼りましたか。
① アパルトマン　② お金　③ 掃除機

ページ ④ 部屋　⑤ 暖房装置　⑥ 窓　⑦ パソコン
149 ⑧ 切手

151 **EXERCICE 5**

1．(1) ⑤　(2) ③　(3) ⑧　(4) ④　(5) ⑦　(6) ②

(1)　それは，1日で最初の食事です。
(2)　それは，油で揚げたジャガイモの拍子切りです。
(3)　それは，赤，白またはバラ色の飲みものです。
(4)　それは，丸くて黄色い果物です。
(5)　それは，生で食べることのできる赤い野菜です。
(6)　それは，食事の最後に食べる料理です。
① 昼食　② デザート　③ フライドポテト
④ オレンジ　⑤ 朝食　⑥ 魚　⑦ トマト
⑧ ワイン

2．(1) ⑧　(2) ④　(3) ⑤　(4) ⑦　(5) ②　(6) ⑥

(1)　この**肉**は固すぎて切ることさえできない。
(2)　フランソワはあまりに仕事が多いので**サンドイッチ**で昼食をすませた。
(3)　私はスープに**塩**を入れるのを忘れた。
(4)　コーヒーを1**杯**ごちそうしましょうか？
(5)　私たちは**ビール**を1瓶飲んだ。
(6)　あなたは紅茶に**砂糖**を入れましたか？
① バター　② ビール　③ アイスクリーム
④ サンドイッチ　⑤ 塩　⑥ 砂糖　⑦ カップ
⑧ 肉

153 **EXERCICE 6**

1．(1) ⑤　(2) ①　(3) ③　(4) ④　(5) ⑥　(6) ⑧

(1)　それは，冬に白くて軽い綿のように降ってきます。
(2)　それは，国の主要な都市です。
(3)　そこには人が宿泊できる部屋があります。
(4)　それは，そこで有名な絵を見ることのできる建物を指します。
(5)　それは，空にあって，ときには雨の前触れとなります。
(6)　それによって，川のうえを通ることができます。
① 首都　② 病院　③ ホテル　④ 美術館
⑤ 雪　⑥ 雲　⑦ 公園　⑧ 橋

2．(1) ③　(2) ①　(3) ⑤　(4) ④　(5) ⑦　(6) ⑧

(1)　フランソワーズは**図書館**でよく本を借りる。
(2)　彼はもうパリには住んでいない，彼は**郊外**に住んでいる。
(3)　彼らは**市役所**でだけ結婚式をあげた。

ページ
(4)　私は**木**とガラスでできたモダンなテーブルを買った。
(5)　私のオフィスはとてもにぎやかな**地区**にある。
(6)　1陣の**風**に私は帽子を飛ばされた。
① 郊外　② 銀行　③ 図書館　④ 木
⑤ 市役所　⑥ プール　⑦ 地区　⑧ 風

155 **EXERCICE 7**

1．(1) ③　(2) ⑤　(3) ⑦　(4) ②　(5) ⑥　(6) ①

(1)　それは2つの車輪で走る。
(2)　それは赤，黄，青の明かりをもっている。
(3)　それはふつう地下を通っている。
(4)　それは，ある空港からほかの空港へ行くのに使われる。
(5)　それは，列車の発着時刻を知るのに役立つ。
(6)　それは，町のなかでたくさんの人を運ぶ。
① バス　② 飛行機　③ 自転車　④ トラック
⑤ 信号　⑥ 時刻表　⑦ 地下鉄
⑧ プラットホーム

2．(1) ⑧　(2) ④　(3) ①　(4) ⑦　(5) ②　(6) ③

(1)　私は南仏の**乾燥した**天気が大好きです。
(2)　その列車は13時36分に**駅**に入ってくる。
(3)　英国へ行くために，私はカレーで**船**に乗った。
(4)　トゥーロン行きの列車は13番**ホーム**からでる。
(5)　君は列車に乗るまえに**切符**にパンチを入れなければならない。
(6)　**狭い**道が湖へ通じている。
① 船　② 切符　③ 狭い　④ 駅
⑤ 太った　⑥ バイク　⑦ プラットホーム
⑧ 乾いた

156 **まとめの問題(1)**

1　(1) ③　(2) ⑥　(3) ⑤　(4) ①　(5) ⑦　(6) ④

(1)　彼は観光客を美術館や歴史的建造物へ案内する。
(2)　それは1日の始まりです。
(3)　それは，月曜日と水曜日のあいだの曜日です。
(4)　彼は芝居や映画で演じる。
(5)　彼は絵を描く。
(6)　それは，秋のあと，春のまえにくる。
① 男優　② 日曜日　③ ガイド　④ 冬
⑤ 火曜日　⑥ 朝　⑦ 画家　⑧ 隣人

2　(1) ④　(2) ⑧　(3) ③　(4) ⑦　(5) ⑤　(6) ②

(1)　医者は病人を治療するためにそれを処方

ページ します。

156 (2) 水を飲むにはそれが必要です。
(3) 手紙を郵送するにはそれが必要です。
(4) ワインを作るにはそれが必要です。
(5) 人は紙幣をしまうためにそれを持っています。
(6) デッサンするためにそれを使います。
① プレゼント ② 鉛筆 ③ 封筒 ④ 薬
⑤ 財布 ⑥ セーター ⑦ ブドウ ⑧ グラス

3 (1) ③ (2) ⑧ (3) ⑥ (4) ⑤ (5) ② (6) ④

(1) 外国で買った品ををそこで申告しなければならない。
(2) そこに切り花を入れる。
(3) 外出するとき必要になるさまざまなものをそこに入れる。
(4) 人はよくそこでヴァカンスを過ごす。
(5) そこには，チョコレートパンやクロワッサンやパンがある。
(6) 眠るためにそこに寝る。
① 肉屋 ② パン屋 ③ 税関 ④ ベッド
⑤ 山 ⑥ バッグ ⑦ 演劇 ⑧ 花瓶

157 **まとめの問題(2)**

1 (1) ⑤ (2) ⑧ (3) ⑥ (4) ⑦ (5) ① (6) ④

(1) フランスの**北**にはベルギーがあります。
(2) フランスでは，新学期は **9月**です。
(3) 10年まえから戦争状態にあったこれら両国がついに**和平**条約に調印した。
(4) 雨が降っている，**傘**をもっていきなさい。
(5) このタンスを運ぶには君の**手助け**が必要です。
(6) 日本人はフランスでは**外国人**です。
① 手助け ② 作家 ③ 肩 ④ 外国人 ⑤ 北
⑥ 平和 ⑦ 傘 ⑧ 9月

2 (1) ⑤ (2) ⑥ (3) ⑧ (4) ③ (5) ② (6) ①

(1) おかけください，いや，椅子ではなくて，この**肘掛け椅子**に。
(2) あす私は点検のために車を**自動車修理工場**へもっていく。
(3) ジャックはきのう巨大な**魚**を釣りあげた。
(4) 私は**地下貯蔵庫**へ 1 瓶のワインをとりにいきます。
(5) 薄切りパンには**バター**をぬったほうがいい？ それともジャム？
(6) スープのお代わり（1 **皿**のスープ）はいかがですか？
① 皿 ② バター ③ 地下貯蔵庫 ④ 中庭
⑤ 肘掛け椅子 ⑥ 自動車修理工場 ⑦ 壁
⑧ 魚

ページ **3** (1) ② (2) ⑥ (3) ① (4) ⑧ (5) ⑤ (6) ⑦

(1) **トラック**を運転するには特殊免許が必要です。
(2) 私はこの靴を**バーゲン**で買った。
(3) 階段を上ってください，**エレベーター**は故障している。
(4) バスに乗るには**チケット**を買わなければならない。
(5) 君が買った車の**値段**はいくらなの？
(6) **スーパーマーケット**へ塩と牛乳を買いにいってよ。
① エレベーター ② トラック ③ 教会
④ 病院 ⑤ 値段 ⑥ バーゲン
⑦ スーパーマーケット ⑧ チケット

8 長文読解

159 **出題例**

(1) ① (2) ① (3) ② (4) ① (5) ② (6) ①

ミシェルは生まれた村で小さなカフェを営んでいる。彼の村は大都会から遠い，山のなかにあるので，車でしか行くことができない。昔はあえて彼の村を訪れようなどと考える観光客はほとんどいなかった。しかし，5 年まえにパリの新聞に村の美しさとおいしい料理に関する記事が載った。

それ以来，毎月約 1 万人の観光客が観光バスでやってくる。こうして，村に 3 軒あるうちの 1 軒である彼のカフェは毎日人で一杯だ。客のなかには外国人観光客，とくにアジアの観光客もいる。以前は想像もできなかったことである。ミシェルが彼らに応対するとき，彼は村とその地域の歴史に関する質問を受ける。彼は喜んで答える。彼は，彼らに村で楽しいひとときを過ごしてもらいたい。

162 **1** (1) ② (2) ① (3) ② (4) ② (5) ② (6) ①

私はセネガル南部のマカで生まれた。しかし，ごく幼いころその国を離れた。4 歳のときに，母が両親の住むマリへ戻ったのだ。だから私は，マリのモプチという町で，少年時代を過ごし，学校生活をおくった。私の住んでいる界隈はどこもかなり庶民的だった。そこで初等教育と中等教育をうけてから，そこを去った。軍事体制に反対する暴動が起きたからだ。そのせいで学校は閉鎖された。私は，さきにマリを離れてセネガルへ発っていた母と再会することができた。そのあとで，ソビエト文化センターの奨学金を取得した。これは，文化センターがソビエト政府とは無関係に支出する奨学金であって，政府によって計画された奨学金ではない。発展途上国が重要

ページ
162 視しているような研究分野—エンジニア，医学，農業—には興味がなかったと言わなければならない。しかし私は，映画の勉強をしたかった，幼いころから目にしてきたことや体験したことを人に話して聞かせたかった。

163 **2** (1)① (2)② (3)① (4)② (5)① (6)②

私はジャンヌ・フォールといいます。私はヴェルノンで1975年2月9日に生まれました。1990年から1993年まで，ヴェルノン高校へ通いました。1993年に大学入学資格を取得しました。その後，私はムランの技術短期大学部に通いました。私は2年間勉強して，1995年に技術短期大学部修了免状を取得しました。その後，ドイツ語を学ぶために1年間ミュンヘンへ行きました。そしてヴェルノンのソフトウェア・コンサルタント会社で2年間働きました。そのあと，1999年にニューヨークへ行きました。私は英語を勉強して，職を探しました。2000年にフランス大使館員のアルベール・カルマンと出会いました。私たちは2001年にマルセイユへ行き，結婚しました。私は2人の子ども—2003年にダニエル，2004年にカロリーヌ—をもうけました。

164 **3** (1)② (2)② (3)① (4)① (5)② (6)①

私は1985年から1993年まで，パリで医学の勉強をしていました。それは1990年の夏でした。私が初めてサラに会ったとき，彼女は仕事中でした。彼女は旅行会社の客の応対をしていたのです。彼女は感じがよくて，にこやかなように見えましたが，それは仕事のうちなのだろうと思いました。そのあとで，私は計画していたポルトガル滞在についていくつかの質問をしてから，いっしょに夕食へ行こうと提案しました。彼女はまっすぐに私の目を見て，承諾しました。私たちはサン=ジェルマン=デ=プレのレストランへ夕食を食べに行きました。翌日，朝早くに彼女から私の研究室に電話がありました。そのとき，私のほうも彼女に気に入られていると感じました。とつぜん私にはわかりました。彼女こそ生涯の女性だと。

165 **4** (1)① (2)② (3)② (4)① (5)② (6)②

「準備しておいて，明朝海岸を散歩しよう。ホテルに部屋を予約した」夫が留守番電話に残した短いメッセージは私をうきうきさせる。ジャックと結婚して5年になるが，私たち夫婦にとって，マンネリ化するなんて論外だ。このようにして，月に2, 3回彼は私をびっくりさせる。そういうとき私は1日中そのことを考え，準備におわれる。小旅行は，私たちにとって電話や同僚や日常の面倒から離れて過ごす挿入句のようなものだ。それは，すべての時間を彼との会話にさくことができる唯一の時でもある。というのは，スタイリストとしての仕事，義母の世話，買いもの，掃除といった用事におわれて，それ以外の時間は一番最後に回されるからだ。

18時にジャックがインタホンを鳴らすと，私は玄関へ飛んでゆく。美しい海岸に沿って走る車のなかで，私たちは仕事や，家族や，将来の計画について話す。

166 **5** (1)① (2)② (3)① (4)① (5)② (6)②

健康上の問題が発覚したのは去年の春のことである。体のあちこちが痛み始めた。医者にも原因がわからなかった。そのころグレゴワールと知り合った。彼は木工職人で，窓の取り替えのために家に出入りしていた。病院をでたところで彼とすれ違った。彼の工房は近くにあった。彼は，「あなたは疲れているようです，紅茶を1杯ごちそうしましょうか？」と言った。彼の思いやりが心を打った。木の香りに包まれて私は彼になにもかも話してしまった。彼はたいしたことは言わなかったが，話に耳を傾けてくれた。それだけだった。それが私にはとても慰めになった。お礼に彼を昼食に招待した。私たちは親しくなった。

今年の夏，私たちはふたりでブルターニュ地方へ自転車とバスでのヴァカンスにでかけた。幸せな10日間だった。私の人生は少しずつ望んでいた形に近づいている。病気であるということを除いて。医者たちはまだ適切な治療法を見つけられないでいるが，私は，両親のために，グレゴワールのために，そしてもちろん自分自身のために窮地を脱することができると固く信じている。

167 **6** (1)② (2)② (3)① (4)① (5)② (6)①

独学者は，学歴や資格がなくても人生において成功しうることを私たちに証明してくれる。

まず，学校は日常生活からかけ離れた抽象的な事柄に関する記憶・考察作業を要求する。独学者にはこうした資質がない。ところが，彼らには行動と創造のセンスがある。

つぎに，独学者はとても早い時期に実生活を発見する。彼らは経験を通して自己を形成してゆく。難題や困難にぶつかりながら，生活費を稼ぐために奮闘することを学んでゆく。

それと，彼らはよく働く。ある独学のジャーナリストはつぎのように言っている。「13時のニュースキャスターをつとめていたとき，

ページ
167 全体を校閲し，ミスをおかさないようにするために，朝の5時に1日が始まっていた」
　最後に，独学者は学校は大きらいだが，読書は大好きである。彼らはたいてい熱烈な読書家である。

168 **7** (1)① (2)② (3)② (4)① (5)② (6)①

　ユーレカとは，ヨーロッパ各国間の壮大な技術協力計画である。約千種類のプランが情報，エネルギーといったハイテクノロジーの分野で検討されている。つぎはその1例である。
　今日の自動車は汚染物質はまきちらすし，高価である。自動車は多くの事故をひきおこす。清潔で，経済的で安全な自動車を発明する必要がある。
　エレジー・プランは，電動エンジンを装備したとても軽量な都市型自動車を生産しようとしている。エレジー・プランによる自動車は，100キロメートルにつき1.4リットルのガソリンを消費することになるだろう。
　プロメテウス・プランは，自動車と道路網の情報処理施設を開発している。この施設は，ドライバーに危険を知らせたり，渋滞に関する情報を提供したりする。

169 **8** (1)① (2)② (3)① (4)② (5)② (6)①

　これからお話しするのは，みなさんもよくご存じのイルカについてです。イルカは哺乳動物です。赤ん坊は雌の胎内で成長します。イルカは生涯のカップルを作りません。毎年新しい相手を選ぶのです。およそ45種のイルカがいます。もっともよく知られているのは大イルカです。茶目っ気たっぷりで，よく水面からすばらしいジャンプをします。よくマリンパークで曲芸をしているのを見かけます。自然界では，海岸近くや沖合で10頭くらいの群れをなしているのにでくわします。船によってできる波に乗るのが好きです。群居動物で，ときには何百頭という群れをなして生息していることもあります。群れは，雄，雌，子どもの混成です。
　大イルカは絶滅の危機にある種ではありませんが，ほかの種類のイルカは，おもに海洋汚染が原因で危機的状況にあります。そのうえ，多くのイルカが商業漁業海域で使われる広大な定置網にかかって死んでゆきます。水面に浮上して呼吸することができないので，たちまち溺死してしまうのです。

170 **9** (1)① (2)② (3)② (4)① (5)② (6)①

　金曜日の夜，銀行員のジャン・マルタンは

ページ
パリを発ち，高速道路を使ってリヨンにある自宅へ帰るところだった。300キロ走ったあと，朝の2時ごろパーキングエリアに車を止めた。遅い時刻だったので，駐車場にはだれもいなかった。そのときマルタン氏は車のなかで眠りこんだ。とつぜん，2人の見知らぬ男に起こされた。彼らはたばこの火を借りたいと言った。マルタン氏が車のドアをあけたとき，はげしく殴られ，金銭を奪われた。幸いなことに，彼は軽傷を負っただけですんだ。数分後，警察に電話して，病院へ運ばれた。15分後に，警察は2人の若い犯人を逮捕した。

171 **10** (1)② (2)② (3)② (4)① (5)① (6)②

　私はちょうど庭で植木に水をやっていました。ラジオでニュースを聞いていたのです。1時半でした。正面の歩道の，宝石店のドア近くにひとりの男がいるのを見ました。最初のうちは，とくに注意していませんでした。ご存じのように，その時間は，通りは人通りが多いですからね。それから，ひとりの女性がその宝石店に入ろうとしました。その男が女性になにか言うと，彼女は立ち去りました。しばらくして，1台の車が宝石店のまえに二重駐車しました。車は白のR25でした。その車なら知っているんですよ。娘が同じ車をもっているものでね。それから，あらゆることがごく短時間で起こりました。ふたりの男が宝石店からかけだして来ました。彼らは袋を2つもっていました。彼らは，歩道にいて見張りをしていた男とともに，車に乗りこみました。車は全速力で走り去りました。まさにその瞬間に，警報がなり始めました。その5分後に，警察が来ました。

9　会話文読解

173 **出題例**

(1)⑥ (2)⑤ (3)② (4)③

父親：誕生日プレゼントは決めたかい？
フェリックス：うん。手品の道具一式が欲しいのだけど。
父親：(　1　) 手品道具？
フェリックス：たとえば，手のなかで消えるハンカチ。
父親：それはおもしろそうだね！　でも，それらのものは(　2　)？
フェリックス：デパートだよ。そこでぼくは20種類の手品の技をするための道具が入った箱を見つけた。
父親：20種類の手品の技？　(　3　)！　もっと小さな箱は見なかったの？

ページ
173 フェリックス：いいえ，でもほかの箱にはハンカチが入っていないんだよ。
父親：いいだろう，それじゃあ，あす（　4　）。
フェリックス：ありがとう，父さん！
① それではじゅうぶんではない
② それは多い
③ 私はデパートへ行く
④ 私は小さいのを買う
⑤ どこへ行けば買えるの
⑥ どんなタイプの
⑦ 君は好きではない

176 **1** (1)⑦ (2)⑥ (3)③ (4)①

アントワーヌ：ぼくの財布はどこにあるんだろう？　見あたらないんだけど。
ルイーズ：ポケットのなかにはないの？
アントワーヌ：うん，ないんだ。
ルイーズ：ほんとうに（　1　）？
アントワーヌ：もちろんだよ。なくしていなければいいんだけど。
ルイーズ：まあまあ，最後に（　2　）？
アントワーヌ：本屋で。
ルイーズ：本屋に忘れたのかもしれない。
アントワーヌ：いや，支払いをして，それから（　3　）。
ルイーズ：それじゃあ，道に落としたんだと思う，もしくは，盗まれたかよ。
アントワーヌ：たぶんね。（　4　），でも気にとめなかった。やれやれ，どうすればいいんだろう？
ルイーズ：だとしたら，本屋へ引き返してみなさいよ。
① 本屋をでたあと，なにか音が聞こえた
② 私は警察に紛失届を出した
③ 財布はポケットにしまった
④ 私はそれを通りで盗まれた
⑤ どこで君は財布を見つけたの
⑥ いつ君はそれをポケットから出したの
⑦ 君はよく探したの

177 **2** (1)① (2)⑥ (3)⑦ (4)④

シャルル：ところで，新学期はどうなったの？
ジュリアン：ぼくは6月にバカロレアを取得したから，10月には大学に入学する。医学の勉強をするつもりなんだ。なにごともうまくいけばいいんだけど！
シャルル：（　1　）。君はつねに優秀な生徒だったから。で，妹のほうは？
ジュリアン：リズかい？まだ最終学年だよ。でも，（　2　）。彼女は働きたいと思っている。自分でなにをやりたいかよくわかっている。コックになることを希望している。
シャルル：それはとてもすばらしい職業だよ。ぼくは君の家で食事をするのが大好きなんだ。君のお母さんは料理がうまい。彼女はお母さんの血をひいている。
ジュリアン：たぶんね。（　3　）。で，君は？バカロレアをとったの？
シャルル：いや，バカロレアには失敗したよ。だから，（　4　）。今年はまったく勉強しなかった。でも，来年はなにが何でもバカロレアに合格しなければならない。
① それは保証するよ
② ぼくは第5学年に進級する
③ 彼女は大学の勉強をしたいんだと思う
④ ぼくは最終学年に留年する
⑤ 来年彼女はバカロレアをとるだろう
⑥ 彼女はバカロレアを受験しないだろう
⑦ 彼女はその分野で簡単に職を見つけるだろう

178 **3** (1)④ (2)③ (3)⑥ (4)①

ベルトラン：ブリジット！　ここに君がいるなんて！　驚いたよ！
ブリジット：ベルトラン！　考えられないわ！（　1　）。
ベルトラン：でも，ここでなにをしているんだい？
ブリジット：2年まえからリヨンに住んでるのよ。ここの病院で働いているお医者さんと結婚したの。
ベルトラン：おめでとう！　でも（　2　）。
ブリジット：ありがとう。で，あなたは，ここでなにをしているの？
ベルトラン：（　3　）。ここに進出したばかりのわが社を視察に来たんだ。
ブリジット：どれくらい会っていなかったかしら？
ベルトラン：（　4　），たぶんね。
ブリジット：そして，ここで，リヨンのこのレストランで再会するなんて。世界は狭いわね！
① 5年にはなる
② 3年まえに
③ 知らなかった
④ ほんとうに驚いたわ
⑤ 休暇中なんだ
⑥ 出張旅行中なんだ
⑦ 先ごろリヨンに居をかまえたの

179 **4** (1)④ (2)① (3)⑥ (4)⑦

ページ

179

ドゥニーズ：こんにちは。
女店員：いらっしゃいませ。（　1　）？
ドゥニーズ：チューリップはありますか？
女店員：あいにく，（　2　）。
ドゥニーズ：それじゃあ，バラは，バラはありますか？
女店員：もちろんです！　ごらんください，きれいですよ。これになさいますか？
ドゥニーズ：そうねえ，どうしようかしら，高いわねえ。いいえ，他のにするわ。
女店員：それでは（　3　）？　今の時期とても美しいんですよ。
ドゥニーズ：香りはいい？
女店員：はい，におってみてください！　すてきですよ。
ドゥニーズ：いいわ，じゃあ，これを7本ください。白いのを4本と黄色いのを3本ね。
女店員：（　4　）？
ドゥニーズ：そうね，白と黄と緑できれいな花束にしてください！　おいくらかしら？
女店員：18ユーロです。また，おこしください。

① シーズンではありません
② シーズンですよ
③ チューリップは好きではありません
④ 何にいたしましょうか
⑤ 白い色はお好きではありませんか
⑥ ユリはお好きですか
⑦ 緑の葉物はいかがですか

180 **5** (1)⑤ (2)④ (3)① (4)③

クリスチーヌ：こんにちは。（　1　）。あれなんか悪くないわ。
女店員：はい，どうぞ，これは赤ですが。
ジャクリーヌ：赤い色は気に入った？
クリスチーヌ：ええ，とても。値段の高いのが残念だけど！
女店員：（　2　）！　これはとても上等な品質なんです。試着してみてください。
クリスチーヌ：[試着室からでてきて]どう？　あなたの見立てでは，似合うかしら？
ジャクリーヌ：とてもいいわ！　申しぶんないわよ！
女店員：ところで，そちらのお客さまは，これをごらんください。すばらしいですよ。
ジャクリーヌ：そうねえ，だめよ。とても太ってるから。スラックスは似合わないと思うわ。
女店員：もしよろしかったら，すてきなワンピースもとりそろえております。こちらは白ですが。（　3　）。
ジャクリーヌ：でも，私はピンクがいいわ。
クリスチーヌ：それじゃあ，となりのを着てみなさいよ！ピンクだし，（　4　）。
女店員：そうですね。どうぞ試着してみてください。
ジャクリーヌ：いいわよ。

① これ（女性単数）はきっとお似合いですよ
② これ（男性単数）はよくお似合いですよ
③ それも悪くないわよ
④ でもまったくそんなことはありません
⑤ 私はスラックスを試着したいのですが
⑥ 私はすてきなワンピースを探しているのですが
⑦ もしよかったら

181 **6** (1)④ (2)③ (3)⑥ (4)⑦

デュボワ氏：こんにちは。シャワーつきのシングルルームはあいていますか？
フロント係：すみません。シャワーつきの部屋は全部ふさがっています。（　1　）。1部屋は2階に，もう1部屋は5階にあります。
デュボワ氏：月々の部屋代はいくらですか？
フロント係：私どもは月単位ではなく，1日単位でお貸ししております。2階の部屋はとてもきれいで，並木道に面しています。料金は，1日150ユーロです。
デュボワ氏：それで，（　2　）？
フロント係：狭いけれど，2階の部屋と同じくらい明るくて，格安になっています。1日110ユーロです。
デュボワ氏：そうですねえ，110ユーロの部屋にします。
フロント係：（　3　）。
デュボワ氏：はい，どうぞ，できました。
フロント係：410号室です。（　4　）。エレベーターは右手にあります。ボーイがあなたといっしょに行きます。ピエール，お客さまを410号室へ案内してください！これがこの方のスーツケースですよ。
デュボワ氏：どうもありがとう。

① 私は階段をあがります
② 2階の部屋は
③ 5階の部屋は
④ バスつきが2部屋あいているだけです
⑤ シャワーつきの部屋が1部屋あいています
⑥ この用紙に書きいれてくださいますか
⑦ どうぞ，あなたの部屋の鍵です

182 **7** (1)⑤ (2)① (3)⑥ (4)③

デュフール氏：こんにちは。ジャック・デュフールです。
銀行員：はい。こんにちは，デュフールさん。

ページ

(　1　)？

182 デュフール氏：土曜日の夜に日本へ発つので，トラベラーズ・チェックを買いたいのですが。

銀行員：(　2　)？

デュフール氏：5000ドルお願いします。

銀行員：50ドルのチェックにしますか？それとも100ドルチェックにしますか？

デュフール氏：50ドルで。それと，海外旅行のための国際クレジットカードもお願いします。(　3　)？

銀行員：はい，もちろんです。(　4　)？

デュフール氏：金曜日，2時ごろでいいでしょうか？

銀行員：もちろんけっこうです。パスポートをおもちください。

① いくらご入り用なのですか
② 何名さまですか
③ いつ受けとりにいらっしゃいますか
④ 日本へはいつ出発するのですか
⑤ どういうご用件でしょうか（←あなたのためになにをすることができるでしょうか）
⑥ それ（女性単数）を用意することができますか
⑦ 私に貸すことができますか

183 **8** (1)⑦ (2)⑥ (3)⑤ (4)①

マルタン氏：もしもし，デュヴァルさんをお願いしたいのですが？

女性秘書：すみません。彼は不在です。どなたさまでしょうか？

マルタン氏：マルタンです。あなたはデュヴァルさんのところで働いている方ですか？

女性秘書：そうです。伝言を残しますか？

マルタン氏：いいえ,けっこうです。(　1　)。

女性秘書：30分後に電話をかけなおしてください。

マルタン氏：それはできません。(　2　)。それに私は携帯電話をもっていません。

女性秘書：それでは，デュヴァルさんのほうから，あすあなたの自宅へ電話をかけるようにしましょうか？

マルタン氏：いや，何時にうちへ帰っているのかわからないんです。私をつかまえられないかもしれません。

女性秘書：それじゃあ，(　3　)。

マルタン氏：そのとおりです。彼はあす1時ごろにはいますか？

女性秘書：はい。

マルタン氏：私があす電話すると伝えておいてくださいませんか？

女性秘書：承知しました。そのように伝えます。

ページ

マルタン氏：それじゃあ，あす1時ごろ電話しますから。彼は，私がきのう出した封書を受けとりましたか？

女性秘書：いいえ，それは届きましたが，(　4　)。まだ開封しておりません。

マルタン氏：それは残念。でもしようがないな！どうもありがとう。さようなら。

女性秘書：さようなら。どういたしまして。

① 彼がでかけたあとでした
② 帰るまえでした
③ 彼は定刻に着いた
④ 彼はまもなくもどってくるでしょう
⑤ あなたのほうから電話をかけなおすほうがいいですね
⑥ 私は30分後にでかけるんです
⑦ 彼に直接話したいんだけど

184 **9** (1)② (2)⑥ (3)④ (4)③

フランソワーズ：すみません。教えていただけますか？

警察官：いいですとも！

フランソワーズ：ええと，デファンスへ行かなければならないんですけど，(　1　)。

警察官：むずかしくはありません！　歩いて行くんですか？

フランソワーズ：そうです。(　2　)？

警察官：首都圏高速交通網に乗ってください。とても速いですから。たった20分です。

フランソワーズ：どうやって乗るのですか？

警察官：ここからですか？　一番いいのはリュクサンブールまで歩くことです。そうすれば，首都圏高速交通網が見つかります。(　3　)。この時間だとなかなか進みませんから！　わかりますよ，簡単だから。

フランソワーズ：ありがとうございます。

警察官：でも，ちょっと待ってください！B線に乗って，乗り換えなければなりませんよ。

フランソワーズ：表示されていますよね？(　4　)。

警察官：そう，でも路線図を見なければなりません！

フランソワーズ：はい，知っています。どうもありがとうございました。

① あなたは何時にそこに着かなければならないのですか
② それがどこなのかよくわからないんです
③ わかるでしょう
④ バスには乗らないでください
⑤ タクシーに乗ってください
⑥ そこへ行くにはどうすればいいんですか
⑦ よろしかったら，お手伝いしましょうか

185 **10** (1)② (2)① (3)⑦ (4)⑥

ページ 185 インタビュアー：マリー・モロー，あなたはとても若い女優です。（　1　）？
モロー嬢：旅行が大好きです。ご存じのように，パリにじっとしているのはあまり好きではありません。海や山歩きやスキーが大好きです。
インタビュアー：（　2　）？
モロー嬢：はい，レストランや映画にね。
インタビュアー：お芝居には行かないのですか？
モロー嬢：あまり。きらいというわけじゃないのですが，むしろ音楽のほうがいい。
インタビュアー：（　3　）？
モロー嬢：流行の先端には興味ありません！とても女性らしいファッションが好きなんです。昼間は，セーターにジーンズかタイツといったリラックスした格好が好きです。
インタビュアー：で，夜は，（　4　）？
モロー嬢：ときどきはそういうこともあるかな。結局いつも黒い服を着ることになるんだけど。

① パリにいるときはよくでかけますか
② なにをするのが好きですか
③ ワンピース，それともスラックス
④ クラシック音楽は好きですか
⑤ あなたはスキーをしに行きますか
⑥ 外出するためにとてもおしゃれな服を着るのですか
⑦ 流行には興味がありますか

第１回実用フランス語技能検定模擬試験
筆記試験

188 **1** (1) Sois (2) rien (3) quoi (4) plein

189 **2** (1) suis allée (2) restiez (3) verraient (4) Attendez (5) était

(1) 「セシル，君はカナダに行ったことがあるの？」「はい，3年まえにそこへ行った」
(2) 「私はローマへ行ってみたい」「それなら，あなたはそこに2週間は滞在しなければなりません」
(3) 「私の両親は旅行があまり好きではありません」「彼らがもっと旅行すれば，あちこちの世界を見るだろうに」
(4) 「あなたのご主人はいつお帰りになりますか？」「いつもは6時ごろです。彼の帰りを待ってください」
(5) 「以前彼はなにをしていたのですか？」「彼は銀行員でした」

190 **3** (1) ② (2) ① (3) ① (4) ①

(1) この靴は気に入らないけれど，あちらのはとてもすてきだ。ces chaussures（女性複数名詞）を celles でうけます。
(2) ほかになにかすることはありますか？
(3) 先ごろパトリックに男の子ができて，彼はそのことがいたくご自慢だ。
(4) 私にくださるいいアドバイスはないでしょうか？

191 **4** (1) ⑤ (2) ① (3) ② (4) ③

(1) 映画館の正面にレストランがある。
(2) ジラール氏は私の高校の教師です。
(3) 放課後なにをするの？
(4) 勉強すれば，今年あなたはバカロレアに合格するでしょう。

192 **5** (1) ③ (2) ⑤ (3) ③ (4) ⑤

(1) André (mange autant **de** bonbons que) sa sœur. アンドレは姉[妹]と同じくらいのキャンデーを食べる。
(2) Je voudrais savoir (ce que **vous** avez pris) comme entrée. あなたがアントレになにを食べたのか知りたいのですが。
(3) Notre prochaine (réunion aura **lieu** le vendredi) dix octobre. 私たちの今度の会議は10月10日金曜日にあります。
(4) Voilà (deux ans **que** Denise est) en Espagne. ドゥニーズがスペインに来て2年になる。

193 **6** (1) ③ (2) ② (3) ① (4) ③

(1) **A**：残念だなあ，ほんとうに天気がよくない。
B：＿＿＿＿＿＿＿＿
A：ついてないね。
① その通り。この季節にしてはほんとうに暖かい。
② その通り。みごとな晴天だ。
③ その通り。空を見てよ。

(2) **A**：で，君は，何で旅行するの？　列車なの，それとも飛行機なの？
B：＿＿＿＿＿＿＿＿
A：ぼくは違う！　飛行機のほうがずっと速いよ。
① ぼくは，飛行機のほうがいい。

ページ
193 ② ぼくは，列車のほうがいい。
③ ぼくは，14時28分の列車に乗る。

(3) **A**：父は，私たちに来月結婚してもらいたいと思っている。
B：＿＿＿＿＿＿＿＿
A：私もよ。
① ぼくの都合はいいよ。
② 決めるのは君だよ。
③ ぼくは彼女に賛成だよ。

(4) **A**：あなたはもう行くのですか？
B：＿＿＿＿＿＿＿＿
A：それでは，彼らによろしくお伝えください。
① 私は友だちと約束がある。
② 私は３日の予定でヴァカンスに出発します。
③ 私は両親に会いに行かなければなりません。

194 **7** (1)⑥ (2)⑧ (3)④ (4)③ (5)⑤ (6)⑦

(1) それは私の父あるいは母の姉妹です，その人は私の**おば**です。
(2) 私は同じ階のすぐ**隣の住人**ととても親しい。
(3) ご主人の**死**は彼女を深く悲しませた。
(4) 春は**３月**に始まる。
(5) 眠るために**パジャマ**を着る。
(6) 英国人の**観光客**がヴェルサイユ宮殿の写真を撮っている。

① 戦争 ② ７月 ③ ３月 ④ 死
⑤ パジャマ ⑥ おば ⑦ 観光客 ⑧ 隣人

195 **8** (1)② (2)② (3)① (4)① (5)② (6)②

私は毎朝６時に起きます。自分のためにカフェオレを用意し，E メールがきていないかを調べ，インターネットで最新ニュースに目を通し，そのあと家族を起こしてまわります。リューシーの着替えを手伝います。４歳になる彼女はとてもおませさんです。彼女はショッピングが大好きです。彼女の兄たちは２人で隣の１部屋を使っています。エリックはベッドで眠っています。アンリは夜になるとたいてい同じベッドにきて眠ります。朝食に用意するのは，大きなカップ１杯の牛乳，シリアル，パンと数切れの冷肉です。「あなたの子どもたちは痩せすぎだ」とみんなから言われますが，私たちは，脂肪分も糖分もないとても健康によい食生活を送っています。朝食がすむと，子どもたちは各自後片づけをします。このような行動が機械的に実行されるようになるには，ごく幼いころから早々に教えこむ必要があります。７時30分に，私は T シャツとジーンズを着て，年長の２人の男の子を学校へ送っていきます。エリックとアンリが教室でとても幸せそうなのを見ていると，私はうれしい気持ちでいっぱいになります。帰りにヨガをやるためにスポーツジムに立ち寄ります。私は作家です。午前中に書くことはめったにありません。13時にはもう子どもたちを学校へ迎えに行かなければならないからです。

196 **9** (1)④ (2)⑦ (3)② (4)①

モロー氏：こんにちは。（ 1 ）。
フロント係：はい，モローさまでいらっしゃいますね。フランテクスポール社の出張ですね。（ 2 ）？
モロー氏：はい，これが私のパスポートです。
フロント係：ありがとうございます。このカードに記入していただけますか？
モロー氏：わかりました。
フロント係：こちらが鍵でございます。305 号室で，シャワーつきの部屋です。
モロー氏：（ 3 ）？
フロント係：４階の，エレベーターをでて左側です。廊下のつきあたりにエレベーターがございます。
モロー氏：夕食は何時ですか？
フロント係：（ 4 ）。

① 19時からです
② それは何階ですか
③ 私の部屋の番号を教えてください
④ 私はミシェル・モローの名前で部屋を予約したのですが
⑤ 部屋を予約したいのですが
⑥ 何名さまですか
⑦ 身元を証明するものをおもちですか

聞きとり試験

198 **1** (1) soirée (2) où (3) loin
(4) comment (5) bonne idée

（CD で読まれるテキスト）

Patrick : Tu vas à la (soirée)(1) chez Christine ?
Nadine : C'est quand ?
Patrick : Samedi soir. Il y a un groupe. Ça va être sympa.
Nadine : D'accord. Tu sais (où)(2) elle habite ?
Patrick : Oui, ce n'est pas très (loin)(3) de la fac.
Nadine : Tu m'expliques (comment)(4) on va chez elle ?
Patrick : On peut partir ensemble samedi soir.

ページ

198 **Nadine** : C'est une (bonne idée)(5). Tu lui as acheté quelque chose ?

Patrick : Pas encore.

訳とヒント

パトリック：クリスティーヌの家でのパーティーには行くの？
ナディーヌ：それはいつ？
パトリック：土曜日の夜だよ。たくさんの人が集まるんだ。それは楽しいものになるよ。
ナディーヌ：いいわよ。彼女はどこに住んでいるか知ってる？
パトリック：うん，大学からそれほど遠くない。
ナディーヌ：彼女の家へはどう行けばよいのか説明してくれる？
パトリック：土曜日の夜はいっしょにでかけようよ。
ナディーヌ：いいわねえ。彼女のためになにか買った？
パトリック：まだ買ってない。

199 **2** (1) ⑦ (2) ① (3) ⑧ (4) ② (5) ⑤

(CD で読まれるテキスト)

(1) Elle a invité des amis à dîner.
(2) Elle boit du vin au dîner.
(3) Elle mange du poisson au dîner.
(4) Elle prépare le dîner avec son mari.
(5) Elle sert du vin à son mari.

全文訳

(1) 彼女は友人たちを夕食に招待した。
(2) 彼女は夕食にワインを飲んでいる。
(3) 彼女は夕食に魚を食べている。
(4) 彼女は夫と夕食の準備をしている。
(5) 彼女は夫にワインをついでやる。

200 **3** (1) ② (2) ① (3) ② (4) ② (5) ①

(CD で読まれるテキスト)

Élodie : Tu sais, j'ai deux nouvelles à t'annoncer !

Alain : Bonnes ou mauvaises ?

Élodie : Bonne et mauvaise. La première, c'est que j'ai raté mon permis de conduire. J'en suis malade !

Alain : Mais ce n'est pas grave, tu l'auras la prochaine fois.

Élodie : Mais non, je n'y arriverai jamais. Je suis nulle.

Alain : Pourquoi tu dis ça ? Au contraire, prends plus de cours, continue ! Tu es capable d'avoir le permis, non ? Beaucoup de gens le ratent la première fois. Et la deuxième ?

Élodie : La deuxième, c'est que Michel et moi, nous allons nous marier !

Alain : Ça, c'est une surprise ! Toutes mes félicitations. Tu es vraiment sûre de ta décision ?

全文訳

エロディ：ねえ，知らせなければならないニュースが 2 つあるの！
アラン　：良いニュース，それとも悪いニュース？
エロディ：良いニュースと悪いニュースよ。１番目は運転免許試験に落ちたことよ。まいったわ！
アラン　：でもたいしたことじゃないさ，次回は取れるよ。
エロディ：いやいや，けしてうまくいかないわよ。私はだめなのよ。
アラン　：なぜそんなことを言うの？反対に，もっとレッスンをうけて，続けろよ！免許は取ることができるよ，ちがう？多くの人たちが１回目は失敗するんだから。で，２番目のニュースは？
エロディ：２番目は，ミシェルと私がもうすぐ結婚することよ！
アラン　：それは驚きだ！おめでとう。ほんとうに決心に自信があるの？

第 2 回実用フランス語技能検定模擬試験
筆記試験

204 **1** (1) jours (2) ici (3) bonne (4) autre

205 **2** (1) avons lu (2) acceptiez (3) peux (4) faisait (5) aimerais

(1) 「きのう大きな飛行機事故があった」「そう，私たちはそれを新聞で読んだ」
(2) 「私はパーティーであなたに再会できるのを楽しみにしています」「私もです。招待を承諾してくださりうれしいです」
(3) 「今晩中華レストランで食事をしましょうか？」「ごめんなさい，だめなんです」
(4) 「今度の休暇にはなにをしましょうか？」「湖畔をサイクリングしない？」
(5) 「もし旅行するお金があったら，どこへ行く？」「中国へ行きたいんだけど」

206 **3** (1) ③ (2) ① (3) ② (4) ①

ページ 206
(1) 急いで帰りなさい，両親があちこち君を探しまわってる。
(2) 教室にはだれもいない。
(3) 私たちが勉強している高校は教会のまえにある。
(4) 子どもたちですか？私は彼らを抜きにしてヴァカンスへでかけることはけしてありません。

207 **4** (1)⑤ (2)③ (3)④ (4)⑥

(1) 「Bonjour」は日本語で何て言うのですか？
(2) 彼はパリに住まいを探している。
(3) 私はなにか温かいものを飲みたい。
(4) 私は海に面した部屋がいいのですが。

208 **5** (1)① (2)⑤ (3)② (4)②

(1) Ça (vous dit **de** faire un) petit voyage à la campagne ? 田舎への小旅行をしませんか？
(2) François (a acheté **les** dictionnaires dont) il a besoin. フランソワは彼が必要としている辞書を買った。
(3) Je (vous ai **attendu** tout l') après-midi. あなたを午後のあいだずっと待っていました。
(4) La politique (ne les **intéresse** pas du) tout. 彼らは政治にまったく関心がない。

209 **6** (1)③ (2)② (3)② (4)③

(1) **A**：腹ぺこで死にそうだよ。
B：＿＿＿＿＿＿＿＿
A：そうだね。それはいい考えだ。
① それがそんなにいやの？
② ぼくもお腹がへったよ，喉も渇いてるし。
③ なにか食べに行こうか？
(2) **A**：あす会えますか？
B：＿＿＿＿＿＿＿＿
A：それじゃあ，あさっては？
① いいですよ，どこで会いますか？
② だめです，先約があります。
③ いや，できません。数日の予定でパリにいません。
(3) **A**：これはいったい何ですか？きっと間違いがあります！
B：＿＿＿＿＿＿＿＿
A：しかし，私はステーキではなくて，舌平目を注文しました！
① でも，これはあなたの携帯電話の番号です！
② でも，これはあなたのテーブルの番号になっています！
③ でも，あなたは丸いテーブルを注文なさいました！
(4) **A**：この村での経験をどう思う？
B：＿＿＿＿＿＿＿＿
A：なにが気に入った？
① 隣人たちとトラブルがある。
② ここではみんなと知り合いだよ。
③ とても満足している。

210 **7** (1)④ (2)② (3)⑧ (4)⑤ (5)⑥ (6)①

(1) 彼は**海岸**で日光浴をするのが好きです。
(2) 私は**ハム**サンドをいただきます。
(3) 私たちは山**村**に住んでいます。
(4) 人は**玄関**を通って家をでます。
(5) 最寄りの地下鉄の**駅**はどこですか？
(6) 彼(女)のオフィスは**廊下**のつきあたりにあります。
① 廊下 ② ハム ③ ベッド ④ 海岸
⑤ 玄関 ⑥ 駅 ⑦ 風 ⑧ 村

211 **8** (1)① (2)② (3)② (4)① (5)① (6)②

私は，パリ北部に位置するあの工業都市リールで育った。19歳からモンペリエに住んでいるけれど，今日でもまだ，自分を北国の人間だと痛感する。
父は医者だった。私が生まれてから15年間，私たちは，労働者しかいないような街にある，診察室のうえのアパルトマンに住んでいた。私はこの街の小学校に通い，その後高校に通った。このようにして私は，労働者階層のなかで，中産階級の男の子として大きくなった。しかし，学校生活にはなかなかなじめなかった。クラスメイトとの人間関係や休み時間の乱暴な遊び，ときには自分にふりかかってくることもあるいじめられっ子の役回りには耐えられなかった。私はクラスのなかで雪辱しようと思った。私としては，主席になれば威信をえられると考えた。猛勉強して，めったにあたえられない「優」の成績で，初等教育修了証書を授与された。それ以来，クラスメイトの私への態度が変わった。

212 **9** (1)② (2)④ (3)① (4)⑤

フランソワーズ：おやおや！どうしたの？
カリーヌ：腕の骨を折ったのよ！
フランソワーズ：そうでしょう！(1)？
カリーヌ：まったく不注意なのよ，階段で転んだの。
フランソワーズ：階段で？
カリーヌ：そうよ，先週の金曜日，買いもの

ページ

212 へ行くために階段をおりたの，かなり急いでいた。（　2　），気がついたときは1階したにいたというわけよ。それで，この通り！　腕を骨折！

フランソワーズ：へえ，そう！　痛むの？

カリーヌ：いいえ，でも（　3　）。

フランソワーズ：ついてないわね！　私になにか頼みたいことがあったら，（　4　）。

カリーヌ：ありがとう，でも主人がよく手伝ってくれるから。

① 不自由なのよ
② どのようにしてそうなったの
③ 自動車事故にあったの
④ 階段を踏みはずしたの
⑤ 遠慮なく電話してね
⑥ あなたはいつ腕を折ったの
⑦ あなたは出かけなければならない

聞きとり試験

214 **1** (1) note　(2) immédiatement
(3) personnes　(4) 230
(5) cartes de crédit

（CD で読まれるテキスト）

L'hôtelier : Oh! Bonjour, madame. Vous partez ?

Madame Dupré : Bonjour, monsieur. Vous pouvez préparer notre (note)(1), s'il vous plaît ?

L'hôtelier : Vous partez tout de suite ?

Madame Dupré : Oui.

L'hôtelier : Je vous la prépare (immédiatement)(2)... Voilà, madame, deux nuits, pour deux (personnes)(3), chambre et petit déjeuner, et quatre menus à 12 euros ; (deux cents trente)(4) euros, madame.

Madame Dupré : Vous acceptez les (cartes de crédit)(5) ?

L'hôtelier : Bien sûr, madame. Un instant, je vous prie... Très bien, madame.

Madame Dupré : Au revoir, monsieur, merci.

L'hôtelier : Au revoir, messieurs-dames, bon voyage.

（訳とヒント）

ホテルの主人：おはようございます。お発ちですか？

デュプレ夫人：おはよう。私たちの勘定書を準備してくれませんか？

ホテルの主人：すぐに発つのですか？

デュプレ夫人：そうです。

ホテルの主人：さっそく用意いたします。2泊，2名さま，1部屋，朝食と12ユーロの定食4回ですから，230ユーロになります。

デュプレ夫人：クレジットカードは使えますか？

ホテルの主人：もちろんです。しばらくお待ちください。けっこうです。

デュプレ夫人：さようなら，ありがとう。

ホテルの主人：さようなら，みなさん，楽しいご旅行を。

215 **2** (1) ②　(2) ⑤　(3) ⑥　(4) ⑦　(5) ⑧

（CD で読まれるテキスト）

(1) Il entre avec son chien.
(2) Il est entre ses chiens.
(3) Il monte l'escalier.
(4) Il monte par l'ascenseur.
(5) Il montre l'escalier.

全文訳

(1) 彼は犬といっしょにはいる。
(2) 彼は犬にはさまれている。
(3) 彼は階段を登る。
(4) 彼はエレベーターで上がる。
(5) 彼は階段を指し示す。

216 **3** (1) ②　(2) ②　(3) ②　(4) ②　(5) ①

（CD で読まれるテキスト）

Le concierge : Bonjour, madame Vincent. Vous êtes bien dans votre nouvel appartement ?

Madame Vincent : On n'est pas encore habitués, mais ça va.

Le concierge : Et vos enfants ? Je suis sûr qu'ils ont déjà de nouveaux copains.

Madame Vincent : À cet âge-là, ce n'est pas difficile.

Le concierge : C'est vrai. Ils sortent ensemble sans même connaître leur nom. Votre fille est très polie. Elle ne manque pas de dire bonjour, quand elle me voit. Elle a quel âge ?

Madame Vincent : Elle a neuf ans. Pour elle, il n'y a que les copines qui comptent.

Le concierge : J'ai connu ça !

ページ 216

Madame Vincent : Heureusement, je n'ai pas encore de soucis avec mon dernier fils. Il n'a que quatre ans.

Le concierge : Moi, je ne m'en fais plus. Mes enfants sont tous mariés.

(訳とヒント)

管理人：こんにちは，ヴァンサン夫人。新しいアパルトマンは快適ですか？

ヴァンサン夫人：まだ慣れていなくて。でもだいじょうぶです。

管理人：で，子どもたちはどうですか？きっともう新しい友だちができたことでしょう。

ヴァンサン夫人：あの年齢だと，それはむずかしいことではありませんよね。

管理人：そのとおりです。彼らは名前なんか知らなくても，いっしょに遊びに行くんだから。あなたのお嬢さんはとても礼儀正しいですね。私を見ると，かならず挨拶なさいます。彼女は何歳ですか？

ヴァンサン夫人：9歳です。彼女は，数えるほどの友だちしかいません。

管理人：私にも経験があります。

ヴァンサン夫人：幸いなことに，末の息子についてはまだ心配はありません。彼はまだ4歳ですから。

管理人：私は，その点もう心配はありません。子どもたちはみんな結婚していますから。

模擬試験の配点表（合格基準点は60点です）

筆記試験	1	2	3	4	5	6	7	8	9	小計	書きとり	1	2	3	小計	合計
	8	10	8	8	8	8	6	6	8	70		10	10	10	30	100

<新訂二版>完全予想　仏検３級
— 筆記問題編 —
（別冊　解答編）

2024.7.1　新訂二版１刷

発 行 所　　株式会社　駿河台出版社

〒101-0062 東京都千代田区神田駿河台３の７
電話03(3291)1676　FAX03(3291)1675

製版・フォレスト　印刷・三友印刷